西北大学世界经济重点学科资助

The Influence of Foreign Trade on China's Green Development

对外贸易对中国绿色发展的影响研究

赵景峰◎等著

中国经济出版社
CHINA ECONOMIC PUBLISHING HOUSE
·北京·

图书在版编目（CIP）数据

对外贸易对中国绿色发展的影响研究／赵景峰等著
. --北京：中国经济出版社，2022.2
ISBN 978－7－5136－6821－7

Ⅰ.①对… Ⅱ.①赵… Ⅲ.①对外贸易－影响－绿色经济－经济发展－研究－中国 Ⅳ.①F124.5

中国版本图书馆 CIP 数据核字（2022）第 027554 号

责任编辑　杨元丽
责任印制　巢新强
封面设计　任燕飞

出版发行　中国经济出版社
印 刷 者　北京柏力行彩印有限公司
经 销 者　各地新华书店
开　　本　710mm×1000mm　1/16
印　　张　21.25
字　　数　292 千字
版　　次　2022 年 2 月第 1 版
印　　次　2022 年 2 月第 1 次
定　　价　88.00 元
广告经营许可证　京西工商广字第 8179 号

中国经济出版社 **网址** www.economyph.com **社址** 北京市东城区安定门外大街 58 号 **邮编** 100011
本版图书如存在印装质量问题，请与本社销售中心联系调换（联系电话：010－57512564）

目 录
Contents

导 论 …… 1

1 中国绿色发展水平与测度 …… 5
1.1 引言与文献综述 …… 5
1.2 绿色发展思想的科学内涵、理论基础和要求 …… 10
1.2.1 绿色发展思想的科学内涵 …… 10
1.2.2 绿色发展思想的理论基础 …… 12
1.2.3 绿色发展思想的要求 …… 15
1.3 指标体系构建及测度 …… 16
1.3.1 指标选取 …… 17
1.3.2 资料来源 …… 18
1.3.3 测度方法及权重确定 …… 18
1.4 测算结果与综合评价分析 …… 21
1.5 结论与建议 …… 25

2 中国对外贸易的现状 …… 31
2.1 引言 …… 31
2.2 文献综述 …… 32
2.2.1 着重分析影响对外贸易发展的因素 …… 32
2.2.2 不同商品的发展现状 …… 33
2.2.3 对外开放政策的历史演进 …… 34

2.2.4 有关“一带一路”建设和发展 …… 35
2.2.5 关于对外贸易发展质量的研究 …… 36
2.3 中国对外贸易的现状分析 …… 37
2.3.1 中国货物贸易规模持续扩大 …… 37
2.3.2 服务贸易 …… 38
2.3.3 进出口结构升级 …… 38
2.3.4 贸易伙伴多元化，新兴市场加速成长 …… 39
2.4 中国对外贸易存在的不足 …… 40
2.5 中国对外贸易高质量发展的路径 …… 41
2.5.1 推动全方位高水平开放 …… 41
2.5.2 着力培育外贸新型竞争优势 …… 42
2.5.3 增加国家贸易话语权 …… 43

3 对外贸易对绿色金融发展的影响 …… 44
3.1 引言及文献综述 …… 45
3.2 对外贸易影响绿色金融作用机制 …… 49
3.2.1 对外贸易对绿色金融发展的作用路径 …… 49
3.2.2 对外贸易对绿色金融发展的影响机理：一个数理模型 …… 52
3.3 绿色金融测算及现状分析 …… 57
3.3.1 绿色金融发展指数测算 …… 57
3.3.2 指标权重确定 …… 59
3.3.3 绿色金融发展水平现状 …… 62
3.4 对外贸易影响绿色金融的实证检验 …… 63
3.4.1 研究假设的提出 …… 63
3.4.2 指标选取与数据说明 …… 65
3.4.3 模型设定与估计方法 …… 67
3.4.4 稳健性检验 …… 73
3.5 研究结论与政策建议 …… 74

3.5.1 研究结论 …… 75
3.5.2 政策建议 …… 76

4 对外贸易对绿色农业发展的影响 …… 80
4.1 引言 …… 80
4.2 文献综述 …… 82
4.2.1 对外贸易对产业发展的影响 …… 82
4.2.2 对外贸易对农业发展的影响 …… 83
4.2.3 对外贸易对绿色农业发展的影响 …… 84
4.3 对外贸易影响绿色农业发展的作用机制与理论模型 …… 85
4.3.1 对外贸易影响绿色农业发展的作用机制 …… 85
4.3.2 对外贸易影响绿色农业发展的理论模型 …… 88
4.4 我国绿色农业发展现状测度 …… 91
4.4.1 我国绿色农业发展指标体系建立 …… 91
4.4.2 各省域农业绿色发展水平测量过程 …… 93
4.5 对外贸易对绿色农业发展影响的实证分析 …… 96
4.5.1 研究方法与模型构建 …… 96
4.5.2 变量选取与数据处理 …… 98
4.5.3 实证分析 …… 101
4.6 研究结论与政策建议 …… 109
4.6.1 研究结论 …… 109
4.6.2 政策建议 …… 110

5 对外贸易对制造业绿色发展的影响 …… 112
5.1 引言 …… 112
5.2 文献综述 …… 113
5.2.1 关于绿色发展的研究 …… 113
5.2.2 对外贸易与绿色发展的关系研究 …… 116

5.2.3 文献评述 …… 117
5.3 对外贸易对制造业 GTFP 的影响机制 …… 118
5.3.1 基本模型构建 …… 118
5.3.2 市场均衡时的贸易开放和 GTFP …… 119
5.3.3 基于制造业的影响机制分析 …… 121
5.4 对外贸易对制造业 GTFP 影响的实证分析 …… 122
5.4.1 基于面板回归的模型设定 …… 122
5.4.2 变量选择与资料来源 …… 122
5.4.3 结果分析 …… 125
5.4.4 稳健性检验 …… 129
5.5 结论与政策建议 …… 130
5.5.1 削弱进口依赖，提升出口额度 …… 130
5.5.2 深入“引进来”，聚焦绿色 FDI …… 131
5.5.3 打造人才团队，助力绿色升级 …… 131
5.5.4 兼顾绿色发展，突破技术封锁 …… 132
5.5.5 加大环保力度，确保绿色发展 …… 132

6 对外贸易对能源产业绿色发展的影响 …… 134
6.1 引言 …… 134
6.2 相关概念界定 …… 135
6.2.1 能源 …… 135
6.2.2 新能源 …… 135
6.3 文献综述 …… 137
6.3.1 国内相关研究 …… 137
6.3.2 国外相关研究 …… 140
6.3.3 综合评述 …… 141
6.4 对外贸易对能源产业绿色发展影响的理论分析 …… 142
6.4.1 学习效应机制 …… 142

6.4.2 外部经济效应机制 …… 142
6.4.3 微观理论模型 …… 142
6.5 能源产业绿色发展的效率研究 …… 143
6.5.1 新能源投入产出使用情况 …… 144
6.5.2 基于DEA数据包络模型的中国新能源效率实证分析 …… 145
6.6 对外贸易对能源产业绿色发展影响的实证分析 …… 148
6.6.1 变量选择及数据说明 …… 148
6.6.2 模型设定与方法 …… 149
6.6.3 模型估计和结果分析 …… 150
6.6.4 分地区对外贸易对能源产业绿色发展影响的实证研究 …… 152
6.6.5 稳健性检验 …… 155
6.7 结论及政策启示 …… 156
6.7.1 结论 …… 156
6.7.2 政策启示 …… 157

7 对外贸易对绿色技术创新的影响 …… 159
7.1 引言 …… 159
7.2 文献综述 …… 160
7.2.1 绿色技术创新的内涵界定 …… 160
7.2.2 绿色技术创新影响因素的相关研究 …… 161
7.2.3 对外贸易对企业技术创新的影响研究 …… 162
7.3 国际贸易对我国绿色技术创新的影响机制分析 …… 162
7.3.1 贸易规模对绿色技术创新的影响机制分析 …… 162
7.3.2 贸易结构对绿色技术创新的影响机制分析 …… 165
7.3.3 贸易方式对绿色技术创新的影响机制分析 …… 166
7.4 国际贸易与我国绿色技术创新的现状分析 …… 167
7.4.1 绿色技术创新现状分析 …… 167

7.4.2 我国对外贸易现状分析 …… 169
7.5 国际贸易影响绿色技术创新的实证检验 …… 174
7.5.1 模型设定与变量选取 …… 174
7.5.2 数据的基本处理 …… 177
7.5.3 实证结果及分析 …… 179
7.5.4 稳健性检验 …… 187
7.6 结论及政策建议 …… 189
7.6.1 主要结论 …… 189
7.6.2 政策建议 …… 190

8 对外贸易对绿色全要素生产率的影响 …… 191
8.1 引言与文献综述 …… 191
8.1.1 引言 …… 191
8.1.2 文献综述 …… 192
8.2 中国对外贸易与工业绿色增长 …… 196
8.2.1 中国工业绿色增长现状 …… 196
8.2.2 中国对外贸易与工业绿色增长的关系 …… 201
8.3 对外贸易影响绿色全要素生产率的机理分析 …… 203
8.3.1 绿色全要素生产率的概念及测度 …… 203
8.3.2 对外贸易的环境效应 …… 204
8.3.3 对外贸易的绿色全要素生产率增长效应 …… 210
8.3.4 对外贸易的绿色全要素生产率空间溢出效应 …… 212
8.4 对外贸易影响绿色全要素生产率的实证检验 …… 213
8.4.1 模型设定 …… 213
8.4.2 资料来源与描述性统计 …… 215
8.4.3 实证分析 …… 215
8.4.4 稳健性检验与分析 …… 218
8.5 结论与政策建议 …… 221

8.5.1 主要结论 …… 221
8.5.2 政策建议 …… 223

9 对外贸易对绿色发展效率的影响 …… 225
9.1 引言 …… 225
9.2 文献综述 …… 226
9.2.1 对外贸易与经济效率的相关研究 …… 226
9.2.2 经济效率与绿色发展效率的相关研究 …… 228
9.2.3 对外贸易与绿色发展效率的相关研究 …… 229
9.2.4 文献评述 …… 230
9.3 对外贸易对绿色发展效率影响的理论分析 …… 231
9.3.1 关于绿色经济效率的理论 …… 231
9.3.2 对外贸易对绿色经济效率影响的相关理论 …… 232
9.4 数据说明 …… 234
9.4.1 对外贸易依存度 …… 234
9.4.2 考虑非期望产出的 DEA－SBM 模型 …… 235
9.4.3 资本存量 …… 240
9.5 对外贸易对绿色发展效率影响的实证检验 …… 240
9.5.1 单位根检验 …… 240
9.5.2 协整检验 …… 242
9.5.3 误差修正模型 …… 242
9.5.4 误差修正模型结果与分析 …… 243
9.6 结论及政策建议 …… 245
9.6.1 研究结论 …… 245
9.6.2 政策建议 …… 245

10 对外贸易对绿色发展潜力的影响 …… 247
10.1 引言 …… 247

10.2 文献综述 …… 249
10.2.1 关于绿色发展的相关研究 …… 249
10.2.2 发展潜力与绿色发展潜力的相关研究 …… 251
10.2.3 对外贸易与绿色经济发展的相关研究 …… 252
10.3 对外贸易与绿色发展潜力现状分析 …… 253
10.3.1 对外贸易现状分析 …… 253
10.3.2 绿色发展潜力现状分析 …… 256
10.4 对外贸易对绿色发展潜力影响的理论分析 …… 259
10.4.1 对外贸易对绿色发展潜力影响的理论基础 …… 259
10.4.2 对外贸易对绿色发展潜力影响的理论模型 …… 261
10.5 对外贸易对绿色发展潜力影响的实证分析 …… 263
10.5.1 研究设计 …… 263
10.5.2 实证结果分析 …… 266
10.6 结论与政策建议 …… 276

11 推动中国绿色发展的政策建议 …… 280
11.1 推进经济发展方式向绿色发展转变 …… 280
11.1.1 适应经济发展新常态 …… 280
11.1.2 推进经济结构调整 …… 281
11.1.3 秉持绿色化发展理念 …… 281
11.2 推动生产生活方式向绿色转型 …… 282
11.2.1 持续改善人居环境 …… 282
11.2.2 倡导绿色生产方式 …… 283
11.2.3 践行低碳生活方式 …… 284
11.3 强化绿色发展理念教育 …… 285
11.3.1 普及绿色生态知识 …… 285
11.3.2 树立绿色发展理念 …… 286
11.4 健全绿色发展法制保障 …… 287

11.4.1 构建生态法律制度体系 …… 287
11.4.2 完善生态保护机制体制 …… 288
11.4.3 加强绿色发展执法工作 …… 288
11.5 实现科技绿色创新发展 …… 289
11.5.1 加大绿色科技创新投入 …… 289
11.5.2 完善绿色科技创新机制 …… 290
11.5.3 推动绿色产业技术创新 …… 291
11.6 促进中国绿色产业发展路径优化的产权制度创新 …… 291
11.6.1 绿色产业产权界定的制度创新 …… 292
11.6.2 绿色技术产权保护的制度创新 …… 295
11.6.3 绿色产业产权交易的制度创新 …… 298

参考文献 …… 303
后 记 …… 327

导 论

改革开放 40 多年来，中国经济取得了飞速发展，国内生产总值由 1978 年的 3678.7 亿元上升到 2020 年的 101.59 万亿元，中国经济总量占世界经济的比重由 1978 年的 1.8% 上升到 2020 年的 17%。货物进出口总额由 1978 年的 355 亿元上升到 2020 年的 32.16 万亿元。[①] 中国对外贸易的迅速发展为国际市场和国际贸易的繁荣做出了重大贡献。特别是在 2008 年全球金融危机爆发和 2019 年新冠肺炎疫情全球肆虐之后，受到全球经济不景气的影响，全球贸易额增长率长期处于低位，中国因进出口贸易稳定的增长态势成为全球贸易和经济增长的最大引擎。但在对外贸易和中国经济高速发展的同时，中国的发展模式、发展路径等问题不断凸显，出口贸易和国际投资增速明显放缓，传统的劳动力优势难以为继，能源消耗和污染排放不断逼近环境承载极限。作为世界第一大能源消费国，2020 年，中国的能源消费总量达到 49.8 亿吨标准煤[②]，工业"三废"排放也逐年上升。进入 21 世纪以来，生态环境问题逐渐被纳入经济发展的规划当中。近年来，党中央高度重视绿色发展问题，党的十六大报告中指出，要避免走西方国家旧工业化过程中"先污染、后治理"的老路，要坚持走一条"科技含量高、经济效益好、资源消耗低、环境污染少、人力资源优势得到充分

① 资料来源：《中国统计年鉴》（2020）。

② 资料来源：中国经济网北京 2 月 28 日讯（https：//m.gmw.cn/baijia/2021-02/28/1302139070.html）。

发挥的新型工业化路子”；党的十七大报告中指出，“建设生态文明，基本形成节约能源资源和保护生态环境的产业结构、增长方式、消费方式、消费模式”；党的十八大报告中将“生态文明建设”提高到一个前所未有的高度，大力推进绿色发展、循环发展、低碳发展；党的十九大报告指出，“我国经济已由高速增长阶段转向高质量发展阶段，正处在转变发展方式、优化经济结构、转换增长动力的攻关期”。综上所述，在中国经济发展转型加快的背景下，绿色发展是应对我国当前经济发展阶段的应有之义，为今后我国经济发展指明了方向、提出了任务，具有重大现实意义，意味着中国经济发展进入了新阶段。

人类生产生活离不开具体的环境，并且对环境施加不同程度的影响。作为人类重要经济活动之一的国际贸易，自产生以来就不同程度地影响着生态环境。但由于人类行为偏好及环境意识滞后、污染外部性、贸易与环境政策缺陷等，贸易与环境的关系问题长期未能得到足够重视。20 世纪后半叶以来，随着人类环保意识的不断增强，贸易与环境之间的关系越来越受到关注，贸易对资源消费与环境的影响的争论也随之出现。世界贸易组织（World Trade Organization，WTO）指出，贸易环境问题不仅是 WTO 各成员，更是国际组织必须面对的一个基本问题。WTO 认为，某种程度上，对外贸易可能使自然资源枯竭和环境恶化加剧，其增长并不会天然地提升自然资源包括能源的利用效率，也不会必然地改善环境质量。WTO 还指出，贸易或环境专家的泛化结论是具有误导性的，因为外贸对环境和自然资源使用的净效应不是确定的，而是基于国家间选择的经验结果。一些研究认为，一个国家或地区的产业结构与消费模式往往与对外贸易有关。发展中国家和地区重点生产污染和资源密集型产品，而发达国家和地区则不同，其在不改变消费模式的情况下，重点生产清洁和服务密集型等富含先进生产技术的产品。国际贸易加速了先进生产技术的扩散，从而使环境受益。一般而言，在开放型经济条件下进行技术创新往往比在封闭型经济体系下更迅速，这就使得后发国家和地区能够以较小的资源和污染成本实现较快的发展。

对外贸易给我国带来了机遇，促进了我国的经济增长和技术进步。但由于过去我国经济相对落后、环境保护意识相对薄弱，加上贸易与环境的政策存在漏洞等，使得我国在嵌入全球价值链的过程中，并未对产生的生态环境问题予以足够的重视。随着嵌入全球价值链程度的逐渐加深，国际贸易、国际投资的规模不断扩大，对资源、能源的需求与日俱增。同时，我国作为最大的发展中国家，技术水平相对较低，主要从事着能源消耗大、污染排放高的加工贸易。因此，在国际社会越来越重视生态环境的背景下，综合考虑对外贸易所带来的技术进步和污染排放等多重影响，兼顾经济利益和环境利益，深入分析对外贸易与绿色发展之间的关系，力争实现全球价值链攀升与绿色发展的“双赢”，成为嵌入全球价值链过程中要解决的重要问题。

20 世纪 90 年代以来，学术界关于贸易与绿色发展之间关系的研究不断升温。特别是随着我国近年来生存环境的不断恶化，加之政府对绿色发展理念的大力弘扬，中国对外贸易与绿色发展之间的关系成为当下研究热点。目前关于中国对外贸易与绿色发展之间的关系的研究，已经得出了部分成果。但由于受研究方法及研究视角等所限，对于该问题的认识尚不够全面深入。作为加工贸易比重较大的国家，中国的对外贸易“大进大出”的特征，使得依据总值贸易的计算不能准确地反映贸易与绿色发展的关系，而增加值贸易（Trade in Value Added，TiVA）视角的计算显然更能反映真实情况，但这方面的研究目前还很少。另外，随着“五大发展理念”的确立，其中开放发展与绿色发展的关系如何，又将对对外贸易与绿色发展的关系产生何种影响，需要从更全面的视角审视。

中国是世界上最大的发展中国家，又是温室气体排放大国。从国内来看，中国面临着协同推进“新型工业化、城镇化、信息化、农业现代化、绿色化”的艰巨任务，发展仍然是第一要务。要发展，对外开放特别是对外贸易就必须长期坚持并不断升级。从国际上看，中国的生产技术、能源使用效率、产业布局等都与发达国家有一定距离，只有更清楚地认识对外贸易的隐含污染状况，才能在国际谈判中合理界定中国的有关责任，更好地贯彻“共同但有区别的责任”这一原则，既承担应该承担的国际义务，又维护中国发展的正当权利。本书在已有的研究成果基础上，更深入地研究了中国对外贸易与环境的关系，为对外贸易的可持续发展乃至开放发展与绿色发展的协同促进提供了参考，同时为中国参与贸易及环境领域的国际谈判提供了借鉴依据。

本书围绕对外贸易对中国绿色发展的影响效应这一主题展开，重点探讨了以下几个问题：中国对外贸易发展现状与绿色发展水平现状如何？对外贸易与绿色发展的关系如何？对外贸易将如何促进中国绿色发展水平提升？中国是否存在贸易的“环境逆差”？基于以上主题及问题，本书层层推进，开展有关研究分析。本书首先对中国对外贸易发展现状与中国绿色发展水平进行测度与分析，并从绿色金融发展、绿色农业发展、制造业绿色发展、能源产业绿色发展、绿色技术创新、绿色全要素生产率、绿色发展效率、绿色发展潜力八个方面分解中国绿色发展，全面厘清对外贸易与绿色发展之间的理论关系，并在此基础上提出推动中国绿色发展的政策建议。

1 中国绿色发展水平与测度

1.1 引言与文献综述

工业文明主导下以要素投入增加与经济规模扩张为特征的传统粗放型增长模式导致了严重的资源问题、环境污染以及生态危机等。20 世纪中叶，因金属冶炼、汽车、化学等工业兴起发展导致的马斯河谷烟雾事件、伦敦烟雾事件、洛杉矶光化学烟雾事件等“八大环境公害事件”造成数千人死亡，无数人患病。农业基础落后的新中国仅用70 年时间就走完了发达国家200 多年的工业化发展历程，实现了由落后农业国向先进工业国的历史蜕变。这种急剧压缩型粗放工业化导致的资源环境问题，已对中国经济社会发展与人民美好生活需要形成严重制约。中国亟待推进经济由“黑色模式”向“绿色模式”转型升级。鉴于此，党的十八大以来，以习近平同志为核心的党中央，结合中国特色社会主义发展实践，总结国内外经济社会发展与生态文明建设的经验得失，并将其提升至理论层面，提出了一系列有关“绿色发展”的重要论述，逐渐形成了绿色发展理念。

发展是人类社会的永恒主题和共同追求，而自然环境是人类社会生存发展的基础条件，作为当前世界各国关注的热点，绿色发展已经成为人类顺应全球变化的重大共识。改革开放以来，我国经济快速发展，取得了辉煌的成就，国内生产总值稳居世界第二，创造了世界经济发展史上的奇迹。但是在高速发展的过程中，高增长、高能耗、高排放的粗放型发展模式使资源环境承受着巨大的压力。针对此问题，2015 年 3 月 24 日，中共中央政治局会议首次提出“绿色发展”的概念，明确提出“协同推进新型工业化、城镇化、信息化、农业现代化和绿色化”，将“绿色发展”上升为国家战略。2015 年 10 月 29 日，党的十八届五中全会提出“创新、协调、绿色、开放、共享”的五大发展理念，将“绿色发展”作为关系我国发展全局的一个重要理念。

党的十八大以来，以习近平同志为核心的党中央，把握绿色发展的时代潮流，结合中国经济社会发展面临的资源环境约束瓶颈，对中国经济社会发展的绿色化进行了深入思考，强调绿色是中国经济发展的底色，也是可持续发展的必要条件。绿色发展有助于满足人民日益增长的“美好生活需要”，是中国主动适应社会主要矛盾变化的必然选择；另外，作为当今科技革命与产业变革的方向，绿色发展也是在“转变发展方式、优化经济结构和转换增长动力”关键期，构建现代化经济体系的必然要求。同时，习近平总书记的绿色发展理念，还是对工业文明传统发展理念的颠覆性创新，有助于破除西方传统发展思想束缚。

近年来，随着国家生态文明建设的大力推进，评价区域绿色化发展水平的相关文献也开始增多，国内政府部门和学者们建立了绿色发展指数、绿色社会、绿色 GDP、绿色产业、绿色制造、绿色城市、绿色社区、绿色建筑、绿色物流等多套评价指标体系，对省份、城市、社区等区域单元开展了系列实证研究。对生态文明、可持续发展、低碳经济、循环经济、生态经济、清洁生产等评价指标体系的完善、发展与实证研究，直接或间接地体现了绿色发展的内容与状态。

目前学术界对绿色发展相关的研究主要涉及绿色发展内涵以及绿色发展的评价与指标构建等方面。英国环境经济学家 Pearce D. W. 在其著作《绿色经济的蓝图》（1990）中首次提出“绿色发展”概念，指明经济发展必须在自然环境和人类自身可以承受的范围之内，不能盲目追求经济增长而忽略环境保护，这种可承受的经济发展模式即绿色发展。Ekins 认为，绿色发展是基于环境保护的经济发展，强调提高生态效率或环境绩效是绿色发展的关键。2009 年，经济合作与发展组织（OECD）对绿色发展进行了具体研究，并提出在经济发展过程中避免对生态环境造成污染的主张，倡导全球开展绿色可持续发展。但是迄今为止国外学者对绿色发展仍没有形成统一的概念界定。当前国外的绿色发展概念主要源于“可持续发展”和“绿色经济”的理念。我国学者从 20 世纪 90 年代开始关注绿色发展，胡鞍钢（2005）认为绿色发展本质上是对科学发展观思想的一种升华，是经济社会和生态文明高度协调发展的新概念。张涛（2018）认为绿色发展是实现人类与自然和谐发展的唯一途径，而要加快发展绿色经济，就需要有评价绿色发展水平的指标体系以指引实践。

北京师范大学、西南财经大学和国家统计局联合在 2010 年研制推出了测度我国省市级绿色发展水平的指标体系，该指标体系较为科学完善，开创了国内绿色发展指标体系的研究先河。基于评价对象的不同，各学者在体系构建方面会依据不同研究对象构建适用于评价当地绿色发展的指标体系。郝淑双（2019）等以绿色发展的含义为基础构建了区域绿色发展评价指标体系，测算了 2006—2014 年中国省际绿色发展水平，并分析了技术进步、结构变迁、环境规制等因素对绿色发展的影响。欧阳志云等以全国 286 个地级市为研究对象，从环境治理投资、废弃物综合利用率、城市绿化、废水处理、生活垃圾处理、高效用水、空气质量等方面选取了指标并进行了测度。刘凯（2017）同样以中国地级以上城市为研究对象，从绿色增长、绿色福利、绿色财富和绿色治理等方面构建了评价指标体系；之后黄跃等（2017）以全国 20 个城市群为研究对象，从生态文明、社会进步、经济发展三个方面构建了指标体系。刘明广（2017）选取了中国 30 个省份的数据，从绿色生产、绿色生活、绿色环境和绿色新政四个维度构建了指标体系。除了全国范围的研究外，部分学者将研究的范围缩小到特定区域，如蔡绍洪（2012）等以西部 12 省市为研究对象，构建出涵盖经济资源、生态环境以及政府政策等多方面的三个层次指标体系测度西部地区的绿色发展水平及空间分异。李华旭等（2017）采用主成分分析法对长江经济带沿江地区的绿色发展水平进行测度，并对影响沿江地区绿色发展水平的关键因素进行定量甄别。张婕等（2020）以长三角城市群为研究对象，在借鉴 PSR 理论模型的基础上，利用循环复相关系数方法筛选构建了包含城市增长绿化度、绿色财富、绿色政策支撑度三个层次共 25 个指标的长三角城市群城市绿色发展水平评价体系，并对长三角城市群绿色发展水平进行测评。陈晓雪（2019）等从环境承载力、环境管理力、环境友好性、环境抗压力、环境稳定性五个维度，构建了长江经济带绿色发展水平的评价体系，基于 2007—2017 年的时空面板数据，对长江经济带 11 省市绿色发展水平的时空演化进行测度。熊曦等（2019）从绿色生态、绿色生活、绿色生产等三个层面构建长江中游城市群绿色化发展水平的测度指标体系，并运用熵值法对其空间差异展开了实证。杨顺顺（2018）在梳理绿色发展理论的基础上采用灰色关联分析法对长江经济带绿色发展水平进行了测度研究。苟兴朝等（2020）在对黄河流域乡村绿色发展的内涵及其理论基础进行分析的基础上，分别利用改进熵权法、泰尔指数法以及 Moran 指数对 2008—2017 年黄河流域 8 省区的乡村绿色发展水平、区域差异和空间相关性进行了测度与分析。方永恒等（2021）以汉江生态经济带为研究对象，采用熵值法从增长质量、资源消耗、环境治理、绿色生活四个方面构建汉江生态经济带绿色发展水平评价指标体系，并对汉江生态经济带 2009—2018 年沿线 11 个城市的绿色发展水平进行测度研究。在此基础上，学者们还对一些政策性的特定区域展开研究。郭兆晖等（2017）将“一带一路”沿线区域作为研究对象，构建了包括绿色增长、绿色福利、绿色财富 3 个一级指标、12 个二级指标的绿色发展评价指标体系。陈祖海等（2020）选取了 2007—2017 年 24 个指标测算民族地区绿色发展水平，运用核密度估计和标准差分级法分析其时空变化特征及其省际差异，运用障碍度模型进一步分析影响民族地区绿色发展的障碍因素。除此之外，还有部分学者将研究对象细化到具体省份，戴鹏（2015）以青海省数据为依据，在学习和参考北京师范大学等部门联合编制的中国绿色发展指数的基础上，建立了包括绿色生产、绿色消费、绿色环境、绿色民生和绿色政策五个方面的绿色发展水平评价体系。张欢（2016）以湖北省为例，从绿色美丽家园、绿色生产消费、绿色高端发展三个方面构建了指标体系。胡书芳等（2017）从经济、环境、社会三个层面选取 12 个指标组成评价指标体系。舒成（2021）结合江西省绿色发展特色，从绿色环境、绿色生产、绿色生活、绿色政策等四个维度构建江西省绿色发展评价指标体系，运用熵权法、泰尔指数（Theil Index）、莫兰指数（Moran Index）对 2009—2019 年江西省 11 个地级市的绿色发展水平、区域差异和空间关系进行评价与分析。黄寰（2019）则以西藏自治区为研究对象，从绿色压力、绿色响应和绿色状态三个方面，构建了绿色发展水平综合指数，并运用熵权 topsis 法深入剖析藏区绿色发展的影响因素。郭永杰等（2015）运用熵值法、改进的 topsis 模型与障碍度模型对宁夏回族自治区县域绿色发展水平的空间分异及影响因素进行了实证研究。

总体来看，在研究对象选择上，学者们的选择范围是从全国范围到区域，再到省级和地级市；在综合评价方面，学者们多使用主成分分析法、熵权 topsis 法、灰色关联分析法、熵值法等对绿色发展水平进行评价；在对测算结果的分析方面，学者们一般先对综合的评价结果进行说明，之后再对各个细化区域结果进行对比，部分学者也会考察各子系统之前的关联程度，此外，学者们还经常使用泰尔指数（Theil Index）来测度区域差异性，使用莫兰指数（Moran Index）来考察空间关系。总体来说，目前的评价体系还存在一些不足，在逻辑体系方面，指标间层次结构不清、逻辑紊乱，上下级指标间缺乏必然联系；在评价目标方面，大多偏重于经济社会绿色发展全面评价，专门用于评价绿色经济及其产业门类的指标体系还不多；在指标数量方面，有的体系过于简单、指标数量偏少，有的数量又过于繁多、力求全面反映绿色发展内涵；在权重分配方面，有的采用简单的等比权重法，有的过于追求客观，采用烦琐的数学计算赋权；在实用性方面，有的指标过于生僻、计算过程复杂，或者原始数据获取困难，公众认知度不足；在公平性方面，有的大量采用人均资源消耗和污染物排放指标，或者单位土地面积的强度指标，过于强调各地资源环境禀赋，未兼顾相关地区经济发展阶段性特征。

1.2 绿色发展思想的科学内涵、理论基础和要求

1.2.1 绿色发展思想的科学内涵

首先，我国的绿色发展理念来源于中国传统文化思想，我国的绿色发展思想是根植于中国传统文化中的，是传统文化重要的组成部分，早在战国时期，《荀子·天论》中便提出“万物各得其和以生，各得其养以成”，孟子也提出了“仁民爱物”命题，“仁民”是对人的同情仁爱，“爱物”则是爱护人之外的动物植物等。宋明时期的哲学家以“万物一体”为仁学思想的核心内涵。张载提出了“民胞物与”的观念。程颢揭示“仁”的内涵：仁者，以天地万物为一体，莫非己也。从古至今，中国传统文化推崇遵守自然法则和自然秩序，这实际上是人与自然共同遵守的约定，表现为对不同规模文化的认同，是人类社会的一种文化约定。从哲学和文化观念上来看，中国古代一直推崇“天人合一，道法自然”的绿色发展理念。可以说中国传统文化中蕴含了尊重大自然、敬畏大自然的思想，为当今绿色发展观奠定了深厚的文化基础。

其次，我国的绿色发展理念还借鉴了马克思、恩格斯的生态环境思想，马克思、恩格斯的生态环境思想也为中国绿色发展提供了丰富的理论依据。马克思和恩格斯的环保思想产生于第一次工业革命末期和第二次工业革命早期，工业革命的兴起和机器大生产的普及，彻底颠覆了社会原有的生产生活方式，也极大地改变了和谐的生态环境。这种变化让马克思和恩格斯开始关注生态环境的问题。马克思认为资本主义生产方式极大地破坏了人和土地之间的物质交换，恩格斯也对英国在工业革命期间城市的环境问题进行了细致的描述并提出了批判。马克思在《德意志意识形态》（1932）中从历史观角度提出人类得以延续繁衍的三个前提，即“生产物质生活本身”“新的需要”和“繁殖”。历史发展依赖于这三个前提并存在于人与自然的关系中。马克思明确地指出人是自然界的一部分，人类的生存和发展离不开自然界，从精神层面来讲，自然界中的一切要素都是人意识的一部分，从物质层面来看，无论自然界中的东西以何种形态展现出

来，人类都需要以此为生产生活资料。马克思从人的精神和物质层面分别论述了自然界对于人类生产、交互和发展的重要意义和价值，并提出“自然是人无机身体”的命题。恩格斯在《自然辩证法》中（1896）指出，人类强于其他生物的原因就在于人类能够正确认识并合理运用自然规律，人类无法超越自然规律，一切违反自然规律的行为都注定是要失败的，人类必须遵循自然规律，摒弃贪念与无知的思想，与自然界和谐共生。关于生产力理论方面，马克思和恩格斯在《资本论》（1867）中明确指出，社会物质生产不仅需要人的生产活动，自然生产力同样重要。马克思肯定了自然生产力在财富创造中的基础作用，认为自然界本身就蕴藏着巨大的物质财富生产的能力。马克思在《哥达纲领批判》（1875）中也鲜明地提出自然界和劳动都是使用价值的创造者，劳动需要在自然基础之上创造价值，离开自然本身，劳动也没有意义。马克思和恩格斯的生态环境思想对中国之后的绿色生态文明建设、可持续发展战略以及新能源开发战略都有着重要的启示作用。

最后，我国的绿色发展理念以习近平生态文明思想为指导，习近平总书记通过深度研究中国传统文化思想，从中国目前发展实际情况出发，结合马克思主义生态文明思想，创造性地提出了习近平生态文明思想。习近平总书记很早就提出了“绿水青山就是金山银山”的绿色生态理念，深刻揭示了生态环境保护与经济社会发展之间辩证统一的关系，阐明了保护生态环境就是保护生产力、改善生态环境就是发展生产力的道理，丰富和拓展了马克思主义生产力基本原理的内涵。2016 年 11 月 28 日，习近平总书记在《关于做好生态文明建设工作的指示》中指出，要深化生态文明体制改革，尽快把生态文明制度的“四梁八柱”建立起来，把生态文明建设纳入制度化、法制化轨道。2017 年 5 月 26 日，习近平总书记在十八届中央政治局第四十一次集体学习时的讲话中强调，推动绿色发展方式和生活方式是绿色发展观的一场深刻革命，要坚持和贯彻新发展理念，正确处理经济发展和生态环境保护的关系，像保护眼睛一样保护生态环境，像对待生命一样对待环境。习近平生态文明思想有着丰富的哲学意蕴，根植于中华文明肥沃的文化土壤和卓越的生态智慧，是对人与自然关系规律的科学总结。人因自然而生，人与自然是一种共生关系，人类必须尊重自然、顺应自然、保护自然，否则，就会遭到大自然的报复。人类只有遵循自然规律，才能有效防止在开发利用自然上走弯路。人类对大自然的伤害最终会伤及人类自身，这是谁也无法抗拒的规律。习近平生态文明思想坚持以人民为中心，以满足人民日益增长的美好生态环境需要为目的。在全球环境污染问题上，习近平总书记创造性地提出“人类命运共同体”思想，提出建设美丽家园是全人类的追求，在面对环境问题上，人类是一荣俱荣、一损俱损的共同体，任何国家都没法独善其身。环境就是民生，习近平总书记提出发展经济的根本是为了人民的幸福，不能为了发展经济而破坏环境，并提出山水林田湖草是生命共同体，这个生命共同体是人类生存发展的基础，要按照生态系统的整体性、系统性及其内在规律开展生态文明建设。中国作为负责任的世界大国，一直致力于开展生态文明建设，并深度参与了全球各项生态环境治理，为全球可持续发展贡献自己的力量和智慧。

1.2.2 绿色发展思想的理论基础

绿色经济增长概念正式提出于2005年联合国亚太经社理事会（UNES-CAP）的环境与发展部长会议。当时的现实背景是，亚太地区经济的高速发展使区域资源环境约束日益加剧，可持续发展面临严峻挑战，因此，需要各国在通过经济增长减少贫困和提高人类福祉的同时，着力转变经济增长和消费活动方式，注重提高经济增长的生态效率，实现环境与经济的协调发展，即绿色经济发展。随后，学者为绿色增长赋予了更丰富的内涵，比较有代表性的是经济合作与发展组织（OECD，2011）的界定：绿色增长是指能确保自然资产持续提供人类福祉所需资源和环境服务的经济增长，为了实现绿色增长的发展模式，应大力发挥投资和创新对可持续增长和新经济机会创造的作用。OECD的界定阐明了绿色增长如何定位经济发展、代际公平和环境保护之间的关系，也提出了具体的实践途径（张旭、李伦，2016）。

中国对绿色发展的相关研究不断增多。一方面，针对绿色增长的发展模式和内涵进行深入探讨。例如，中国绿色增长问题的提出往往与经济增长转型有关，学者们普遍认为，伴随中国进入产业结构升级、经济转型的关键时期，高投入、高能耗、高污染、低效益的粗放式经济增长模式难以为继，绿色发展模式成为中国未来发展的必然选择，而且，中国生态优先的绿色发展不是高成本、低收益的末端治理，而是强调高收益、低成本的源头创新。另一方面，基于中国现实的绿色发展研究成果的独特价值和创新意义也不断凸显。王玲玲等（2012）和胡鞍钢等（2014）研究认为，中国绿色发展是在生态环境容量和资源承载能力的制约下，通过保护生态环境实现可持续发展的一种更具创新性和升级版的发展模式。再如，张勇（2019）、诸大建（2019）和钱易（2020）等研究表明，绿色发展更强调生态优先，同时要求经济系统、社会系统和自然系统之间的联系更加具有系统性、整体性和协调性。因此，需要立足更加复杂的时空条件和具体情境来审视绿色发展及其相关的生态系统问题（Roundy et al.，2018；解振华，2019；李华晶，2020）。

商迪等（2020）研究表明，绿色发展是同绿色经济、绿色增长密不可分的，三者为一个整体，人类在发展过程中不断探索如何科学处理经济、社会和生态三者之间的关系以实现系统的最优发展，并在不同时期形成了以绿色经济、绿色增长和绿色发展为代表的不同发展理念。发展问题的核心是根据特定时空背景下经济、社会和生态的关系确定符合时代发展目标和特点的发展模式。绿色经济、绿色增长和绿色发展都涉及经济、社会和生态的复杂系统（Death，2014；胡鞍钢、周绍杰，2014；D'Amato et al.，2017；李维安等，2017；武春友等，2017；许宪春等，2019）。因此，在探讨绿色发展内涵之前对系统一词展开分析是十分有必要的，结合人类发展历程回顾人类发展系统也是十分必要的。系统是由若干相互联系、相互作用的要素，按照某些规律结合起来形成的具有某些功能的整体（Sillitto，2014；Rousseau，2017；丁超君、李振福，2020）。系统分析把研究对象视为一个整体，主要关注系统的边界、要素以及要素之间的相互作用和变化规律。已有的关于人类发展问题的研究，对人类发展系统的构成要素、要素之间的关系以及各子系统之间的作用机制开展了有益的探索，均认为人类发展系统由经济、社会、生态三个子系统构成，三个子系统之间的反馈关系的动态调整过程也反映了发展理念的演化过程（Meadows et al.，1992；Musango et al.，2014；杨顺顺，2017；张峰、宋晓娜，2019；王宇奇、万文夭，2020）。

发展系统的复杂性体现在两个方面：一是结构的复杂性；二是系统的自适应性。结构的复杂性是指系统中包含了复杂的反馈结构，这些反馈结构不仅表现为经济、社会和生态各子系统内部要素间的相互作用以及三个系统之间的交互作用，还表现为不同物质、能量和信息的交换。自适应性表现为，在系统内外部环境的约束下，系统结构与客观环境相匹配；随着客观时空环境的变化，系统中起主要作用的反馈关系不断转换，系统中各要素的重要程度不断变化。由于各子系统内部和各子系统之间存在复杂的反馈关系，所以经济主体的内外部环境的变化将导致系统内部的反馈结构不断演化。为了适应不断变化的内外部环境，构成复杂系统的主体需要不断通过目的性行为探索最佳的适应性生存和进化模式（付强、范冬萍，2017）。

据此，本书梳理并提炼出由经济子系统、生态子系统、社会子系统组成的绿色经济、绿色增长和绿色发展的复杂系统框架。其中，经济子系统是人类经济社会发展的核心组成部分，把人类社会与自然生态系统有机地连接起来，表现在将自然资源转化为人类生存发展所需的商品和服务，而将生产过程中产生的废弃物排放给生态系统；同时，经济子系统影响人类社会的发展水平，其发达程度决定了社会整体福利、文明和公平的程度。生态子系统是经济子系统和社会子系统的物质载体，为经济和社会的发展提供了资源和生存环境，但经济和社会子系统的发展不能超越生态子系统的承载力。社会子系统是经济和生态子系统的顶层架构，反映了社会的发展程度、福利水平和公平程度，决定了经济子系统的结构及其与生态子系统的关系。因此，经济、社会和生态三个子系统的要素共同构成了人类社会发展问题的系统边界，勾勒出绿色经济、绿色增长和绿色发展的复杂系统框架，反映出各子系统间存在交互、共生和相互制约的复杂关系。不过，当前已有研究多是通过定性分析，从经济、社会、生态三个维度对绿色经济、绿色增长和绿色发展的概念内涵进行阐释，尚未能通过定量方法全面深入地反映这三个重要发展理念在理论体系上的异同点，欠缺从系统视角出发对如何处理发展中经济、社会和生态复杂关系的研究，特别是在中国生态文明建设的独特情境下，以绿色发展理念为方向的理论创新也亟待梳理和提炼。

1.2.3 绿色发展思想的要求

（1）新时代中国绿色发展已有明确的顶层设计，首要的是要坚持和完善生态文明制度体系。在地位标定上，集中体现在习近平总书记高度概括的“四个一”的定位。在指导思想上，形成了以“六大原则”为核心内涵的习近平生态文明思想。在总体目标上，明确提出了建设美丽中国、实现人与自然和谐共生的社会主义现代化强国的总目标，并围绕总目标做出2035年、2050年两个阶段性安排。在战略部署上，将加快构建生态文明体系、全面推动绿色发展等作为新时代生态文明建设的重要任务，而其中生态文明制度体系建设是关键和保障。

（2）绿色发展是个系统工程，其核心和基础是经济绿色发展。自然资源环境与经济系统之间相互依存、相互促进，结合周宏春、管永林（2020），Lutz等（2015）的研究，绿色发展是贯穿经济社会生产生活方方面面的系统工程。在绿色发展系统中，核心和基础是绿色经济，牵引和动力是绿色政治，支撑和灵魂是绿色文化，保障和载体是绿色社会，承载和约束是绿色资源环境。而绿色经济本身也是个系统工程，包括绿色产业（生产）体系、绿色流通体系、绿色贸易体系和绿色消费体系。

（3）绿色发展具有阶段性特征，各地、各阶段都必须全面贯彻落实新发展理念。周宏春、管永林（2020）将中国科学院可持续发展战略研究组概括的3个倒“U”形曲线关系规律拟合在一张图上，形象地描述了绿色发展的阶段性特征。推进经济绿色发展不仅要考虑资源禀赋、环境承载能力，更要考虑发展阶段尤其是工业化发展阶段的差异，因时制宜、因地制宜、形成特色。绿色发展在新发展理念中具有特殊地位和作用，同时，经济绿色发展的动力和核心在于创新，方法和路径在于协调，保障和格局在于开放，目的和归宿在于共享。

（4）经济绿色发展首先是经济的稳定增长，是资源环境容量约束下实现绩效最大化的可持续发展。发展是绿色的基础，离开了发展，“绿色”也就失去了灵魂和意义；但发展必须是绿色的，没有了绿色，“发展”就失去了内涵、偏离了方向；绿色既是发展的基调，也是发展的结果。绿色与发展并不对立，习近平总书记的“两山论”深刻阐明了两者间的相互关系。新时代中国经济绿色发展就是要正确处理好经济发展与资源环境间的关系，真正把绿水青山变成金山银山，以资源环境约束倒逼产业转型升级，大幅降低资源环境代价，提高经济绿色化程度。

（5）经济绿色发展与传统增长模式有本质区别，新时代经济绿色发展具有鲜明的时代特征。习近平总书记在2018年全国生态环境保护大会上指出，“绿色发展是新发展理念的重要组成部分，与创新发展、协调发展、开放发展、共享发展相辅相成、相互作用，是全方位变革，是构建高质量现代化经济体系的必然要求，目的是改变传统的‘大量生产、大量消耗、大量排放’的生产模式和消费模式，使资源、生产、消费等要素相匹配相适应，实现经济社会发展和生态环境保护协调统一、人与自然和谐共处”。此重要论述深刻阐明了绿色发展的时代内涵和特征与传统增长模式的本质区别。新时代经济绿色发展不仅是经济发展、资源节约和环境保护协调推进、互相促进，更是高质量发展的重要抓手和“牛鼻子”，具有引领性、先导性、支撑性作用和高质量的特征。

1.3 指标体系构建及测度

衡量绿色发展水平首先需要设计一套系统的评价指标体系，之后再依据各指标体系进行测度，通常情况下，评价指标体系的构建需要遵循系统性、科学性和可测性的原则。同时各指标体系需要尽可能反映我国绿色发展水平，以使得研究的结果更具有说服力。在构建绿色发展水平指标体系时，本书主要依据系统性、目标导向性和可测性三大原则，首先在体系构建上遵循系统性原则，选取的二级指标基本可以涵盖目前中国绿色发展水平的全面表现，而每一项的三级指标也能基本反映各二级指标的情况，各指标之间相对独立但存在一定的内在联系，符合整体上的逻辑关系，各层指标构成统一的逻辑整体，保证总体上能全面、有效地度量中国绿色发展的水平。选取的指标要以绿色经济发展为导向，绿色发展的目标是以绿色生产和绿色消费为依托，最终实现全社会层面的绿色生态平衡。因此衡量绿色发展的水平要将落脚点放到绿色生产、绿色消费、绿色生态建设的发展上。此外，构建的评价指标体系需要兼顾各个具体指标的可量化性，要求各指标不能过于烦琐，数据要相对易于搜集，同时需要保证数据的准确性。

1.3.1　指标选取

根据对绿色发展内涵的深刻理解并结合中国目前绿色发展的基本情况，本书构建了一整套中国绿色发展水平评价指标体系，该体系包含绿色生产、绿色生活、绿色生态和绿色政策四个二级指标和相应的三级指标，具体见表1－1。

表1－1　中国绿色发展水平指标体系

二级指标	三级指标	具体指标	指标计算	指标属性
绿色生产	增长质量	碳排放强度	碳排放总量/GDP	负
		外贸依存度	进出口总额/GDP	正
		人均 GDP	GDP 总量/年末人口数	正
		第三产业贡献率	第三产业增加值/GDP 增加值	正
	资源节约	单位 GDP 能耗	能源消费/GDP	负
		单位 GDP 用电量	用电总量/GDP	负
		单位 GDP 用水量	用水总量/GDP	负
		单位 GDP 废水排放	废水排放量/GDP	负
		单位 GDP 废气排放	废气排放量/GDP	负
	循环利用	固体废弃物综合利用率	废弃物利用量/废弃物总量	正
		水资源重复利用率	再利用水资源/总排水量	正
绿色生活	绿色居住	人均公园绿地	公园绿地面积/年末人口数	正
		绿化覆盖率	绿化面积/总面积	正
		生活垃圾无害化处理率	生活垃圾无害处理量/垃圾总量	正
	绿色出行	每万人拥有公共交通数量	公共交通数量/年末人口数	正
		人均道路面积	道路总面积/年末人口数	正
	绿色消费	人均用水量	用水总量/年末人口数	负
		人均用电量	用电总量/年末人口数	负
		人均使用天然气量	天然气总量/年末人口数	负

续表

二级指标	三级指标	具体指标	指标计算	指标属性
绿色生态	资源承载	人均水资源	水资源总量/年末人口数	正
		人均耕地面积	耕地总面积/年末人口数	正
		人均天然气拥有量	天然气总量/年末人口数	正
	生态安全	自然保护区面积占比	自然保护区面积/辖区总面积	正
		森林覆盖率	森林总面积/辖区总面积	正
		湿地面积占比	湿地总面积/辖区总面积	正
绿色政策	绿色投资	研发经费支出占比	研发经费支出/财政总支出	正
		环保支出占比	环保经费支出/财政总支出	正
		水利、环境、公共设施支出占比	水利、环境、公共设施支出/财政总支出	正
	绿色治理	绿色信贷占比	绿色信贷/总信贷量	正
		污染治理投资占比	污染治理投资/GDP 总量	正
		人均造林面积	造林总面积/年末人口数	正
		新增水土流失治理面积	新增面积	正

1.3.2 资料来源

本章选取我国除西藏自治区和港澳台地区之外的 30 个省份 2010—2019 年的相关数据作为研究样本。各项指标资料来源于《中国统计年鉴》《中国环境年鉴》及各省份统计年鉴，部分指标资料来源于 EPS 数据库。

1.3.3 测度方法及权重确定

在测度方法的选择上，目前主流的客观赋权方法为熵值法、熵权 topsis 法、因子分析法和主成分分析法。熵值法和熵权法主要通过计算各熵值来确定各指标权重，因子分析法将指标分成公共因子和特殊因子来确定权重，主成分分析法主要通过构建变量的协方差矩阵并分析矩阵的特征值特征向量，从而剔除具有相关信息的变量，保留不相关信息变量来确定权重。相对而言，主成分分析法更加依据数据本身特征，分析数据更加客观，但也有造成指标之间相关性影响的缺陷。除此之外，主观赋权方法主要有德尔菲法、独立权重构建法和均等权重赋权法等。因此，本书采取主客观相结合的方法来确定权重，主观方法采取德尔菲赋权法和均等权重法赋权，而客观方法采取主成分分析法进行测算，最后将两者权重再度加权平均算出绿色发展水平指标的最终权重，即最终权重 = 主观权重 ×0.5 + 客观权重 ×0.5。

主观权重的测算首先用德尔菲法确定二级指标的权重，具体步骤如下：第一步，专家小组讨论，选择笔者所在单位相关研究方向的30名研究人员；第二步，将设计好的评价表交给专家进行匿名评估；第三步，对全部专家的意见进行汇总与统计，整理出的资料再次反馈给专家，由专家再进行一轮评估，重复此步骤直到专家不改变意见，最后根据专家最终意见结果，计算各项指标的权重。最终得到二级权重指标为：绿色生产（40%）、绿色生活（20%）、绿色生态（20%）、绿色政策（20%），之后各二级指标下采用均等权重法赋权来确定三级指标。

客观权重的测算采用主成分分析法，由于各基础指标之间具有不可公度性，使得我们无法对其直接进行计算，需要进行一定的变换与处理，考虑到绿色发展水平的指标属性不同，并且各项基础指标还具有不同的量纲和量级，本书中部分指标为逆指标，因此我们采用归一化的处理方式。具体步骤如下：第一步，采用极差法对各测度指标 X_{ij} 进行无量纲化处理，同时对正、负向指标采用不同算法进行数据同质化处理，具体公式如下：

$$X'_{ij} = \frac{X_{ij} - \min(X_{ij})}{\max(X_{ij}) - \min(X_{ij})}, X_{ij}\text{ 为正向指标} \qquad (1-1)$$

$$X'_{ij} = \frac{\max(X_{ij}) - X_{ij}}{\max(X_{ij}) - \min(X_{ij})}, X_{ij}\text{ 为负向指标} \qquad (1-2)$$

其中，i 表示年份，j 表示测度指标，X_{ij} 和 X'_{ij} 分别表示标准化前后绿色发展水平测度指标值，$\max(X_{ij})$ 和 $\min(X_{ij})$ 分别表示 X_{ij} 的最大值和最小值。

第二步，选取主成分，通过 SPSS 软件分析，提取出特征值大于1且累计方差贡献率在80%以上的主成分。

第三步，确定权重，首先计算各基础指标各主成分线性组合系数矩阵，即因子载荷系数除以对应特征值的平方根，公式为 $\varepsilon_{ij} = \frac{f_{ij}}{\sqrt{\lambda_{ij}}}$，其中，$\varepsilon_{ij}$ 为线性组合系数，f_{ij} 为各指标在主成分中成分矩阵系数，λ_{ij} 则为提取出的主成分，即特征值。其次计算综合得分系数，用线性组合系数分别与方差贡献率相乘后累加，之后除以累计方差贡献率，公式为 $\alpha_i = \frac{\sum \varepsilon_{ij}\sigma_j}{\sum \sigma_j}$，其中，$\alpha_i$ 为综合得分系数，σ_j 为各指标对应的方差贡献率。最后计算权重，将综合得分系数进行归一化处理即得到各指标权重值，公式为：

$$\omega_i = \frac{\alpha_i}{\sum \alpha_i} \tag{1-3}$$

通过 SPSS 软件分析，提取出四个主成分，即 F_1、F_2、F_3 及 F_4，依据上述公式可得四个主成分表达式为：

$$F_1 = 0.164x_{11} - 0226x_{12} + 0.410x_{21} + 0.489x_{22} + 0.154x_{31} - 0.203x_{32} + 0.034x_{41} + 0.465x_{42} + 0.484x_5 \tag{1-4}$$

$$F_2 = 0.168x_{11} + 0.056x_{12} - 0.203x_{21} - 0.194x_{22} + 0.639x_{31} + 0.439x_{32} - 0.474x_{41} + 0.144x_{42} + 0.210x_5 \tag{1-5}$$

$$F_3 = 0.610x_{11} - 0.453x_{12} + 0.050x_{21} - 0.160x_{22} + 0.246x_{31} + 0.035x_{32} + 0.441x_{41} - 0.371x_{42} - 0.037x_5 \tag{1-6}$$

$$F_4 = 0.493x_{11} + 0.593x_{12} + 0.498x_{21} - 0.074x_{22} + 0.012x_{31} - 0.189x_{32} - 0.222x_{41} - 0.072x_{42} - 0.236x_5 \tag{1-7}$$

进一步对上述各主成分表达式中的系数乘以各主成分的方差贡献率，再除以累计方差贡献率，以此求得综合得分模型的表达式为：

$$F = 0.127x_{11} + 0.115x_{12} + 0.118x_{21} + 0.112x_{22} + 0.108x_{31} - 0.089x_{32} + 0.102x_{41} - 0.121x_{42} + 0.113x_5 \tag{1-8}$$

最终权重确定为主观权重和客观权重相结合的方式，其中主观和客观权重各占 50%，公式为：最终权重 = 主观权重 ×0.5 + 客观权重 ×0.5。绿色发展水平最终权重见表 1-2。

表 1－2 绿色发展水平最终权重

指标	增长质量	资源节约	循环利用	绿色居住	绿色出行	绿色消费	资源承载	生态安全	绿色投资	绿色治理
权重/%	16.60	15.00	10.90	10.60	9.15	8.20	8.15	8.80	8.15	8.05

资料来源：笔者计算整理所得。

1.4 测算结果与综合评价分析

确定了最终权重后，进一步计算绿色发展水平指数，公式为：$Gf_{it}=\sum_{i=1}^{9}\omega_i x_{it}$，即用最终权重乘以归一化后的基础指标数据，其中，$Gf_{it}$ 为绿色发展水平指数，ω_i 为最终权重，x_{it} 为归一化后的基础指标数据，由此计算得出 2010—2019 年全国各省份绿色发展指数（见表 1－3），而该指数能良好地反映出各省份绿色发展水平。

表 1－3 2010—2019 年全国各省份绿色发展指数

省份	2010 年	2011 年	2012 年	2013 年	2014 年	2015 年	2016 年	2017 年	2018 年	2019 年
安徽	0.259	0.356	0.383	0.341	0.404	0.469	0.439	0.450	0.423	0.378
北京	0.304	0.346	0.352	0.315	0.367	0.378	0.518	0.450	0.433	0.419
福建	0.465	0.295	0.285	0.320	0.311	0.346	0.377	0.325	0.454	0.396
甘肃	0.343	0.307	0.408	0.414	0.412	0.426	0.428	0.371	0.368	0.378
广东	0.375	0.269	0.275	0.266	0.240	0.253	0.236	0.241	0.245	0.216
广西	0.286	0.318	0.337	0.290	0.315	0.420	0.363	0.318	0.295	0.324
贵州	0.442	0.442	0.413	0.411	0.401	0.354	0.342	0.359	0.337	0.341
海南	0.490	0.641	0.550	0.529	0.635	0.537	0.558	0.559	0.544	0.532
河北	0.295	0.359	0.339	0.334	0.337	0.393	0.349	0.370	0.407	0.370
河南	0.384	0.322	0.311	0.344	0.338	0.347	0.346	0.372	0.351	0.336
黑龙江	0.477	0.435	0.489	0.531	0.470	0.478	0.436	0.522	0.460	0.525
湖北	0.312	0.341	0.349	0.353	0.339	0.340	0.383	0.363	0.358	0.328
湖南	0.331	0.327	0.340	0.339	0.315	0.382	0.346	0.346	0.310	0.309
吉林	0.341	0.321	0.326	0.291	0.284	0.328	0.349	0.349	0.341	0.340
江苏	0.287	0.306	0.328	0.326	0.319	0.349	0.346	0.307	0.337	0.281

续表

省份	2010 年	2011 年	2012 年	2013 年	2014 年	2015 年	2016 年	2017 年	2018 年	2019 年
江西	0.249	0.279	0.272	0.215	0.220	0.268	0.278	0.279	0.267	0.264
辽宁	0.322	0.294	0.322	0.280	0.309	0.356	0.268	0.294	0.305	0.333
内蒙古	0.428	0.454	0.491	0.411	0.421	0.436	0.391	0.509	0.427	0.365
宁夏	0.480	0.565	0.568	0.581	0.538	0.531	0.568	0.563	0.627	0.574
青海	0.502	0.525	0.596	0.541	0.539	0.584	0.621	0.581	0.569	0.511
山东	0.293	0.326	0.355	0.334	0.294	0.266	0.246	0.283	0.357	0.297
山西	0.431	0.389	0.436	0.424	0.369	0.438	0.453	0.401	0.460	0.441
陕西	0.426	0.342	0.341	0.365	0.328	0.365	0.359	0.389	0.343	0.333
上海	0.215	0.231	0.270	0.218	0.239	0.229	0.242	0.218	0.222	0.240
四川	0.232	0.235	0.202	0.190	0.194	0.214	0.223	0.226	0.224	0.246
天津	0.324	0.389	0.352	0.358	0.381	0.372	0.348	0.351	0.371	0.383
新疆	0.399	0.462	0.471	0.356	0.457	0.463	0.430	0.432	0.415	0.382
云南	0.279	0.244	0.247	0.257	0.240	0.245	0.265	0.215	0.273	0.204
浙江	0.284	0.297	0.273	0.277	0.267	0.295	0.274	0.273	0.300	0.257
重庆	0.331	0.375	0.322	0.294	0.288	0.266	0.263	0.262	0.235	0.250
平均	0.353	0.360	0.367	0.350	0.352	0.371	0.368	0.366	0.369	0.352

资料来源：笔者计算整理所得。

由表 1－3 初步可以得出，全国大部分省份绿色发展指数 2010—2019 年呈现增长态势，其中，安徽、北京和河北增长较为明显，同时，从省际层面可以看出，西部地区绿色发展指数普遍高于中部和东部地区，对 2010—2019 年全国各省份绿色发展指数进行排名，结果如表 1－4 所示。

表 1－4　2010—2019 年全国各省份绿色发展水平排名

省份	2010	2011	2012	2013	2014	2015	2016	2017	2018	2019
安徽	27	12	10	14	8	5	6	7	9	11
北京	20	13	13	20	12	13	4	6	7	6
福建	5	24	24	19	20	20	12	19	6	7
甘肃	13	21	9	6	7	9	9	12	13	10
广东	12	27	25	26	26	27	29	27	27	29
广西	24	20	18	23	18	10	13	20	24	20

续表

省份	2010	2011	2012	2013	2014	2015	2016	2017	2018	2019
贵州	6	6	8	8	9	17	21	15	20	14
海南	2	1	3	4	1	2	3	3	3	2
河北	21	11	17	16	15	11	16	13	11	12
河南	11	18	23	13	14	19	20	11	16	16
黑龙江	4	7	5	3	4	4	7	4	4	3
湖北	19	15	14	12	13	21	11	14	14	19
湖南	16	16	16	15	19	12	19	18	21	21
吉林	14	19	20	22	24	22	15	17	18	15
江苏	23	22	19	18	17	18	18	21	19	23
江西	28	26	27	29	29	24	22	24	26	24
辽宁	18	25	22	24	21	16	24	22	22	17
内蒙古	8	5	4	7	6	8	10	5	8	13
宁夏	3	2	2	1	3	3	2	2	1	1
青海	1	3	1	2	2	1	1	1	2	4
山东	22	17	11	17	22	25	27	23	15	22
山西	7	9	7	5	11	7	5	9	5	5
陕西	9	14	15	9	16	15	14	10	17	18
上海	30	30	28	28	28	29	28	29	30	28
四川	29	29	30	30	30	30	30	28	29	27
天津	17	8	12	10	10	14	17	16	12	8
新疆	10	4	6	11	5	6	8	8	10	9
云南	26	28	29	27	27	28	25	30	25	30
浙江	25	23	26	25	25	23	23	25	23	25
重庆	15	10	21	21	23	26	26	26	28	26

资料来源：笔者计算整理所得。

从全国绿色发展水平排名来看，青海、宁夏和海南的发展水平较高，而四川、上海和云南绿色发展水平较为落后，排名较为靠后。为了进一步研究我国各区域绿色发展水平的差异，根据国务院发展研究中心课题《中国（大陆）区域社会经济发展特征分析》，将全国整体分为八大区域。本书依据该课题的区域分组，分别对八大区域进行测算并进行排名，结果如

表1－5所示。

表1－5　2010—2019年中国八大区域绿色发展指数

区域	2010年	2011年	2012年	2013年	2014年	2015年	2016年	2017年	2018年	2019年
东北地区	0.380	0.350	0.379	0.367	0.354	0.388	0.351	0.388	0.369	0.399
北部沿海	0.304	0.355	0.350	0.335	0.345	0.352	0.365	0.364	0.392	0.367
东部沿海	0.262	0.278	0.290	0.274	0.275	0.291	0.287	0.266	0.286	0.259
南部沿海	0.443	0.402	0.370	0.371	0.396	0.379	0.390	0.375	0.414	0.381
黄河中游	0.417	0.377	0.395	0.386	0.364	0.396	0.387	0.417	0.395	0.369
长江中游	0.287	0.326	0.336	0.312	0.319	0.365	0.362	0.359	0.339	0.320
西南地区	0.314	0.323	0.304	0.288	0.288	0.300	0.291	0.276	0.273	0.273
西北地区	0.431	0.465	0.511	0.473	0.486	0.501	0.512	0.487	0.495	0.461
全国平均	0.353	0.360	0.367	0.350	0.352	0.371	0.368	0.366	0.369	0.352

资料来源：笔者计算整理所得。

由表1－5可以看出，西北地区、南部沿海地区和黄河中游地区历年绿色发展水平都在全国平均水平之上，其中西北地区最好，其次为南部沿海地区，黄河中游地区次之。而长江中游地区、东部沿海地区和西南地区绿色发展较为缓慢，且历年绿色发展指数均在全国平均水平之下。由此可以将绿色发展水平分为三类：第一类为西北地区、南部沿海地区和黄河中游地区，属于快速发展组；第二类为东北地区和北部沿海地区，属于平稳发展组；第三类为长江中游地区、东部沿海地区和西南地区，属于平庸发展组。

进一步考察全国省际层面和区域层面的绿色发展水平的增长速度，通过对平均增速的分析，可以更加直观地反映各地区绿色发展现状，也可以对未来绿色发展水平做一定的预测，以便在政策层面和体制机制上进行调整，保障我国绿色发展水平稳步向前。2010—2019年全国省际层面绿色发展指数平均增速如图1－1所示。

由此可以看出，安徽和北京绿色发展最好，平均增速分别达到5.36%和4.61%，广西、河北、宁夏和天津也保持相对较快的增长速度。同时，全国有9个省份绿色发展水平出现了退步，近十年来平均增长速度为负，这9个

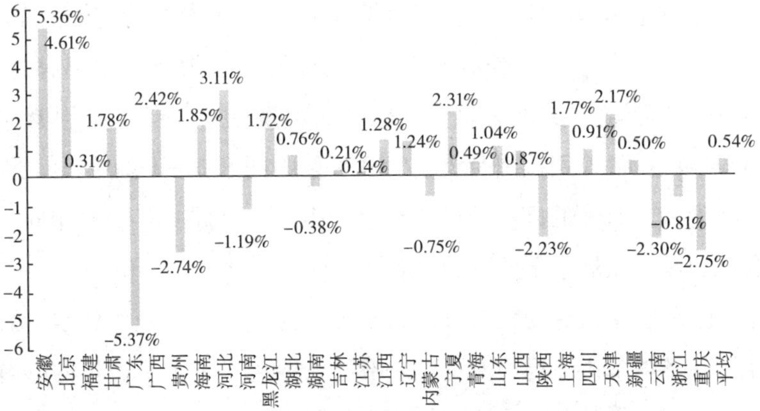

图 1－1　2010—2019 年全国省际层面绿色发展指数平均增速

资料来源：笔者计算整理所得。

省份分别为广东（－5.37%）、贵州（－2.74%）、河南（－1.19%）、湖南（－0.38%）、内蒙古（－0.75%）、陕西（－2.23%）、云南（－2.30%）、浙江（－0.81%）和重庆（－2.75%）。同时，福建（0.31%）、吉林（0.21%）、江苏（0.14%）、青海（0.49%）和新疆（0.50%）这 5 个省份的平均增速低于全国增速平均水平（0.54%）。全国绿色发展指数平均增速为 0.54%，显示出我国近十年来绿色发展虽然有所进步，但发展速度相对较为缓慢，并且我国各省份绿色发展水平及增长速度差距很大。

1.5　结论与建议

绿色发展是我国经济高质量发展的必然要求，也是党的十八届五中全会提出的五大发展理念之一。评估不同地区绿色发展成果要求准确测度各地区的绿色发展水平，同时在定量测度的基础上地区比较对于促进各地区绿色发展具有重要的推动作用。本书搜集 2010—2019 年 30 个省份（除西藏自治区和港澳台地区）的有关数据构建中国绿色经济发展水平指标体系，运用主成分分析法（PCA）对绿色经济发展水平进行测度，并确定各省份的具体指标权重，通过实证分析得出如下主要结论：

第一，2010—2019 年中国各省份绿色发展水平整体呈上升趋势。同时，需要正视中国现阶段在推动绿色发展的过程中仍然体现粗放式的发展特征，依然面临内生性发展不足、原创力不足、土地利用效率有待提高、城镇绿化未满足城镇扩张的现实问题。绿色发展水平受多个因素共同影响，且影响因素的作用范围及影响的显著性不同。在不同年份全局因素可能相同，但随着时间的推移全局变量会发生改变。同一年份的相同局部变量对各省份绿色发展水平的影响显著性不同。

第二，就整个研究期限而言，局部变量对各省份绿色发展水平影响显著性不同。整体上讲，局部变量对东部省份绿色发展水平产生的影响相对于中西部地区的省份及东北地区的省份更显著。由于发展水平较高的省份将大量资金用于科技研发、教育发展、民生改善等方面，因而，经济实力较强的东部沿海省份、发展水平较高的中西部省份，其绿色发展水平受资本效率、科技成果创收率、人均教育经费、互联网普及率、第三产业占比、每万人拥有医师数的影响较明显。具有高能耗、高排放、高污染企业的省份，其绿色发展水平受能源效率因素的影响显著，且能源效率对绿色发展水平产生影响的时间较长。科研实力较强、经济活力旺盛的东部沿海省份及综合发展水平较高的中部地区省份受发明专利产出率、科研成果创收率的影响较显著。此外，研究期限内，对东部、中部、西部三地区产生显著影响的因素明显多于对东北地区产生显著影响的因素。

总体来说，全国各地自“十一五”特别是党的十八大以来经济绿色发展均取得了明显成效，但由于资源环境禀赋不同、经济发展阶段各异、努力程度不一，区域间、省份间、各维度间发展不平衡不充分现象突出。为更好地探索以生态优先、绿色发展为导向的，符合地方实际、具有地方特色的经济高质量发展新路子，结合上文分析及结论，本书提出以下几点建议：

第一，持续深化农村改革促进农村居民收入不断增加。城乡收入比指标 2010—2018 年对新疆、内蒙古、安徽、河南、陕西、青海、甘肃影响显著；2016—2018 年对全国各省份绿色发展水平的影响不显著。这从侧面说明中国在促进农村发展方面虽取得一定成效，但由于农村经济发展的特殊性，政府应防止农村居民收入出现先升后降的情况。欲避免农民收入出现先升后降的情况，应重点考虑从人员较多的第一产业及从业门槛较低的第三产业着手。建立新疆、内蒙古、安徽、河南、陕西、青海、甘肃7省份农业、旅游强县名单，以移动互联网为纽带，推动农业、旅游业深度融合发展。借助互联网深入沉降乡村的契机，将上述7省份重点农业县市的特色农产品引入更大的消费市场。新疆农业发展水平较强的县包括呼图壁、奇台、伊宁、尼勒克、额敏、福海、吉木乃、焉耆、博湖、温宿；安徽农业发展水平较高的县包括霍邱、怀远、定远、临泉；河南农业发展水平较高的县包括永城、太康、商水、夏邑；陕西农业发展水平较高的县包括富平、洛川；以畜牧业与草原资源著称的内蒙古，其发展能力较强县有开鲁；甘肃第一产业发展水平较高的县市包括通渭、定西、张掖。针对上述具体县市应积极开发深度涉农助农项目，结合农作物的生长特点将“种收售”等环节与移动互联网深度融合，打造以移动互联网为载体，以家庭农场及农业合作社为组织形式，以就地解决农民劳动力为关键，以“能种即能售”为特征的产业链，带动上下游组成多单元合力发展，提高组成单元劳动力吸收能力，促进农民持续增收。借助民俗旅游鼓励并推动上述7省份旅游资源丰富的县市积极开发农业风光旅游产品，打造具有当地特色的民俗风情店，在兼顾农业生产的同时，增加农民纯收入。

上述7省份中不少县市具有丰富的旅游资源，诸如新疆的伊吾、轮台、尉犁、和静、和硕、乌什、泽普等，安徽的黄山、宣城、池州等，河南的洛阳、开封、焦作、郑州、安阳等，陕西的韩城、华阴，青海的乌兰、尖扎、玉树、格尔木，甘肃的天水、嘉峪关、武威、张掖、甘南、陇南。针对上述旅游发展水平较强的县市，应借助移动互联网深入发展的优势，充分利用旅游行业产业关联度较强的特征，依托各县市独特资源设计并开发体现本地自然环境及人文特征的旅游产品，培育初具规模的旅游企业，发挥规模优势，加大信息基础设施建设力度，成立信息搜集分析及私人产品定制平台。在旅游产品的设计方面还应该注重消费者的体验及产品的性价比，尤其应注重树立诚信服务的旅游意识。

此外，针对上述旅游业发展水平较高的县市建立旅游特色乡镇及特产名单，加大特色乡镇及特产名单宣传力度，优化目标乡镇的旅游交通路线、夯实目标乡镇的信息基础设施、强化目标乡镇的教育基础设施；完善并提升生活配套设施；展示当地餐饮文化，推广当地艺术品，充分整合第一产业与第三产业从而使目标乡镇的劳动力能被第一产业和第三产业充分吸收。同时，制定长效激励机制，逐步培育经营实力较好的旅游乡镇并助其成为全省域范围内乃至全国范围内的典型优质旅游乡镇并最终形成深度旅游的乡镇品牌。对于上述省份中农业发展水平及旅游业发展水平较低的县市及自然资源相对贫瘠的乡镇，建议设计具有探险属性的产品吸引寻求原生体验的旅游消费者；建立具有探险旅游性质的县及乡镇名单，补齐基础设施短板，助力自然资源相对贫瘠、开发程度较低的县及乡镇的经济发展，从而提高农村居民的纯收入。此外，应搭建人才培养竞争筛选平台，根据上述 7 省份的实际情况在高校设立对口专业培育后生力量，从根本上保障持续增收途径。

第二，注重资本效率、第三产业占比、科教、互联网水平、民生多维度正向反馈。经济实力雄厚的省份受资本效率、第三产业发展水平、科教水平、互联网普及率、居民生活水平的影响较显著。因此，对于北京、山东、江苏、浙江、上海、福建、广东、湖南、重庆、四川等省份，应充分发挥资本效率、第三产业占比、科教等高水平优势。针对上述省份应鼓励并支持国有企业以管资本为主，划清权责界限，确保国有资本授权放权机制顺畅有效，逐步解决政企不分、政资不分的问题，逐步明晰竞争性国企与公益性国企的授权范围，确保企业经营自主权以优化国企的整体功能并提高国企的运营效率。由于上述省份经济发展水平相对较好，民间资本较充裕，建议放宽部分行业的民间资本准入条件。由于资本回归实体的必然要求，大中型企业及财务公司应建立适当的资本准入筛选机制，将民间资本用于研发第三产业尤其是高端服务业的科教、互联网、文化娱乐、医疗保健的硬软件设施，从而在充分利用民间资本提高资本效率的同时提高第三产业占比。科教是发展的根本动力，正外部性特征决定其成果又反作用于上述各子行业乃至整个社会，进而持续推动社会高级化发展。因此，针对上述省份应注重资本效率、第三产业占比、科教、互联网水平、民生等多维度正向反馈。

第三，使用清洁能源，鼓励能源多样化消费，降低污染物排放。目前中国仍面临由多年高能耗发展模式而导致的严峻污染问题。政府应充分重视能源效率对一国绿色经济发展水平乃至对整个国家长远发展的重要影响。针对京津冀、东北三省、陕西、山西、河南、湖南、山东、湖北、四川、甘肃等受能源效率影响较显著的省份，应充分挖掘并利用可再生资源。具体而言，在上述14个省份中，可再生资源高度集中在京津冀、东北三省、山西、山东，主要包括废金属、废塑料、废电器、废轮胎、废橡胶等。建议在上述8省份周边建立智能工业固体废物综合利用基地，回收并利用废电器的贵金属、废弃橡胶、废弃塑料等以提高能源使用效率及降低废弃物对环境的影响；针对河南、甘肃、陕西、湖北、湖南、四川等风能资源丰富的省份，应加大风电机科研力度，建立风力发电场；针对甘肃、山东、山西、河南等太阳能颇丰的省份，应综合利用传统能源及太阳能使能源消费多元化。在充分挖掘可再生能源的同时还应避免可再生能源设备对野生动物的伤害。

此外，还应建立高污染高排放企业监督名单及长效追责机制。尤其是针对京津冀、甘肃、东北三省，建立高污染企业名录，定时检查名录企业的排污情况，对排污超标的企业采取惩罚性措施；借助社会力量持续监督高污染经济组织排污情况，发挥社会监督的补充作用。从某种程度而言，限制排污是经济发展、就业压力及治理代价之间的权衡。在限制排污保护环境的同时保证不较大程度影响经济发展则需要加大低污染清洁产业的培育力度，将高污染促发展的旧模式逐步有序转变为低污染促发展的新模式。同时，应尽量提高水、光、地热等自然资源的利用效率。从长远来看，提高清洁能源使用效率及能源消费结构多元化是提高绿色发展水平的关键措施。

第四，完善发明专利及科技成果转化机制。针对受发明专利产出率、科技成果创收率影响较显著的省份，应完善发明专利机制及市场转化机制。发达国家及许多发展中国家都高度重视发明专利对社会进步的意义。但目前中国科研院校所拥有的专利属于国有资产，这在保护国有资产的同时也在一定程度上影响了科研人员的积极性，同时也影响科研成果通过具有排他性的专利面向市场释放出巨大潜能。因此，应完善科研院校专利申请体制，借助专利的私人财产属性激发从业人员的研究热情，制定国有科研体系与市场要素体系相结合的转化机制，并合理提高专利授权率以增加不同专利参与实践的机会；建立并规范科技成果转化的市场机制；优化北京、上海、江苏、浙江、广东的市场交易条件，强化重庆、四川、甘肃、陕西、东北三省等传统科研强省的硬件及软件设施；完善科研院校与民营企业的合作机制，在释放科研力量的同时使科研成果接受市场的筛选与考验。客观而言，发明专利及科技成果的作用是促进整个国家不断进步发展，而国家不断进步发展最直观的体现则是技术的更新迭代，而这正是科研持续走向市场接受筛选和考验的过程。

2　中国对外贸易的现状

2.1　引言

改革开放以来，中国经济经历了长达三十多年的高速增长，中国的对外贸易为高速增长做出了巨大的贡献，中国也从一穷二白迅速崛起成为一个贸易大国。中国对外贸易的发展极大地影响着整个中国经济的发展。历届中央政府都高度重视对外贸易的发展，面对纷繁复杂的国际形势，党的十八届三中全会提出推动“一带一路”建设，形成全方位开放新格局。党的十八届五中全会提出推动“一带一路”建设，打造陆海内外联动、东西双向开放的全面开放新格局。党的十九大进一步强调以“一带一路”建设为重点，形成陆海内外联动、东西双向互济的开放格局。为应对中美贸易摩擦与新冠肺炎疫情带来的冲击，党的十九届五中全会提出，要加快构建以国内大循环为主体、国内国际双循环相互促进的新发展格局。以国内大循环为主体，就是要“通过发挥内需潜力，使国内市场和国际市场更好联通，更好利用国际国内两个市场、两种资源，实现更加强劲可持续的发展”①。为此，深入分析中国对外贸易现状意义重大。

① 2020年7月21日，习近平总书记在京主持召开的企业家座谈会上的讲话。

2.2 文献综述

不同学者从不同角度分析了中国对外贸易的现状，主要体现在以下几个方面：

2.2.1 着重分析影响对外贸易发展的因素

张莞洺、张珊珊（2020）通过向量自回归模型实证评估中国对外贸易的影响因素，研究发现：经济发展水平是影响中国对外贸易的主要因素；汇率下降短期内会对中国的出口额产生负向影响，对进口额产生正向影响，但这种影响效果会随时间的推移而减弱。朱振、扈瑞鹏（2018）采用探索性空间统计分析法，对2007—2015年我国各省份港口、陆运和航空口岸的进出境差异和动态变化进行散点图和局部空间自相关分析。罗长远、张少川（2019）从商品、地区和贸易伙伴三个维度对2012—2016年中国贸易增速下滑的原因进行实证分析。安晓宁、辛岭（2019）在对我国与东南亚国家2007—2016年的农产品贸易的潜力进行比较优势指数和贸易强度指数分析后，得出东南亚农产品出口整体上具有优势的结论。王鸣、穆月英（2018）研究表明，GDP、地理距离和技术水平对我国与东盟的蔬菜出口贸易影响显著。肖挺、苏孙伟（2020）在全球实体经济放缓，云计算、大数据和互联网技术飞速发展的背景下，研究制造业服务化对国际贸易产生的影响。吴君民、徐刘阳（2020）从短期和长期两个维度系统分析了新冠肺炎疫情全球大流行对中国对外贸易的影响，短期内，新冠肺炎疫情在全球范围内的迅速扩散使中国的对外贸易面临物流成本上升、供应链衔接不畅和线下交易受限的挑战，长期看其将带来全球供应链重构、冷战思维抬头和不确定性大幅提高。张家瑞等（2018）利用我国1993—2014年省级面板数据，实证研究了交通基础设施对国际贸易有显著的促进作用，且公路对国际贸易总额的促进作用高于铁路。中部地区的铁路和公路对国际贸易的促进作用最大，西部地区的影响最弱。金朝辉、朱孟楠（2021）通过建立理论模型分析人民币实际汇率变动与邻国效应对出口的影响，发现人民币实际汇率升值或贬值，会增加或减少我国对低收入国家技术密集型与资本密集型产品的出口、对中等收入国家资本密集型产品的出口，以及对高收入国家与“一带一路”沿线国家技术密集型、资本密集型、劳动密集型三类产品的出口；我国对亚洲地区技术密集型、劳动密集型产品的出口存在相互抑制的邻国贸易效应，对欧洲地区三类产品的出口呈现相互促进的空间协同效应；邻国汇率水平变化通过竞争效应与贸易优势作用，对不同类型产品出口产生不同影响；邻国汇率波动通过扩散效应，抑制中国对该国的出口。邓微达等（2021）基于中国和日本2002—2016年SITC三位数编码出口数据建立引力模型，采用泊松伪极大似然估计法（PPML）进行检验。结果表明，在文化差异阻碍对外贸易的主流观点下，中国文化差异的阻碍作用小于日本文化。张大海等（2021）基于2010年1月至2019年12月的面板数据建立扩展的贸易引力模型，分别从宏观和微观两个方面实证分析中美贸易摩擦对我国出口贸易的影响。结果表明：在宏观方面，我国出口贸易总额在中美贸易摩擦期间显著增加，存在“抢出口”现象；美国对我国出口贸易具有显著正向作用，而中美贸易摩擦对我国出口贸易产生显著负向影响。在微观方面，美国加征关税对四份清单中的商品出口均产生显著负向影响，尤其是严重冲击了“中国制造2025”涉及的十大重点领域；在中美贸易摩擦升级阶段，美国加征关税的影响显著提高。张磊、张曙霄（2019）将地理区位引入随机变动参数模型，实证分析了西部地区的对外贸易克服了地理区位的影响，蕴含着巨大的贸易潜力。王晓兰、丁彦（2016）以我国传统的三大区域东中西部的出口企业为研究对象，分析了东中西部地区在出口水平方面的差异，进一步探究了造成出口省际失衡的原因，并运用面板数据进一步验证了三地区贸易失衡的影响因素，最后针对分析结果提出了相应的政策建议。

2.2.2 不同商品的发展现状

纪惠芬（2021）为系统研究我国体育用品对外贸易发展现状，从贸易规模、贸易结构、贸易地位3个方面构建了分析框架。魏培梅（2019）从国际大豆供求背景出发，对中国大豆出口贸易现状进行分析，结合世界大豆贸易发展形势和全球贸易环境，分析中国大豆出口贸易发展中存在的问题。尹迪、焦博萍（2016）在论述我国茶叶对外贸易现状的基础上，探讨了提升我国茶叶对外贸易竞争力的策略。卞琳琳、刘爱军（2016）从蛋品出口概况、主要蛋品出口省份、主要蛋品出口企业类型 3 方面介绍近 6 年中国蛋品出口现状，对其中存在的问题及成因进行剖析，提出大力提高蛋品质量、优化蛋品出口结构、提高蛋品出口盈利空间、改进鲜鸡蛋包装技术、提高蛋品物流水平、加强政府扶持力度等提升蛋品出口竞争力的对策。张少博等（2017）研究表明中国木质林产品贸易增长速度快、贸易顺差大、贸易规模大、占世界比重高，木质林产品贸易明显呈现进口原材料、出口制成品的加工贸易特征，发现产品进口结构和出口结构均高度集中，产品进口市场结构和出口市场结构也比较集中，进口贸易产品价格上升，出口贸易产品附加值低，贸易条件趋于恶化。陈颇（2021）对 2014—2019 年我国体育用品进出口贸易发展的基本特征进行了分析。

2.2.3 对外开放政策的历史演进

彭波、韩亚品（2020）从 1949 年到 2019 年，将中国的对外开放及外贸发展分为四个不同的阶段，每个阶段的内外形势、发展特征、政策体系及发展结果均不完全相同，但是坚持对外开放和积极发展对外贸易的主旨一直没有动摇。李强（2020）指出中国进口政策沿革主要经历了进口替代、出口导向两大阶段，2018 年以后逐渐转向进出口平衡的扩大对外开放阶段。中国进口阶段的转换反映了中国对外贸易模式的转变：从早期出口换取外汇、进口消费品弥补国内产能不足，到以鼓励出口、加入 WTO 后贸易便利化带动的出口规模扩张，在政策上逐步放松管制，市场主体自由进口；在政策工具上逐步取消关税以及配额、许可等限制。未来，中国进口政策应随着国内产业发展变化而变化，中国的进口侧方面的改革要在结合人类命运共同体建设的基础上，不断优化进口地域结构及进口产品结构，不断鼓励和扩大进口，促进进出口平衡。胡伟、张玉杰（2015）运用空间统计方法研究了 1994—2012 年我国对外贸易格局的变迁，并总结了对外贸易发展变迁的规律。

2.2.4　有关"一带一路"建设和发展

郑淑伟（2017）以我国对外贸易转型升级为契机，扩大对阿拉伯国家制成品出口；以服务贸易为重点，奠定与阿拉伯国家未来贸易的新起点，不断扩大我国与阿拉伯国家的贸易发展深度与广度，并为我国"一带一路"的实施提供助力。曾浩等（2019）研究中意两国经贸合作的机遇和挑战，提出两国合作建议对减少贸易障碍、深化两国合作具有重要意义。该文在分析中意两国经贸合作现状的基础上挖掘中意合作机遇，分析中意合作所面临的挑战，并提出相应的发展对策。潘紫燕等（2021）以中国与"一带一路"沿线19个国家为研究对象，构建随机前沿引力模型，运用Frontier 4.1软件测算中国与"一带一路"沿线国家的服务出口贸易效率及贸易潜力，结果显示，有效促进中国服务出口的因素包括双方经济发展水平、进口国市场规模、制度环境差异、贸易自由度及自由贸易协定；而抑制因素包括中国市场规模、地理距离、服务业发展水平差别及城市化水平。中国对"一带一路"沿线国家的服务出口效率整体较低且差异显著，存在一定的贸易潜力和提升空间。崔娜、柳春（2017）利用随机前沿模型，以中国2006—2014年在"一带一路"沿线61个国家的出口经验为样本，考察中国对沿线国家的出口效率水平，以及"一带一路"沿线国家制度环境对出口效率和贸易不确定性的边际效应。李金锴等（2020）测算我国对"一带一路"国家出口农产品的贸易规模和贸易效率，研究结果表明，经济规模、人口规模等社会因素能够正向促进我国对"一带一路"沿线国家的农产品出口规模，而地理距离增加在一定程度上阻碍我国农产品的出口贸易增长。齐玮等（2021）运用全局多边引力模型对1993—2017年中国与"一带一路"沿线6个子区域的整体贸易成本和不同种类产品的贸易成本进行了测算，并在此基础上运用向量自回归（VAR）模型分析了第三方贸易成本对不同区域贸易成本的影响特征。党琳静、赵景峰（2020）选取2006—2017年中国与"一带一路"沿线28个国家的面板数据，构建中国对"一带一路"沿线国家农产品出口的时变随机前沿引力模型和贸易非效率模型，测算并分析中国对沿线国家农产品出口的贸易效率及主要影响因素，预测出口潜力及拓展空间。万红先、冯婷婷（2019）

以多维距离视角，选取2000—2018年间的面板数据，采用时变随机前沿引力模型对我国与“一带一路”国家的服务贸易潜力进行了实证分析。何敏等（2016）详细介绍了中国与“一带一路”国家农产品贸易总体概况及发展趋势，并通过计算RCA指数和TCI指数分析中国与“一带一路”国家农产品贸易的竞争性和互补性。

2.2.5 关于对外贸易发展质量的研究

曹俊文、雷清雅（2021）在探讨贸易高质量发展内涵的基础上，建立贸易有效发展、创新发展、协调发展、持续发展、开放发展、共享发展六个维度的评价体系，接着构建贸易质量评价和贡献度模型，并对我国对外贸易质量进行综合评价和分析。结果表明，我国贸易质量在总体上呈现波动上升态势，还有较大的发展空间。贡献度分析表明，加工贸易增值率低影响贸易盈利水平，高污染产品出口占比提高不利于贸易持续发展，贸易就业人数减少阻碍贸易惠民效应的增强，创新指标的波动影响贸易质量的稳定性，服务贸易国际市场份额减少不利于贸易类型结构的优化。高运胜等（2021）提出需要从深化改革、创新驱动、扩大开放和制度保障等领域塑造新动能，并选择优化对外合作方式、均衡对外贸易结构、改善国内营商环境和培育贸易新业态等发展路径，通过积极应对挑战加快实现对外贸易高质量发展，构建更高水平开放型经济新体制与双循环相互促进的经济发展新格局。姚枝仲（2019）使用贸易份额与一个价格因子的乘积构建贸易强国指数，该指数能测度一国获得贸易利益的相对大小，而在国际贸易中能比其他国家获得更多的贸易利益正是贸易强国的本质特征。该指数还能很好地抓住贸易强国的另一个特征，即从贸易大国走向贸易强国在很大程度上是从廉价产品出口国走向优质高价产品出口国的过程。对该指数的分解和进一步分析，能够用于理解各国贸易利益的来源、在国际贸易中的地位以及一个国家走向贸易强国的发展路径。毛日昇（2019）采用1996—2016年联合国HS 6位码贸易产品数据和OECD－TiVA贸易增加值数据，在国家、产业及产品层面测算对比了中国、美国、德国和日本的贸易综合竞争力变化状况。测算结果表明，中国综合贸易竞争力指数总体上已经先后超越日本和德国，但无论从出口还是进口角度来看，直到2016年，中国与美国贸易竞争力指数仍然存在显著差距，在进口贸易竞争力方面的差距尤为明显。曲维玺等（2019）认为，对外贸易高质量发展是我国提升综合国力、应对日益激烈的国际竞争与大国博弈的关键所在。新时代的外贸高质量发展，是以建设社会主义现代化强国为目标的更加高效、更为平衡和更可持续的发展，既是增长方式和发展路径的转变，也是体制机制与评价体系变革创新的过程。构建符合“创新、协调、绿色、开放、共享”理念的外贸高质量发展评价指标体系，必须要坚持质量第一、效益优先，以提高贸易发展质量和效益为中心，突出创新在贸易发展中的主导驱动作用，促进知识、技术、信息、数据等新型生产要素在贸易领域的集聚与嬗变，推动形成以技术、品牌、质量、服务为核心的综合竞争优势，提升我国在全球产业链、供应链与价值链中的地位，增强我国对国际经贸规则的话语权与影响力。

2.3 中国对外贸易的现状分析

2.3.1 中国货物贸易规模持续扩大

如图2－1所示，2000—2020年货物进出口总额从4743.0亿美元增至46462.6亿美元，增长近9.8倍。其中，货物出口额从2492.0亿美元增至25906.5亿美元，增长10.4倍；货物进口额从2250.9亿美元增至20556.1亿美元，增长9.1倍。

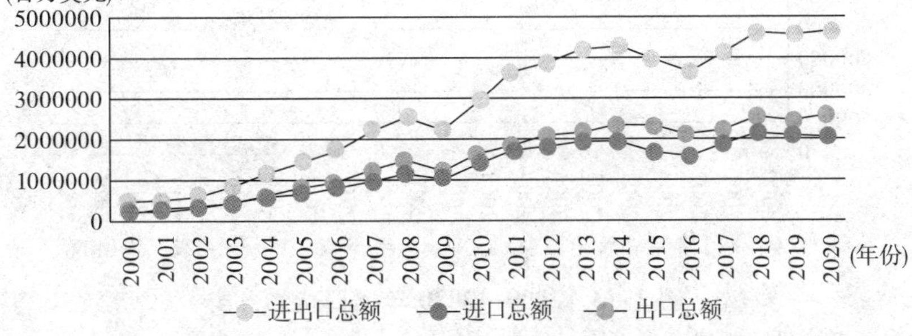

图2－1 2000—2020年中国货物贸易进出口总额

资料来源：中国海关总署。

2.3.2 服务贸易

如图 2－2 所示，2019 年中国服务贸易总额 7850 亿美元，中国出口服务贸易总额 2836 亿美元，中国进口服务贸易总额 5014 亿美元。

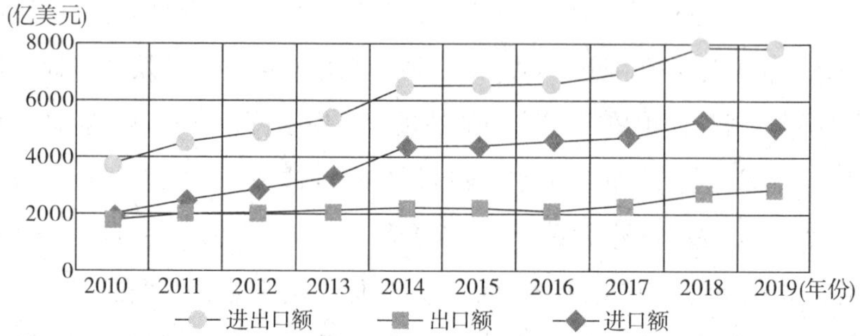

图 2－2　2010—2019 年中国服务贸易进出口统计

资料来源：中国海关总署。

2.3.3 进出口结构升级

如图 2－3 所示，在货物出口贸易中，2000 年初级产品出口额为 254.6 亿美元，出口占比 10.2%，工业制成品出口额为 2237.4 亿美元，出口占比 89.8%；2020 年初级产品出口额为 1156.3 亿美元，出口占比 4.5%，工业制成品出口额为 24743.2 亿美元，出口占比 95.5%。工业制成品出口结构中轻纺产品、橡胶制品、矿冶产品及其制品出口下降明显，机械及运输设备出口占比大幅提升，高质量发展特征逐步显现。

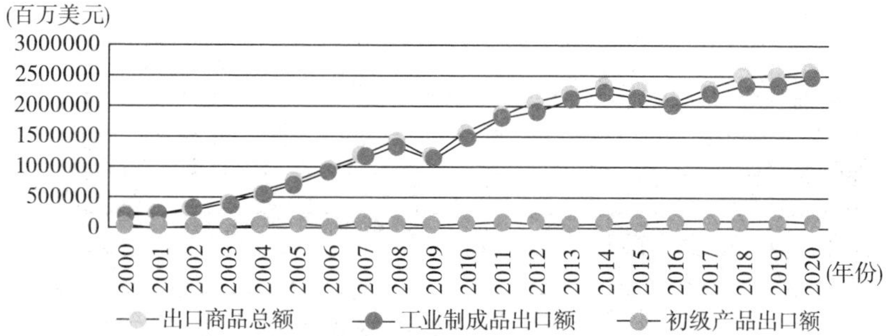

图 2－3　2000—2020 年出口货物分类

资料来源：中国海关总署。

2.3.4 贸易伙伴多元化，新兴市场加速成长

随着中国贸易规模的不断扩大，贸易伙伴数量大幅增加，从改革开放初期的 40 多个增加到目前的 230 多个①。特别是 2001 年加入 WTO 后，中国与贸易伙伴签署并实施了一系列区域自由贸易协定，市场多元化格局逐步形成。从贸易集中度来看，如表 2－1 所示，中国与亚洲和欧洲的货物贸易占中国货物进出口的比重有所下降，与其他地区货物贸易占比小幅上升。

表 2－1 世界主要国家进出口贸易总额

国家/地区	进出口/亿美元		出口/亿美元		进口/亿美元	
	进出口累计值	同比/%	出口累计值	同比/%	进口累计值	同比/%
印度	785.48	51.9	586.93	52.7	198.55	49.8
日本	2425.52	21.6	1072.66	18.1	1352.86	24.6
韩国	2298.52	28.1	947.18	34.2	1351.34	24.2
巴西	1095.89	46	330.16	65.6	765.73	38.9
美国	4703.17	36.6	3541.55	33.3	1161.62	48
澳大利亚	1528.12	39.9	406.74	27	1121.38	45.3
马来西亚	1082.80	35.2	459.76	39	623.03	32.6
新加坡	598.45	5.9	341.07	－5.1	257.38	25
泰国	859.72	37.5	443.23	39.2	416.49	35.8
越南	1486.45	34.3	916.27	37.1	570.18	30
英国	712.96	29.2	546.99	29	165.97	29.8
德国	1519.85	29.1	721.06	31.9	798.79	26.6
荷兰	721.28	27.4	628.81	30.3	92.47	10.2
中国香港	2209.36	35.2	2141.90	34.4	67.46	69.8
中国台湾	2088.19	31.8	503.16	33.4	1585.04	31.3
俄罗斯联邦	889.98	29.5	408.04	31.6	481.94	27.8
东南亚国家联盟	5539.18	33.3	3052.07	31.7	2487.11	35.3
欧洲联盟	5288.99	32.4	3225.52	32.4	2063.48	32.3
亚太经济合作组织	24349.64	33.2	12968.92	32.9	11380.72	33.5

① 资料来源：中国海关总署。

2.4 中国对外贸易存在的不足

从贸易结构来看，首先，货物贸易与服务贸易发展结构失衡。我国服务贸易占比低于发达国家水平，2018 年我国服务贸易占对外贸易总额（货物贸易与服务贸易总额）的比重为 14.53%，同期美国、德国、日本的服务贸易占比分别为 23.91%、19.17% 和 20.58%①。相对于我国货物贸易出口占世界总出口 12.77% 的比重，我国服务贸易出口占世界比重较低，仅为 4.59%②。其次，货物贸易与服务贸易均存在进出口不均衡问题。货物贸易长期巨额顺差导致贸易摩擦频发，服务贸易逆差不断扩大。1995—2018 年，我国服务贸易逆差由 60.9 亿美元扩大至 2582 亿美元，逆差规模居全球首位③。最后，货物贸易与服务贸易内部结构均有待优化。货物贸易中附加值和贸易收益较低的制成品出口占比仍然较高，服务贸易则主要集中于附加值较低的运输、旅行和其他传统服务部门，新兴服务贸易竞争力较弱。2018 年，中国旅行、运输、建筑三大传统服务贸易总额占比达到 63.4%，相比而言，美国新兴服务贸易占比较大，上述三大传统服务贸易占比仅为 40.3%④。

我国虽在货物贸易结构方面有所改善，但内部结构仍不合理，资本技术密集型产品出口占比仍远低于发达国家水平，贸易利益分配仍处于不利地位，存在一定的价值链“低端锁定”效应。同时，2019 年加工贸易占比达 25.4%，过高的占比对经济增长作用甚微。内部结构发展不平衡，传统服务行业占比过大，现代服务占比小且竞争力弱，具有一定比较优势的依然是旅游、建筑等资源劳动密集型服务业，贸易结构失衡问题严重。目前我国贸易依存度稳定在 35% 左右，远高于 2018 年美国与日本的 20.5% 和 29.92%⑤。其中中国出口占比最高的计算机、电子和光学产品，成为依存度最高的生产部门，更易受到外部环境影响。

虽然我国贸易快速增长，但贸易摩擦形势依然严峻。2009 年国际金融

---

①②③④⑤ 资料来源：中国海关总署。

危机至今，我国始终位于全球贸易摩擦榜首。根据世界贸易组织统计，在WTO成员发起的反倾销调查中，约每7起就有1起涉及中国。美国前总统特朗普上台后发起多回合加征关税的指令，中美贸易摩擦逐渐加剧。美国企图阻挠“中国制造2025”实施，通过对华高技术产品出口加征关税加技术封锁来阻止中国制造业升级，受贸易摩擦的影响，2019年上半年美国被东盟超越已降至我国第三大贸易伙伴。中国加入世界贸易组织（World Trade Organization，WTO）以来，中美贸易顺差虽迅速扩大，但美国彼得森国际经济研究所2018年研究数据显示，我国总出口中约40%、对美出口中约60%来自在华外资企业，受美国关税打击的高技术产品中，87%的产品与外国公司相关①。贸易顺差虽是我国GDP的重要部分，但出口1000美元仅有506.8美元能够计入国民收入。我国出口到美国的大量制成品生产公司为美国公司所投资，巨额贸易顺差的统计数据之中，有很多生产利润最终回流美国，实则提升美国总体消费及收入水平。我国虽然构建了全球最完备的工业体系，但也受制于对国外高要素投入的严重依赖，加快摆脱融入全球价值链造成的“低端锁定”及加快转型升级迫在眉睫。

2.5 中国对外贸易高质量发展的路径

面对日趋复杂多变的国际国内形势，推动新时代我国外贸高质量发展，应以“创新强贸”战略为导向，坚持创新、协调、绿色、开放、共享理念，进一步提升对外开放水平，加快培育我国产业国际竞争新优势，实现外贸高质量发展。

2.5.1 推动全方位高水平开放

促进贸易更加优化平衡，推动贸易高质量发展，需要深入构建开放型经济新体制，推动全方位和深层次开放，不断探索对外开放的新思路新模式，以高水平、高质量对外开放促进国内国际要素有序流动、资源高效配置、市场深度融合，促进贸易内产品、产业、市场结构更加平衡、更加协

① 资料来源：美国彼得森国际经济研究所。

调、更加充分发展。一是提高贸易开放度，促进进出口更趋平衡。坚持出口与进口并重，在强化出口能力的同时，实施积极的进口促进战略。一方面，优化进口商品结构，增加关键零部件、重要设备、先进服务和重要消费品的进口，充分发挥进口对提升消费、调整结构、发展经济、扩大开放的重要作用；另一方面，通过扩大进口，减少贸易顺差，积极化解参与国际市场竞争的国内外风险，提高贸易安全度，推动外贸可持续发展。二是积极开拓国际市场，构建多元的外部市场格局。着力深化与共建“一带一路”国家的贸易合作，加强沿线国家市场布局，深度拓展与“一带一 路”相关国家的货物贸易与服务贸易合作空间。提升与发达国家经贸合作博弈能力，在巩固发达国家等传统市场的同时，深度拓展亚洲、非洲、拉美等市场。重点挖掘南非、俄罗斯、巴西等国家的市场潜力，扩大与周边国家的贸易规模，全面提升在发展中国家市场影响力，逐步提高自贸伙伴、新兴市场和发展中国家在对外贸易中的占比。三是构建全面开放新格局，促进我国内部区域贸易的均衡发展。加快形成陆海内外联动、东西双向互济的开放格局，提升中西部地区外贸竞争力，是推动国内区域贸易平衡发展的有效途径。强化内陆地区内外市场一体化建设和搞活连通外部市场流通网络体系，助推中西部地区由“内陆沿边”变为“开放前沿”，促进中西部省份对外贸易发展，扭转我国对外贸易“东强西弱”的不平衡格局。四是加快推进服务业领域对外开放，推动货物贸易与服务贸易协调均衡发展。深化服务业全方位开放，将服务业开放定位于开放型经济体制建设的重要内容。抓住新一轮服务业跨国转移的重大机遇，深度参与国际服务业分工合作，全面融入全球服务贸易市场，扩大服务贸易规模。同时，注重拓展服务贸易发展领域，大力发展跨境电子商务、供应链管理、服务外包和云众包、数字贸易等新型服务，促进服务贸易更加优化发展。

2.5.2 着力培育外贸新型竞争优势

加快迈向全球价值链高端，提升对外贸易综合竞争力，应当切实筑牢外贸发展的产业与科技基础，推动我国竞争优势从传统的价格优势为主向技术、标准、品牌为核心的新型竞争优势转变，构筑自主可控的全球产业链条、贸易结算体系、国际营销网络，提高我国产品和服务在全球价值链中的地位与竞争力。夯实产业与科技基础，加强技术创新，推动产业转型升级。一方面，继续加大基础研究投入，鼓励企业自主创新，培育自有品牌和自主知识产权的产品和服务，构建全球范围内的自主营销渠道主导行业规范和产品标准的制定，力争在全球价值链体系中有较强的影响力和控制力。另一方面，培育高端高新技术产业，集聚高端创新要素，加快大数据、人工智能、区块链等新技术与传统产业的深度融合，做优做强制造业和服务业，推动产业朝集约化、智能化、绿色生态方向发展，为助力贸易高质量发展奠定坚实的产业基础。

2.5.3 增加国家贸易话语权

积极参与并引导全球经贸规则制定。积极推动 WTO 改革，力争在 WTO 议题设置、争端解决机制和管理机制、贸易审议、电子商务、公平竞争标准和产业政策等领域拥有更多话语权和决策权。推动 IMF 改革投票制度，完善决策机制，加强监管与资金筹集，提高危机应对能力。主动顺应新一轮国际经贸规则演变和重构的趋势，积极开展与美欧日等主要贸易伙伴在知识产权保护、环境保护、政府采购等高标准、高技术领域的谈判。加快推动形成立足周边、辐射“一带一路”、面向全球的高标准自由贸易区网络。

3 对外贸易对绿色金融发展的影响

改革开放40多年来，中国经济实现了高速发展，对外贸易的进程不断加快。对外贸易带动世界各国经济的增长，并形成了紧密的产业链与价值链分工合作的关系，世界逐渐交融成一个“地球村”。对外贸易程度的深入带来了跨国交易的繁荣发展，需要更加优化的金融服务来助力跨国贸易的实现，由此衍生出更多的金融需求。此外，由于中国过去粗放型的经济发展模式带来了资源过度消耗、自然环境恶化等问题，为了保持中国经济发展的可持续性并激发其发展的更多动力，优化经济结构、转变增长动能成为中国经济发展由高速发展转向高质量发展阶段的转折点。金融作为现代经济发展的血液与核心，被赋予了“绿色”使命。站在新时代的起点上，中国将继续坚定不移地走改革开放的道路，实现各国经济发展的互利共赢，这将会为我国绿色金融的发展带来更多的机遇与挑战。立足于中国区域发展的现实因素，各地区资源禀赋、地理位置、金融发展状况都存在显著差异，因此对外贸易将给中国各区域绿色金融的发展带来显著的差异性，研究对外贸易对区域绿色金融发展的作用路径、影响差异对实现贸易的高质量发展具有重要的现实意义。本章基于中国30个省份1995—2019年的面板数据，先通过理论梳理研究对外贸易对绿色金融发展的作用路径，进而通过实证进行结论验证。首先，对相关文献进行总结与梳理，重点研究对外贸易对绿色金融发展的作用机制并进行相应数理模型的构建。其次，构建绿色金融发展水平的综合指标评级体系，使用系统GMM估计方法验证中国改革开放以来对外贸易程度对中国绿色金融发展的影响，同时以加入 WTO 为时间节点验证不同时段对外贸易程度对我国绿色金融发展的影响。最后，根据理论分析与实证检验结果给出相应的政策建议。

3.1　引言及文献综述

改革开放推动中国经济发展取得显著成就的同时，也存在相应的隐忧。中国经济长期的粗放型发展尽管能在短时期内有效推动经济的高速增长，但长此以往将给环境保护带来巨大压力，不利于经济的可持续发展。对外贸易作为技术进步的重要源泉，能够使国内企业有更多的机会学习和吸收外国企业的先进生产技术，提高国际竞争力，这些都能在一定程度上促进绿色金融的发展。发展绿色金融是改善生态环境、优化经济结构、促进产业结构调整、实现经济高质量发展的重要选择，探究对外贸易对绿色金融发展的作用路径和影响程度具有重要现实意义。

绿色金融发展的理念最早于 1980 年由美国《超级基金法案》提出，该法案初次明确了金融机构应在信贷融资过程中承担相应的环境保护责任。随着可持续发展理念的兴起，绿色观念越来越受到人们的重视与认可，“绿色金融”一词也随着绿色发展理念的兴盛应运而生。目前国外学者对绿色金融的研究取得了一定的进展，主要体现在以下几个方面：

（1）绿色金融概念的界定。目前各研究领域都对“绿色金融”的概念做出了相关界定，并取得了丰富的研究成果，但无论怎样定义绿色金融一词，其核心定义都紧紧围绕保护生态环境与实现可持续发展的战略要求。Labatt 和 White（2002）将绿色金融定义为依赖市场机制力量的绿色金融工具，并且其可以有效分散环境风险、提升环境质量。Sachs 等（2019）认为绿色金融可以通过新的绿色金融工具和相关政策提高对有益于环境保护的绿色项目进行投融资活动，在提升经济效益的同时不忘改善生态环境。

（2）绿色金融工具与绿色金融测算。为了鼓励并促进绿色金融的繁荣发展，越来越多的绿色金融工具应运而生，并在投资绿色项目过程中对环境做出了相应改善。由于绿色项目通常具有高投资、高风险的特征，如果能提升绿色金融工具的开发合理性，将可以有效避免这一缺陷。因此，对新的投资项目进行环境评估变得至关重要。Graham 等（2000）认为在对债券进行定价时要充分考虑环境因素这一指标的影响。Thomas 等（2007）计算了某项投资组合的环境危害系数，并将其作为计算投资项目的环境风险指标。随着绿色金融工具的不断研发与创新，其带来的经济效益与社会效益是否真实有效成为学者当前研究的焦点，例如，碳金融产品在很大程度上是对冲基金等金融机构的投资工具，反而会抑制绿色金融的发展。Climent 和 Soriano（2011）研究表明，投资者偏好于回报率相对较低的环境共同基金，这主要是青睐于企业外来发展的可持续性和更多的现实价值。因此，金融工具的开发不能仅仅从其经济效益的角度考虑，而应综合经济、社会、环境等多重因素。国外有关绿色金融测算的研究成果也在不断增加，Oliver 等（2000）通过构建绿色金融指标评价体系，对各类绿色金融结构的环保绩效进行相应评价。

（3）绿色金融对微观主体的影响。Jeucken（2001）以商业银行为研究对象分析了绿色金融与可持续发展之间的相互关系。Chami 等（2002）认为绿色金融的发展可以有效提高绿色金融机构的影响力，并且降低其经营风险。而银行有关绿色金融的研究主要借助赤道原则，即银行在项目融资活动中管理环境与社会风险的一套体系。Scholtens 和 Dam（2007）研究表明，银行在发展过程中采纳赤道原则能够显著降低环境风险，而且包含环境风险的整体风险也得到了相应的降低，此外，赤道原则的采用还会增加隐形收益，让金融机构在社会环境中拥有更多的声誉与社会责任感。Wright（2012）认为银行在发展过程中必须采用赤道原则，这有利于绿色信贷业务的开展。相应地，各金融机构在着力推行绿色金融发展的同时，道德风险、逆向选择等问题层出不穷。2005 年，银行监察组通过调查发现部分遵循赤道原则的机构存在“漂绿”的嫌疑，这些金融机构表面遵循赤道原则，但碍于执行过程中存在的众多困难，执行力并不强。因为对金融机构而言，利润与经营绩效仍然是企业经营的唯一准则，因此会选择对环境存在重大负面影响的项目继续进行投融资。

国内学者对绿色金融的研究起步较晚，通常是在借鉴国外学者对绿色金融研究相关成果的基础上，结合中国具体国情来进行绿色金融内容的研究，这为中国制定合理的绿色金融政策提供了相应的理论指导和实践经验。国内学者有关绿色金融政策的研究主要体现在以下几个方面：

（1）绿色金融发展的必要性。金融行业是服务实体经济的重要工具，绿色金融的发展也在服务于实体经济可持续发展的前提下不断发展，这为中国经济的发展提供了动力支持，因而发展绿色金融具有必要性。李丽君（2015）认为绿色金融的理念应当应用于项目融资过程。部分学者还从绿色金融作用于经济发展的角度进行了相应研究，于永达、郭沛源（2003）研究发现绿色金融的发展有助于推动经济的可持续发展。国内大部分学者研究绿色金融的切入点主要为中国经济的发展模式，中国经济发展模式决定了绿色金融“自上而下”的发展模式。而且西方国家的绿色经济发展与绿色金融发展也是相辅相成的，也是借助市场机制的作用“自上而下”地发展绿色金融。中国的现实国情决定了中国不能仅仅依靠市场机制的自动调节作用，政府必须作为重要的主导力量发挥其顶层设计的作用。在中国政府的鼓励支持下，绿色金融在 2016 年被 G20 纳入财经渠道的议题，而在之后发布的一系列报告中与发展绿色金融相关的建议都体现了政府的主导作用。韩立岩等（2010）研究表明政府是引领绿色金融发展的重要力量。董昕、刘强（2015）通过分析中国绿色金融发展现状，认为中国绿色金融的健康稳定发展需要以国家和政府为主导。李晓西（2017）认为政府也应该在绿色金融的国际合作中发挥主导作用。当前，中国正处于经济变革时期，经济发展与环境保护的矛盾越发尖锐，如何处理好经济发展与生态和谐成为当前中国提高国际竞争力面临的重要问题，而以绿色金融作为这一问题的切入点不失为一个绝佳的策略。由此可见，绿色金融无论是对于促进中国经济结构转型升级还是提高中国国际竞争力而言，都具有重要的作用。

（2）绿色金融体系的构建及其测度。任辉（2009）认为绿色金融的健康发展，离不开稳健的绿色金融体系的构建，而其构建需要从树立绿色金融发展理念、发展绿色信贷机制以及制度、文化、绿色金融产品等方面切入。王元龙等（2011）认为绿色金融体系的构建分为三个阶段，即摸索期、过渡期与成熟期，而每个阶段又可细分为绿色金融的制度、市场、产品、绿色金融机构与监管五个方面。王衎行等（2013）通过分析绿色投入与环境污染治理之间的作用机制，提出了构建绿色金融体系的完整理论框架。马骏（2015）通过借鉴国际绿色金融体系构建的现实经验，进一步构建了符合中国国情的绿色金融政策理论框架。当前中国完整的绿色金融体系还没有完全构建起来，但是有关绿色金融的测度研究内容丰富。曾学文等（2014）根据中国有关绿色金融信息的披露和统计特点，试图构建起一套符合中国具体国情的绿色金融发展评价体系。杨阳、王国松（2017）以上海为研究对象，构建了符合上海发展经验的绿色金融发展的指标体系，测算了上海市的绿色金融发展水平。由此可见，有关中国绿色金融测算的研究正在不断细化，随着有关中国绿色金融发展指标评价体系的逐渐构建与完善，一个合理的符合中国具体国情的绿色金融体系也在不断建立。

（3）绿色金融对微观主体的影响。第一，绿色金融的发展对金融机构的影响。这其中，有关绿色信贷的成果相对较为丰富。商业银行在践行绿色金融理念时，主要采取绿色信贷的方式向有关环保企业提供信贷支持。王晓娆（2016）在对银行不良贷款率与环境治理投入进行相关研究时发现，环境治理投入的增加有利于降低不良贷款率，银行实施绿色信贷与自身的健康稳定发展紧密相关。刘立民等（2017）通过实证分析后发现中国商业银行的绿色信贷业务与其盈利水平呈现显著的正相关关系，商业银行实施绿色信贷有助于提升其自身盈利水平。通过上述文献梳理可以发现，绿色金融的发展确实与商业银行的经营发展密切相关，且可以增加商业银行的经营利润。但是部分学者的研究却得出截然相反的结论，胡荣才、张文琼（2016）研究表明，绿色信贷业务的开展会导致商业银行经营利润的下降；而张晨、董晓君（2018）研究发现，商业银行的绿色信贷与其经营绩效之间呈现显著的倒“U”形关系。由此可见，绿色金融对商业银行影响的最直接的表现形式是其经营绩效，绿色信贷对银行盈利水平既有正向影响，也有负向影响。第二，绿色金融发展对微观企业的影响。这主要体现在融资成本方面，绿色信贷通过向低碳环保企业提供融资优惠，从而鼓励企业积极遵循环保规定来降低环境污染，对违反绿色要求准则的企业进行适当处罚，限制企业只能投资于绿色项目，由此促进了绿色经济的发展。连莉莉（2015）以中国上市公司为研究对象，发现绿色信贷政策实施有力地推动了绿色企业的发展，只有符合绿色环保要求的企业才能获得绿色信贷支持，由此在一定程度上抑制了高耗能、高污染企业的进一步发展。因此，企业想要获得绿色信贷融资支持，就必须将环境保护作为企业日常生产经营所需关注的重要因素，只有将环境因素内化为成本，才能实现企业长期的可持续发展。

3.2　对外贸易影响绿色金融作用机制

本节在前文有关绿色金融相关文献梳理的基础上，将通过逻辑推演分析对外贸易与绿色金融发展之间的相互关系，从而厘清对外贸易对绿色金融发展的作用机制，构建基于开放条件下的数理模型来进一步阐述对外贸易对绿色金融发展的作用路径，进而为后文的实证检验提供相应的理论支持。

3.2.1　对外贸易对绿色金融发展的作用路径

借鉴张成思（2013）的做法，将绿色金融发展细分为绿色金融规模、绿色金融结构与绿色金融效率三个方面，研究对外贸易对绿色金融发展的作用路径。

3.2.1.1　对外贸易对绿色金融规模的作用路径

当前学术界有关绿色金融规模的定义尚未明确，但有大量学者提出了衡量绿色金融规模的相关指标，认为绿色金融规模的扩大主要体现在绿色金融部门的扩张。Schumpter 等（1911）研究认为，随着绿色金融规模的扩大可以产生更多的信贷需求，也会为企业提供更加便利的信贷供给，更多的资金被应用于创新发展研究中。Goldsmith（1969）用某一时点上现存的绿色金融资产总额和国民财富之比来衡量一国绿色金融发展程度，即为绿色金融规模。对外贸易对绿色金融发展的作用主要体现在两个方面：第一，对外贸易会影响绿色金融的融资需求。Do 和 Levchenko（2007）将绿色金融假定为内生的，仅由外部融资需求决定，通过运用 96 个国家 30 年的面板数据进行实证检验后发现，如果该国或地区在需要进行外部融资的产品上具有比较优势，那么对外贸易可以增加该国或地区外部融资需求，进而扩大绿色金融规模。Greenaway 等（2007）以英国制造业为研究对象，借助 1993—2003 年的时间序列数据进行实证研究后发现，从事国际贸易的企业融资状况要显著优于不从事国际贸易的企业，而开始国际贸易较早企业的融资状况要显著优于参与时间较晚的企业，需要注意的是，并不是融资状况较好的企业参与国际贸易，而是国际贸易的参与优化了企业融资状况。第二，对外贸易将会影响绿色金融的融资供给。对外贸易将会引进大量外商直接投资，在东道国投资设厂，并带来先进的技术与管理经验，从而进一步提升本地企业自身竞争力，对于具备良好发展前景的企业，绿色金融机构将会增加绿色金融资源供给的相关数量及种类，从而可以扩大绿色金融规模。Svaleryd 和 Vlachos（2002）研究发现，对外贸易将会带来外部冲击以及国际竞争的风险，由此可见，对外贸易程度的提高促使金融机构提供更加复杂且有效的绿色金融工具，从而提升绿色金融机构的引入度。Rajan 和 Zingales（2003）的利益集团理论认为，封闭经济中的本土产业和绿色金融部门当局者主要借助自留收益来满足融资需求，而潜在的竞争者则仅仅依靠外部融资，因此当局者将会抑制绿色金融规模的进一步扩大。而在开放经济条件下，外商进入本土市场将会带来更多的投资机会并减少政府的垄断租金，因此当局者将会希望扩大绿色金融规模。

3.2.1.2 对外贸易对绿色金融结构的作用路径

Goldsmith（1968）认为绿色金融结构会随着经济的不断发展而变化，因此，他将绿色金融工具与绿色金融工具的相对规模作为衡量绿色金融规模的标准。绿色金融结构可以从多个方面进行分析，按照绿色金融中介在绿色金融活动中参与水平的不同，可以考察直接融资与间接融资的比例；按照绿色金融当局对绿色金融活动的监管，可以考察正规绿色金融与非正规绿色金融的比例以及联系；按照绿色金融交易期限的长短，可以考察货币与资本市场。本节有关绿色金融结构的研究可以借鉴 Allen 和 Gale (2000)，即将绿色金融结构划分为“市场主导型”和“银行主导型”，也就是直接融资与间接融资的比例。对外贸易对绿色金融结构的影响主要体现在两个方面：一方面，对外贸易将会促进产业结构升级来影响绿色金融结构。当一国产业主要以劳动密集型产业为主时，银行主导型绿色金融结构可以以较小的融资成本来满足规模较小但发展相对成熟的劳动密集型产业的融资需求，在对外贸易的情况下，由于企业会面临更多的外部冲击和国际竞争风险，企业会在技术的研发与创新、高素质人才的引进和培育方面产生更多的融资需求，此时，以直接融资为主要表现形式的市场主导型绿色金融结构能够提供更加高效合理的融资渠道，进而促进企业积极投入研发成本进行产业升级。另一方面，对外贸易还会通过影响进出口结构来影响绿色金融结构。在开放的贸易条件下，不同国家和地区都会在相应产品上具有潜在比较优势，企业会将投资重点转向具有比较优势产品的生产上，不同产品生产类别的厂商针对融资方式的选择也会具有差异性，随着技术进步和国际合作的加强，企业的进出口结构也会得到相应调整，进而影响企业融资方式的选择。此外，在开放的贸易条件下，风险的分散也是影响绿色金融结构的重要因素。国际贸易相较于国内贸易具有更大的复杂性与不确定性，面临的生产经营风险更大，主要包括信用风险、汇率风险、经营风险、政治风险等。企业出于规避风险的考虑，会选择多样化的融资方式，并根据生产过程的发展变化不断予以调整，从而影响绿色金融结构。

3.2.1.3 对外贸易对绿色金融效率的作用路径

白钦先等（2001）将绿色金融效率定义为金融资源在经济系统中与金融系统及其内部子系统之间配置的协调度。云鹤等（2012）则认为绿色金融效率主要体现在资本边际生产率和储蓄向投资转化效率的高低上。基于上述研究结论，从以下两个方面探究对外贸易对绿色金融效率的作用路径：

第一，对外贸易使得更多的绿色金融资源被分配给生产效率较高的部门。基于大卫·李嘉图和亚当·斯密的研究成果可知，在对外贸易的条件下，各国可以集中资源从事具有比较优势产品的生产，此时每个国家的生产状况将会得到优化，因此自由贸易政策作为最佳贸易政策，要求国家不对该国的进出口贸易进行过多的干预与限制，要发挥市场的主导作用，鼓励市场上商品自由地进入与输出。因此，对外贸易程度的不断加深将会消除国家贸易保护政策以及垄断行为对价格形成的扭曲效应，市场将在资源配置中发挥主导作用，绿色金融部门出于提高经营收益的考虑，将会把更多的资源投入生产效率较高的产业部门，提升其资源配置效率。

第二，对外贸易可以提升储蓄投资转化率。周国富等（2007）研究发现，金融运行效率越高，代表金融系统在将储蓄转化为投资过程中“浪费”的比例越小，储蓄转化为投资的速度越快。对外贸易会带来更多的跨国贸易合作，面对更大的市场需求规模，会产生更多的投资需求，绿色金融部门将储蓄转化为投资的动力也会更强，并将资金更多地投向具有融资需求的外贸企业，从而取得高收益。另外，银行体系作为当前国内最主要的融资渠道之一，其投资转化率可以用贷款占存款的比值来衡量（张成思，2013）。企业在参与国际贸易之后面临更大的市场规模，需要增加资金投入来扩大生产规模，银行向企业放贷的动力就会提升，进而提高储蓄投资转化率。

3.2.2 对外贸易对绿色金融发展的影响机理：一个数理模型

上文从理论方面梳理了对外贸易对绿色金融发展的作用路径，本节进一步运用数理模型推导对外贸易对绿色金融发展的影响机理。借鉴 Do 和 Levchenko（2007）的做法，把国际贸易中的比较优势与绿色金融发展结合起来，将各产业部门对于外部融资的需求纳入理论分析中，运用柯布—道格拉斯函数，构建封闭以及开放条件下生产部门与信贷部门的基础模型，研究并说明对外贸易对绿色金融发展的影响。为了便于本书的理论分析，根据 Ranjan 和 Zingales（2002，2003）的观点，本书首先做出如下假设：①假设绿色金融体系是一种绿色金融资源禀赋，在对外贸易的条件下，拥有较多绿色金融资源的地区更倾向于生产绿色金融依赖型产品。②本书涉及的绿色金融依赖型产品主要是指资本与劳动密集型产品，生产这类产品的企业需要较多的绿色金融资源支持。③通常经济较为发达的地区，绿色金融发展水平较高，因此假设经济越发达的地区，其拥有的绿色金融资源也越多。④假设各地区的经济体内有两种中间商品和一种最终消费品，中间产品为绿色金融密集型产品 F 和非绿色金融密集型产品 A，并且只有一种生产要素劳动力 L。将生产中间产品的时间定为［0，1］，在 $t=1$ 的时候形成用于消费的最终产品，依据柯布—道格拉斯函数可得：

$$U(C_f,C_a) = C_f^{\alpha} C_a^{1-\alpha} \tag{3-1}$$

绿色金融密集型产品 F 和非绿色金融密集型产品 A 的价格分别为 p_f 和 p_a ，在 $t=1$ 时，实现最终产品部门利润最大化的条件为：

$$p_a = \alpha\left(\frac{C_a}{C_f}\right)^{1-\infty} \tag{3-2}$$

以产品 A 为计价标准，可将上式简化，实现效用最大化的条件为：

$$p_f = \frac{\infty}{1-\infty}\cdot\frac{C_a}{C_f} \tag{3-3}$$

生产者在 $t=0$ 这一时期可以决定生产中间产品 F 或者 A。无论生产哪种中间产品，均在 $t\in[0,1]$ 上连续进行。若每生产 1 单位中间产品 A 需要投入 1 单位 L，且工资价格为 ω ，那么 A 产品部门实现利润最大化的条件为 $p_a = \omega$ 。生产 1 单位绿色金融密集型产品 F 同样需要投入 1 单位 L。与产品 A 不同的是，生产 F 的厂商在 $t=0$ 到 $t=1$ 的每一时刻，都需要管理项目资金回报流 Rdt 中的一部分。并且在每个［t，$t+dt$］期间，该项目都会遇见一次流动性冲击 $\lambda_t dt$，具体表现为：

$$\lambda_t dt = \begin{cases} \lambda\omega/prob\cdot\dfrac{1}{2} \\ -\lambda\omega/prob\cdot\dfrac{1}{2} \end{cases} \tag{3-4}$$

式（3-4）中，λ 是恒为正的常数，流动性冲击在时间和空间上均服从独立同分布（Independently and Identically Distributed，IID），并且该冲击不会延续到下一期。如果［t，$t+dt$］这一期间的流动性冲击为正，或者流动性需求得到满足，那么该绿色金融密集型产品生产部门可以获得 Rdt 的收益回报；否则，将无法获得收益回报。在每个［t，$t+dt$］时间段都存有一个即期的信贷市场，能够为有流动性需求的生产部门提供信贷支持，具体做法是，流动性过剩或者有资金盈余的企业家，以 r_t 的借款利率将资金出借给陷入财务危机的厂商，在［t，$t+dt$］期间发生的借款在 $t=1$ 时需要偿还。在即期借贷市场假设条件下，借款利率 r_t 是由流动性供给和需求的均衡决定的。当流动性冲击总和为正时，表示绿色金融资源供给过剩，同时利率逐渐下降至 0；当流动性冲击总和为负时，提供贷款的一方可以获得二次借贷的全部收益，即 $r_t\lambda dt = p_f Rdt$。在流动性冲击总和为负的情况下，若有流动性需求得不到满足，则融资回报为零。那么，绿色金融密集型产品 F 生产部门的总产出如何确定呢？用 η 表示在所有劳动力 L 中进入 F 生产部门的比例，那么 F 部门生产者总数为 ηL，将这些生产者分别编号为 $i\epsilon\{1,\cdots,\eta L\}$。$F$ 生产部门的累计产出由每一期［t，$t+dt$］清算的项目所决定，故可以由每个即期的流动性加总计算得出。γ_t 代表在时间段［t，$t+dt$］项目被清算的部分，用如下分段函数来表示：

$$\gamma_t = \begin{cases} \dfrac{1}{\lambda\eta L}\sum\limits_{i=1}^{\eta L}\lambda_t^i, \text{if} \sum\limits_{i=1}^{\eta L}\lambda_t^i < 0 \\ 0 \end{cases} \tag{3-5}$$

式（3-5）中，$\sum\limits_{i=1}^{\eta L}\lambda_t^i$ 表示 F 生产部门所有生产者在时间 t 受到的流动性冲击之和，这也是该地区受到的总体流动性冲击之和。如果 $\sum\limits_{i=1}^{\eta L}\lambda_t^i$ 值为正，则说明这一时间段没有项目需要清偿；如果 $\sum\limits_{i=1}^{\eta L}\lambda_t^i$ 值为负，则需要被清偿的项目数取决于负的冲击总量。在流动性冲击总量为负的情况下，假设项目被随机清偿，则 F 生产部门中，每个生产者的累计产出为 $R[1-\gamma(\eta L)]$，其中 $\gamma(\eta L) = \int_0^1 \gamma_t\,\mathrm{d}t$。在 F 生产部门中，生产者实现利润最大化的条件是产品 F 的价格与该产品投入的单位成本相同，表示为：

$$p_f = R[1 - \gamma(\eta L)] \tag{3-6}$$

该模型体现了绿色金融部门的规模与绿色金融体系发展水平存在正相关关系。均衡值 $\gamma(\eta L)$ 代表 F 部门的生产者因无法满足外部融资需求而失去的产出比例，也可将其看做生产者能够获得外部融资的数量的函数，并且该函数为递减函数。当 F 部门的生产者增加时，在既定数量级上冲击总值为负值的概率相对降低，也使清偿成为小概率事件。因此，我们可以将 $1-\gamma(\eta L)$ 视为绿色金融体系发展水平，其与绿色金融密集型产品部门的规模 ηL 存在正相关关系，ηL 越大，表明部门的生产者数量越多，在给定幅度下出现负的流动性冲击的概率越低，发生清偿的可能性也越低。

在封闭经济的条件下，假设该经济体的均衡结构由单个变量 η 来表示，即 F 部门生产者占劳动力总量 L 的比重。用 η 可表示两种产品的生产总量，并得出中间产品 F 与 A 市场出清的条件为：

$$c_f = R[1 - \gamma(\eta L)]\eta L \tag{3-7}$$

$$c_a = (1 - \eta)L \tag{3-8}$$

上式描述了封闭状态下的均衡。由此我们可以进一步推导出生产分配的简单表达式：

$$\eta^a = \vartheta \tag{3-9}$$

下一步，计算外部融资总量。在每个即期中，设受到有利冲击的生产 $t \in [0,1]$，受到有利冲击的生产者数为 k，则受到不利冲击的企业数为 $\eta L - k$。如果 $k < \eta L - k$，则该期借贷总额为 λk，如果 $k > \eta L - k$，则该期借贷总额为 $\lambda(\eta L - k)$。因此，在每个即期 $t \in [0,1]$ 中，借贷的期望值为：

$$Private\ Credit = \lambda\left[\sum_{1}^{\frac{\eta L}{2}} kPr(k) + \sum_{\frac{\eta L}{2}+1}^{\eta L}(\eta L - k)Pr(k)\right] \tag{3-10}$$

式（3-10）中，k 表示概率为 $\frac{1}{2}$ 的一个二项随机变量，最大值为 ηL，上述表达式可简化为：

$$Private\ Credit = \frac{1}{2}\lambda\eta L \tag{3-11}$$

该式表明，外部融资的数量是与依赖外部融资部门的规模存在线性关系的。在对外贸易的条件下，假设有两个国家（或地区），N 地和 S 地，它们拥有的劳动力禀赋分别为 NL 和 SL，并且相较于 S 地区，N 地区具有绿色金融比较优势，在贸易平衡中，仅有 N 地区生产 F 商品，并且 N 地区足够大，F 商品在消费结构中的占比非常小，根据上文的推导，要得出对外贸易条件下的均衡产品结构，我们只需知道 N 地区 F 部门雇佣的劳动力占比 L_N 即可。C_f 和 C_a 分别代表中间产品的世界总产量，则对外贸易后，市场出清的条件为：

$$C_f = R_N[1 - \gamma(\eta_N L_N)(\eta_N L_N)] \tag{3-12}$$

$$C_a = (1 - \eta_N) L_N + L_S \tag{3-13}$$

根据上式可以推导出：

$$\eta_N = \vartheta \frac{L_N + L_S}{L_N} \tag{3-14}$$

式（3-14）中，若满足 L_N 足够大或者 ϑ 足够小，那么可以得出 $\eta_N \leqslant 1$。如果两种产品消费份额相等，即 $\vartheta = 0.5$，并且这两个地区的劳动力要素相同，即 $L_N = L_S$，那么此时 η_N 正好等于1。下面进一步分析信贷市场的情况。显然，如果 η_s 逐渐减小直至为0，那么 S 地区的 $\gamma(\eta_S L_S)$ 值增至最大，该地区不会存在任何借贷行为，绿色金融体系发展水平退化。而对于有绿色金融比较优势的 N 地区而言，在对外贸易的条件下，随着 η_N 逐渐增加，$\gamma(\eta_N L_N)$ 不断下降，N 地区的生产部门可以通过外部融资来满足资金需求，被清算的项目较少，说明对外贸易能够产生更多的借贷行为，绿色金融发展水平也随之提高。从上面的理论分析可知，生产绿色金融密集型产品的企业数量越多，规模越大，则该地区的绿色金融发展水平越高。在对外贸易的条件下，若某一地区存在绿色金融比较优势，生产绿色金融密集型产品的企业数量会不断增加，信贷市场更为活跃，因此对外贸易能显著促进绿色金融发展水平的提升。

3.3 绿色金融测算及现状分析

3.3.1 绿色金融发展指数测算

根据中国现实的经济发展状况，本节借鉴曾学文（2014）的研究成果，选取绿色信贷、绿色证券、绿色保险、绿色投资与碳绿色金融5个维度构建了含10个指标层的评价体系（见表3-1），并测算了中国30个省份的绿色金融发展指数。

表3-1 绿色金融发展水平指标评价体系

目标层	准则层	指标层	指标含义
绿色金融发展指数	绿色信贷	绿色信贷规模占比	绿色信贷余额/绿色金融机构贷款余额
		高耗能产业利息支出占比	六大高耗能工业产业利息支出/工业产业利息总支出
	绿色证券	环保企业市值占比	环保企业 A 股市值/上市企业 A 股总市值
		高耗能产业市值占比	高耗能企业 A 股市值/上市企业 A 股总市值
	绿色保险	环境污染责任险规模占比	环境污染责任保险保费收入/财产保险保费收入
		环境污染责任险赔付比	环境污染责任保险赔付支出/环境污染责任保险保费收入
	绿色投资	节能环保公共支出占比	节能环保产业财政支出/财政支出总额
		环保投资占比	治理环境污染投资额/GDP
	碳绿色金融	清洁发展机制项目交易量占比	清洁发展机制项目数量/环保项目总数
		碳排放贷款强度	本外币贷款余额/二氧化碳排放量

对于表3-1构建的绿色金融发展水平指标体系，下面将分别进行说明。

首先是绿色信贷指标。当前，学术界有关绿色信贷指标的衡量有四类方法：第一类为节能环保项目贷款占比，数据主要来源于银行《社会责任报告》，但由于此类数据主要基于宏观层面的研究，缺少对各省份的数据研究，因此并不适用于本研究。第二类为工业污染治理投资中的“银行贷款”，由于数据缺乏连续性，也不适用于本研究。第三类为常用的绿色信贷规模占比。第四类为高耗能产业利息支出占比，高耗能产业选取国家发改委规定的六大行业。基于数据的可得性和连续性，本章将采取第三类和第四类指标，这两类指标可以分别反映出银行等金融机构对环保产业的支持力度和对高耗能高污染产业的约束力度。需要注意的是，绿色信贷规模占比为区域绿色信贷余额比绿色金融机构贷款余额，由于缺乏绿色信贷贷款余额的区域数据，因此本章将采用各区域内上市环保企业向银行的贷款来衡量绿色信贷量（Huiying Chen，2019），这一指标体现了银行鼓励企业提高对绿色项目的融资程度，因此可以较好地衡量绿色信贷。绿色信贷余额数据来源于国泰安数据库，绿色金融机构贷款余额数据来源于历年《中国金融年鉴》，高耗能产业利息支出及工业产业利息总支出数据均来源于国研网工业统计数据库。

其次是绿色证券指标。绿色证券指标是指在绿色证券市场上，企业可以通过发行绿色债券或绿色股票进行项目融资，绿色证券的两个二级指标反映了各类企业在证券市场上的融资状况。有关绿色证券的相关数据主要来源于 Wind 数据库。

再次是绿色保险指标。绿色保险是指在现有的市场机制下对现存或隐含的环境风险进行管理，并对企业发生的污染事故进行相应赔偿，绿色保险下设的两个二级指标反映了中国当前绿色保险的发展状况。本章将借鉴李晓西等（2014）的方法，采用农业保险作为环境污染责任保险的替代变量，相关数据来源于《中国保险年鉴》。

复次为绿色投资指标。绿色投资的目标在于提升绿色项目的融资能力，其下设的两个二级指标反映了中国绿色投资发展程度，相关数据主要来源于历年《中国统计年鉴》和《中国环境统计年鉴》。

最后是碳绿色金融指标。碳绿色金融有利于促进节能减排，通常采用清洁发展机制项目交易量（CDM）占比来衡量碳绿色金融，可以更好地体现中国碳绿色金融的发展潜力。除此之外，中国碳绿色金融的发展背后是金融机构的大力支持，因此不少学者选择用碳排放贷款强度来衡量绿色金融（李丽、董必俊，2018），碳排放贷款强度为单位碳排放量相对应的金融机构本币贷款余额。清洁发展机制项目数和环保项目总数的数据来源于中国清洁发展机制网，本外币贷款余额来源于历年《中国金融年鉴》，碳排放经过下文测算得出，数据来源于历年《中国能源统计年鉴》。

3.3.2 指标权重确定

为了最终公正、客观地获得各省份的绿色金融发展指数，本书在确定指标权重方面采用了客观赋权法。在赋权之前，需进行数据预处理。

（1）数据预处理。

由于指标体系中不同指标存在量纲上的差异，因此需要对原始数据进行预处理，消除特征之间的差异性，使不同的特征具有相同的尺度，同时还需消除正、负向指标对数据加总等方面的影响。在本节的 10 个具体指标中，与高耗能产业相关的两个指标：高耗能产业利息支出占比与高耗能产业市值占比是反向指标。本书采用极差化法，对正负向指标选择不同的标准化公式处理。

首先，针对正向指标：

$$V_j(it) = \frac{x_j(it) - \min_{1\leqslant i\leqslant n}\min_{1\leqslant t\leqslant T}[x_j(it)]}{\max_{1\leqslant i\leqslant n}\max_{1\leqslant t\leqslant T}[x_j(it)] - \min_{1\leqslant i\leqslant n}\min_{1\leqslant t\leqslant T}[x_j(it)]} \tag{3-15}$$

其次，针对负向指标：

$$V_j(it) = \frac{\max_{1\leqslant i\leqslant n}\max_{1\leqslant t\leqslant T}[x_j(it)] - x_j(it)}{\max_{1\leqslant i\leqslant n}\max_{1\leqslant t\leqslant T}[x_j(it)] - \min_{1\leqslant i\leqslant n}\min_{1\leqslant t\leqslant T}[x_j(it)]} \tag{3-16}$$

其中，$V_j(it)$ 表示 t 时期 i 省份 j 指标的标准化值，$x_j(it)$ 表示 t 时期 i 省份 j 指标的初始值。

（2）客观赋权法确定指标权重。

目前，有两类确定指标权重的方法，即主观赋权法与客观赋权法。这两类赋权方法有其各自的优点和缺点，现有文献对指标赋权主要参考曾学文等（2014）的方法，采用主观和客观赋权法相结合，对于准则层指标中的绿色信贷、绿色证券、绿色保险、绿色投资、碳绿色金融一般分别按照 45%、25%、15%、10%、5% 赋予权重。可见，碳绿色金融的权重最低，碳绿色金融发展起步相对较晚，但是，本书探究的是绿色金融与二氧化碳排放的关系，碳绿色金融相对其他四个准则层指标来说与研究主题的联系较为直接和密切，5%的权重是不合理的。另外，如果自行设定权重比例，会存在人为主观因素的影响，使得研究的可靠性不足、科学性较差。对此，应采用客观赋权法，充分评估绿色金融发展的实际水平。目前，客观赋权法主要有主成分分析法、纵横向拉开档次法、熵值法等，而突出局部差异的熵值法应用较广，现有学者的研究表明，信息熵在评价指标权重确定中具有良好的应用价值（罗进，2014）。熵值法是一种信息熵法，是目前较为成熟的客观赋权法。熵值法的原理是根据各项指标数据所提供的有效信息量的大小来赋予各项指标一定权重，信息熵越小，提供的信息有效性越多，在综合评价中所起的作用越大，从而赋予权重也越大。本书采用熵值法，其计算过程如下：

$$z_j(it) = \frac{v_j(it)}{\sum_{i=1}^{n}\sum_{t=1}^{T} z_j\, v_j(it)} \tag{3-17}$$

$$e_j = \frac{\sum_{i=1}^{n}\sum_{t=1}^{T} z_j(it)\ln z_j(it)}{\ln nT} \tag{3-18}$$

$$W_j = \frac{1-e_j}{\sum_{j=1}^{m} 1-e_j} \tag{3-19}$$

其中，$z_j(it)$ 表示 t 时期 i 省份 j 指标的影响比例，且当 $v_j(it)=0$ 时，规定 $z_j(it)\ln z_j(it)=0$；e_j 表示 j 指标的熵值；W_j 表示 j 指标的权重；m 为指标个数。根据式（3－17）至式（3－19）计算出绿色金融的各项指标权重，最终结果如表3－2所示。

通过对准则层指标的权重计算可以发现，如表3－2所示，绿色信贷规模占比的组合权重高达27.77%，占据第一名，由此可见绿色信贷在中国绿色金融的发展过程中发挥着重要的作用。当前，中国绿色信贷为绿色金融发展的重要组成部分，商业银行可以通过总量约束、行业限贷等相关手段来直接影响企业的投融资选择。预计在未来一定的期限内，随着我国经济增长速度逐渐变缓，商业银行将会对信贷总量进行相应控制以谋求稳健发展，所以短期内绿色信贷的增长速度将维持在一个相对稳定的数值上。环保企业市值占比为13.13%，排名第二，这与近年来绿色环保产业在证券市场上的融资能力不断提高有关，其占比的不断上升将会显著提升环保企业市值占比。绿色保险的两个指标占比均低于10%，这与我国责任保险业起步较晚，还处于发展初期有关，因此绿色保险发展受阻。绿色投资的两个指标权重占比最低，这可能是因为我国更依赖市场机制，而政府财政投资较少，节能环保公共支出占比只有3.9%，权重最低；经济增速的放缓降低了投资者的投资积极性，因此环保投资占比只有4.66%，排名倒数第二。相比绿色保险和绿色投资，碳绿色金融的权重占比大大高于前两者，与绿色证券相差不大。清洁发展机制项目交易量占比权重超过10%，碳绿色金融虽然起步较晚，但表现出强劲的后发趋势，占比较大，实际表现也是如此。近几年，我国碳绿色金融发展较快，2011年10月29日，国家发展改革委发布《关于开展碳排放权交易试点工作的通知》，确定北京、天津、上海、重庆、湖北、广东及深圳市开展碳排放权交易试点。碳排放市场规模不断扩大，碳绿色金融对绿色金融发展和减少二氧化碳排放具有重要意义。

表3-2　绿色金融各指标权重计算结果

准则层	指标层	权重/%
绿色信贷	绿色信贷规模占比	27.77
	高耗能产业利息支出占比	12.14
绿色证券	环保企业市值占比	13.13
	高耗能产业市值占比	6.69
绿色保险	环境污染责任险规模占比	9.22
	环境污染责任险赔付比	4.79
绿色投资	节能环保公共支出占比	3.90
	环保投资占比	4.66
碳绿色金融	清洁发展机制项目交易量占比	11.23
	碳排放贷款强度	6.49

资料来源：笔者计算整理所得。

3.3.3 绿色金融发展水平现状

在3.3.1节和3.3.2节基础上，进一步测算各省份绿色金融发展指数，从而综合评价绿色金融发展水平，其公式为：

$$y_{it} = \sum_{j=1}^{m} v_j(it)\, w_j \tag{3-20}$$

其中，y_{it}表示t时刻i省份的绿色金融发展指数。通过式（3－20）依次计算出各省份各年份的绿色金融发展水平，如表3－3所示。根据综合测算结果可以发现，中国的绿色金融水平呈现稳步增长态势。比较2010年和2019年，中国大部分省份的绿色金融发展水平呈现增长态势，安徽最快，其次为北京、天津、广西和青海，5个地区的增长率均超过0.07。其中，北京和天津的绿色金融发展水平最高，由此可见，经济发展程度与区域绿色金融发展是具有相关关系的，经济发展程度越高的地区越能够优化经济结构，转变经济增长方式，能够以较小的代价选择高质量、低污染的发展模式。需要注意的是，除了经济发达地区的绿色金融发展水平较快，可以看到欠发达地区，如青海、广西等地的绿色金融发展也在不断加快。这与政府相关政策引导和鼓励相关，党的十八大提出了绿色发展理念，因此各省份开始重视经济绿色发展，而且经济欠发达地区通常在自然环境方面具有相关优势，配套的绿色金融措施不断得到完善，将会进一步促进绿色金融发展。

表3－3 各省份绿色金融发展水平

地区	2010年	2019年	增长率	地区	2010年	2019年	增长率
北京	0.1800	0.3315	0.07018	河南	0.1835	0.2160	0.0183
天津	0.2036	0.3860	0.07368	湖北	0.1605	0.2424	0.0469
河北	0.1407	0.2150	0.04824	湖南	0.3049	0.2869	－0.0067
山西	0.1771	0.2023	0.01488	广东	0.1869	0.2316	0.0241
内蒙古	0.1752	0.1914	0.00989	广西	0.1860	0.3445	0.0709
辽宁	0.1286	0.1749	0.03473	海南	0.1876	0.1885	0.0006
吉林	0.2229	0.2056	－0.00989	重庆	0.2105	0.2416	0.0175
黑龙江	0.2387	0.2616	0.01023	四川	0.1934	0.1940	0.0004

续表

地区	2010 年	2019 年	增长率	地区	2010 年	2019 年	增长率
上海	0.1691	0.2342	0.03682	贵州	0.2129	0.2190	0.0031
江苏	0.2166	0.2424	0.01262	云南	0.2343	0.1154	-0.0757
浙江	0.2563	0.2455	-0.00476	陕西	0.2068	0.2072	0.0002
安徽	0.1796	0.3512	0.07739	甘肃	0.19160	0.1262	-0.0453
福建	0.1979	0.2127	0.00802	青海	0.09490	0.1848	0.0768
江西	0.1914	0.2490	0.02967	宁夏	0.1768	0.2895	0.0563
山东	0.2160	0.2869	0.03203	新疆	0.2041	0.2005	-0.0020

资料来源：笔者计算整理所得。

3.4 对外贸易影响绿色金融的实证检验

本章在前文理论研究、现状分析以及测算的区域绿色金融发展综合水平基础上，以我国 1995—2019 年作为样本区间，运用动态面板模型实证检验对外贸易对我国绿色金融发展的具体影响以及考察对外贸易影响绿色金融发展的区域差异，并以加入 WTO 的 2001 年为转折点，运用动态面板模型分别实证检验 1995—2000 年和 2001—2019 年对外贸易对绿色金融发展的具体影响，用以考察对外贸易对绿色金融发展的影响是否与开放程度有关，最后得出研究结论。

3.4.1 研究假设的提出

由前文的分析可知，对外贸易会使企业进入国际商品市场，于是产生更多的融资需求，外贸企业通常具备较好市场空间和发展前景，故绿色金融部门会增加绿色金融资源的供给。对外贸易会使企业对技术研发、创新研究、人力资本有更多的需求，以直接融资为主的市场主导型绿色金融结构能够提供更为高效的融资渠道，从而优化绿色金融结构。此外，随着对外贸易程度加深，国家贸易保护政策及垄断行为对价格造成的扭曲会逐渐消除，市场将在资源配置中起主导作用，绿色金融部门为提高收益，会将更多的资金分配给生产效率较高的部门，从而提升绿色金融部门的配置效率。但是应当注意到，我国东中西部的发展具有明显的地区差异性，对外贸易对绿色金融发展的影响可能也会存在地区差异。基于前文的文献阅读与理论分析，围绕“对外贸易对区域绿色金融发展的影响研究”提出如下假设：

H1：对外贸易对我国绿色金融发展具有显著的促进作用，但这种促进作用具有显著的区域差异性，东部地区的促进作用最大，其次是中部，最后是西部。

根据前文的理论分析，对外贸易是通过作用于绿色金融规模、绿色金融效率、绿色金融结构三个层面，从而影响绿色金融发展。对于发达的东部地区，企业具有更多的比较优势，整体经济实力较强，能够在激烈的国际市场上利用国际资源，为自身的持续经营提供保障，绿色金融资源较多，优质的实体经济能够为绿色金融部门提供更多、更优质的绿色金融需求，从而提升绿色金融发展的整体水平。而对于较不发达的西部地区，企业竞争力和整体经济基础相对薄弱，在国际市场上的竞争力较弱，进入国际市场的企业较少，对外经贸发展不及沿海发达地区，因此对绿色金融发展的促进作用较小。

H2：随着对外贸易的广度与深度不断扩大，对外贸易对区域绿色金融发展的促进作用增大。

2001 年，中国加入世界贸易组织标志着我国对外开放进入了一个新的历史阶段，中国的对外开放由商品市场的全面开放为主扩大到生产要素市场的全方位开放。此后，我国更加积极推进贸易自由化，积极参与全球贸易，设立各类经济园区，国际合作不断加强，并且不断学习引进国外先进的技术和人才，市场经济体制不断完善，企业竞争力不断增强，随着这种趋势发展，在提高市场经济运行效率的同时，也为绿色金融体系提供了更多的绿色金融需求以及更大的市场空间，既提高了绿色金融资源的运营效率，在需求的不断增加下也促使绿色金融规模逐步扩大、绿色金融结构进一步优化，从而使对外贸易对绿色金融发展的促进作用更大。

3.4.2　指标选取与数据说明

3.4.2.1　指标选取

在前人研究的基础上，基于本章研究重点和研究目标，选取如下变量，变量的选取与说明如表 3-4 所示。

表 3-4　模型指标体系释义

变量类型	变量代码	变量定义	变量说明
被解释变量	*FD*	绿色金融发展水平	详见上文绿色金融发展综合水平测算
解释变量	*TRO*	对外贸易	各省份进出口总额/各省份 GDP
控制变量	*GOV*	政府支出	各省份政府支出/各省份 GDP
	RGDP	真实经济增长率	以 1978 年为基期的真实 GDP 增长率
	URB	城镇化水平	各省份城镇人口/各省份总人口
	INV	物质资本投入	各省份固定资产投资总额/各省份 GDP

资料来源：笔者筛选整理所得。

（1）绿色金融发展综合水平（*FD*）。

借鉴曾学文（2014）的研究成果，本书从绿色信贷、绿色证券、绿色保险、绿色投资与碳绿色金融等 5 个维度构建了含 10 个指标层的评价体系，该指标越大，说明该地区的绿色金融越发达。

（2）对外贸易（*TRO*）。

遵循学术界标准的度量指标，本书选择“外贸依存度”来衡量对外贸易程度，即采用一国或地区进出口总额占国民生产总值的比重来衡量。该指标越大，说明进出口贸易在一国或地区经济活动中所占的比重越大，地区对外贸易程度也就越高。

（3）控制变量。

既有研究表明，绿色金融发展除了受对外贸易的影响，还受其他控制变量的影响。借鉴 Lu 和 Yao（2009）、陈磊（2011）、张成思等（2013）的做法，引入以下 4 个控制变量来控制在对外贸易过程中其他因素对绿色金融发展的影响：一是政府支出（*GOV*），用各省份政府支出占各省份 GDP 的比重来表示，政府支出会影响一国的经济发展水平，而经济发展与绿色金融发展密切相关，因此该变量对绿色金融发展有一定影响；二是真实经济增长率（*RGDP*），以1978年为基期，用各省份名义GDP值以及对应的平减指数计算得到各省份地区的实际GDP，再测算出各省份实际GDP增长率，实际GDP增长率可以刻画一个地区总体的经济发展状况，因此也会对地区绿色金融发展产生一定影响；三是城镇化水平（*URB*），用各省份城镇人口占各省份总人口的比重来表示，研究表明，城镇化水平是造成我国地区经济发展水平差异的重要因素之一，并且地区城镇化水平越高，居民对绿色金融需求越高，地区绿色金融机构的数量及服务范围就越多，绿色金融越发达；四是物质资本投入（*INV*），用各省份固定资产投资总额占各省份GDP的比重来表示，固定资产投资与绿色金融发展程度为正相关关系，地区固定资产投资额越大，绿色金融发展越好（张鹤等，2012）。

3.4.2.2　数据说明

为了全面考察对外贸易对绿色金融发展综合水平的影响，以中国30个省、自治区和直辖市为研究样本，时间跨度为1995—2019年。在具体研究中，为了考虑我国不同发展历程中对外贸易对绿色金融发展的影响，以中国加入WTO为时间节点将样本数据划分为1995—2000年和2001—2019年两个阶段，原因在于中国2001年加入WTO，对外贸易的范围扩大，进程加速。并且，2000年以后，国有银行开始筹备股份制改革，金融体系的市场化程度提高，对外贸易与金融发展的内在联系表现得更加明显。同时为考虑对外贸易对绿色金融发展的地区差异，本书也将从全国及东部、中部、西部这四个层面进行实证分析。本书数据主要来源于1996—2020年各省份统计年鉴、《中国金融年鉴》《中国证券期货统计年鉴》及《新中国六十周年统计资料汇编》、国家统计局官网、各省统计信息网等。

各变量描述性统计如表3-5所示。

表 3－5　各变量的描述性统计

变量	Mean	Median	Std. Dev	Min	Max	Obs
FD	2.218	2.036	0.811	1.127	7.797	750
TRO	0.0266	0.019	0.0227	0.00387	0.146	750
FO	0.314	0.131	0.389	0.0321	1.721	750
GOV	0.194	0.174	0.0899	0.0691	0.627	750
RGDP	0.113	0.114	0.028	－0.025	0.238	750
URB	0.46	0.223	0.16	0.01	0.89	750
INV	0.59	0.547	0.236	0.24	1.371	750

资料来源：笔者计算整理所得。

3.4.3　模型设定与估计方法

3.4.3.1　模型设定

本节主要研究的是对外贸易如何对绿色金融发展产生重大影响。我们将绿色金融发展综合水平作为被解释变量，对外贸易及其他控制变量作为解释变量。本书以 Baltagi 等（2009）提出的类似建模方法为依据，借鉴张成思（2013）的具体做法，在模型右侧加入因变量的滞后项，以考虑上一期的因变量对当期因变量会有怎样的影响，设立动态面板模型表达式如下：

$$FD_{it} = \beta_0 + \varphi FD_{it-1} + \beta_1 TRO_{it} + \sum \gamma_j CONTROL_{itj} + U_{it} \quad (3-21)$$

其中，FD_{it} 代表第 i 地区第 t 年的绿色金融综合发展水平；FD_{it-1} 代表第 i 地区第 $t-1$ 年的绿色金融综合发展水平；TRO_{it} 代表第 i 地区第 t 年的对外贸易程度；$CONTROL_{itj}$ 代表第 i 地区第 t 年第 j 个控制变量；U_{it} 代表随机扰动项，包含省域之间的个体效应和时间效应。

3.4.3.2　估计方法

基于传统的计量方法，为了解决模型内生性问题，运用系统 GMM 估计方法进行参数回归，分别研究对外贸易对区域绿色金融发展的影响。由于模型的自变量中含有因变量的滞后期，动态面板模型常常会出现内生性问题，从而造成模型参数估计的有偏性（Nickell，1981；Anderson and Hsiao，1982）。此时，使用普通面板最小二乘法（LSDV）或者可行广义最小二乘法（FGLS）都无法消除模型内生性问题，为得出无偏估计值，学术界普遍认为工具变量法是较为适合的估计方法，其中又包括一阶差分GMM（first differenced GMM）估计方法和系统GMM（System GMM）。为了解决模型内生性问题并控制个体效应，Arellano和Bond（1991）首次提出一阶差分GMM模型，随着该方法在经济计量中的普遍应用，众多学者发现该方法可能受到弱工具变量的负面影响导致估计结果并不准确。为了消除一阶差分GMM模型中弱工具变量的影响，Blundell和Bond（1998）结合水平回归方程和差分回归方程，通过进一步增加工具变量获得更加准确的参数估计结果，具体做法是把滞后水平当作一阶差分的工具变量，又把一阶差分当作水平变量的工具变量。为获得无偏的参数估计，根据本书选取的数据特征，本节将采用系统GMM进行估计。系统GMM估计方法的本质是通过引入工具变量来解决模型的内生性问题，因此需要进行序列相关检验和过度识别检验，以解决过度引入工具变量所造成的参数解释力度下降、工具变量的有效性降低等问题。借鉴现有的研究方法，将采用随机误差项的二阶序列自相关检验和模型过度识别约束有效的Sargan检验的方法来验证估计结果的有效性。

鉴于上述分析，以及探讨对外贸易开放对区域绿色金融发展影响的研究目的，实证研究主要分为两部分：第一部分，运用系统GMM估计方法得到1995—2019年对外贸易对绿色金融发展的平均影响；第二部分，将样本时间划分为1995—2000年、2001—2019年两个阶段，检验对外贸易对区域绿色金融发展的影响是否与对外贸易程度有关。

3.4.3.3 模型回归结果与分析

（1）对外贸易对区域绿色金融发展的影响：1995—2019年。

在进行系统GMM估计时，我们将解释变量的滞后一期作为其对应的工具变量，避免因模型的内生性导致模型估计值的偏差，并运用Sargan检验和序列相关检验来判断工具变量选取的有效性。具体回归结果、Sargan检验及序列相关检验结果如表3-6所示。

表 3-6 1995—2019 年动态面板回归结果

变量	东部	中部	西部	全国
C	1.9961 (1.505)	-1.2022 (1.779)	1.1023 (1.101)	-0.0040 (-0.96)
FD(-1)	2.9362 *** (7.61)	0.0422 *** (10.53)	0.2096 (0.71)	0.8064 *** (19.40)
TRO	1.4344 *** (19.47)	0.0273 *** (18.58)	0.0994 *** (1.96)	0.6346 *** (15.82)
GOV	0.0272 *** (18.58)	0.0412 *** (11.30)	0.1121 *** (15.14)	1.9199 *** (4.90)
RGDP	-3.2785 *** (-42.02)	0.0502 (0.205)	-1.5587 *** (-26.20)	0.2003 (0.52)
URB	0.6366 *** (22.94)	0.843 *** (17.94)	0.1902 *** (17.15)	1.398461 *** (31.82)
INV	-0.2877 (-0.43)	-0.3082 (0.479)	-0.0852 *** (-4.61)	0.0223 (1.03)
Sargan Test(p 值)	0.8963	0.9053	0.8607	1.0000
AR(1)(p 值)	0.0661	0.011	0.2712	0.0067
AR(2)(p 值)	0.5052	0.3946	0.2837	0.5438

注：①如无特别说明，本书中 * * *、* *、* 均分别表示 1%、5%、10% 的统计水平上的显著性。②括号内报告的是 t 统计量。

资料来源：笔者计算整理所得。

从表 3-6 的估计结果我们可以看出，各变量几乎都通过了显著性检验，模型回归系数的整体显著性水平较高。全国及区域的 AR（2）检验值和 Sargan 检验值均大于 0.1，这表明模型扰动项不存在二阶和更高阶序列相关，并且工具变量不存在过度识别，说明工具变量的选择是合理的，因此，系统 GMM 估计是有效的，回归方程模型整体设定良好。在全国层面以及东、中部地区，滞后一期的绿色金融发展综合水平与当期的绿色金融发展综合水平均呈现出明显的正相关关系，说明绿色金融发展具有较强的动态延续性。从对外贸易对绿色金融发展的影响来看，对外贸易（*TRO*）在全国及东、中、西部地区对绿色金融发展的影响均表现为显著的促进作用，这一结论与彭欢欢、姚磊（2016）得出的实证结果一致。在国家层面，对外贸易对绿色金融发展的影响系数为0.6346，对外贸易每增加1个百分点，绿色金融发展综合水平就会提升0.6346个百分点。从区域层面来看，对外贸易对绿色金融发展促进作用最大的是东部地区，系数为1.4344，也就是说，东部地区的对外贸易每增加1个百分点，绿色金融发展的综合水平就会提升1.4344个百分点；其次是西部地区，系数为0.0994；最后是中部地区，系数为0.0273。说明在东部发达地区的外贸企业，能更好地运用国际市场带来的优势，从而带动地区绿色金融发展。与研究假设1不同的是，西部地区对外贸易对绿色金融发展的促进作用要大于中部地区，原因在于，西部地区地域辽阔，人力资源充足，人力成本较低，进行外贸的企业能充分利用人口红利进入国际市场，提升产量，从而带动地区绿色金融发展水平提升，故对地区绿色金融发展的促进作用略高于中部地区。

从控制变量的影响来看，政府支出（*GOV*）的回归系数显著为正，说明政府支出能有效促进绿色金融发展。真实经济增长率（*RGDP*）在全国层面及区域层面的回归系数为负数或者不显著，说明经济增长率与绿色金融发展之间不存在正相关关系。城镇化水平（*URB*）在全国及区域层面系数均显著为正，说明提高城镇化水平有助于绿色金融发展。物质资本投入（*INV*）对绿色金融发展的影响并不显著，或者具有负向影响，说明目前增加投资并不会促进经济增长，反而可能会抑制绿色金融发展。

（2）对外贸易对区域绿色金融发展影响的比较分析。

为进一步分析改革开放以来我国对外贸易对绿色金融发展的影响，本书以中国加入WTO为时间节点将样本数据划分为1995—2000年和2001—2019年两个阶段，原因在于中国2001年加入WTO，对外贸易的范围扩大，进程加速。并且，2000年以后，国有银行开始筹备股份制改革，金融体系的市场化程度提高，对外贸易与绿色金融发展的内在联系表现得更加明显。借鉴翟雅琴（2016）的做法，分别对1995—2000年和2001—2019年的样本数据进行回归分析，表3-7和表3-8分别给出了两个时间段的系统GMM估计结果。

表 3-7 1995—2000 年动态面板回归结果

变量	东部	中部	西部	全国
C	-0.0961 (-0.65)	0.5195*** (6.64)	0.5601* (1.72)	0.4260*** (4.73)
FD(-1)	0.2169*** (3.57)	-0.4445*** (-20.74)	-0.2784*** (-9.94)	-0.0643*** (-3.80)
TRO	0.8075*** (4.64)	0.6070 (1.04)	0.0267 (0.14)	0.1868*** (3.19)
GOV	1.0586** (2.18)	0.3217*** (8.37)	0.8820* (1.80)	1.9199*** (4.90)
RGDP	-0.2018 (0.546)	-0.3954* (-1.89)	-0.3647 (-0.78)	-1.0304*** (-4.79)
URB	5.1636*** (8.51)	1.349702*** (31.53)	8.7177 (0.09)	1.3752*** (3.78)
INV	0.0519 (1.47)	-0.0559 (-1.36)	0.5545 (0.65)	0.5471*** (1.33)
Sargan 检验 p 值	0.9818	0.9989	0.9555	1.0000
AR(1)检验 p 值	0.0064	0.0172	0.0100	0.0221
AR(2)检验 p 值	0.6898	0.2535	0.3100	0.1708

资料来源：笔者计算整理所得。

表 3-8 2001—2019 年动态面板回归结果

变量	东部	中部	西部	全国
C	0.9993*** (3.48)	1.2022*** (3.18)	0.0023* (1.95)	1.0739*** (3.37)
FD(-1)	0.5661** (2.43)	0.6611*** (2.75)	0.4790*** (2.67)	0.5104* (1.81)
TRO	2.6314*** (6.60)	1.7617*** (4.99)	1.8814*** (4.35)	1.3614*** (4.41)
GOV	0.7390* (1.73)	0.8017*** (6.01)	0.0019* (1.73)	0.5799*** (8.02)
RGDP	0.0188 (0.05)	-0.2937 (-0.87)	-0.0095 (-1.16)	-0.0992 (-0.40)

续表

变量	东部	中部	西部	全国
URB	1.3790*** (12.40)	0.6507 (1.30)	0.0437 (0.58)	0.0973*** (6.80)
INV	-0.4054 (-1.12)	-0.0669 (-0.40)	0.0006 (0.87)	-0.4948** (-2.43)
Sargan 检验 p 值	0.9994	0.8458	0.9992	1.0000
AR（1）检验 p 值	0.0027	0.0074	0.1583	0.0152
AR（2）检验 p 值	0.3859	0.6866	0.7683	0.9968

资料来源：笔者计算整理所得。

从1995—2000年的动态面板回归结果（见表3-7）来看，这一阶段中国对外开放的程度较低，对外贸易在全国及东部均能显著促进绿色金融发展，东部影响系数为0.8075，即东部地区的对外贸易每提升1个百分点，绿色金融发展综合水平就会提高0.8075个百分点。在中、西部地区的促进作用并不明显，原因是，大部分沿海城市汇集在东部地区，使东部地区具有较好的外贸地理优势，从而能利用对外贸易带来的机遇，推动地区绿色金融综合发展，而中、西部地区在对外贸易初期，由于缺乏地理优势且经济水平本身较为落后，对外部环境不适应，从而无法发挥对外贸易对绿色金融发展的促进作用。从控制变量来看，政府支出（*GOV*）与城镇化水平（*URB*）与绿色金融发展有显著的正相关关系，经济增长率（*RGDP*）与绿色金融发展之间不存在正相关关系，与表3-6中回归结果不一致的是，物质资本投入（*INV*）对绿色金融发展的影响显著为正，说明1995—2000年这一时期增加物质资本投入能显著促进绿色金融发展。从2001—2019年的动态面板回归结果来看，对外贸易在全国及区域层面均能显著促进绿色金融发展。在国家层面，对外贸易对绿色金融发展的影响系数为1.3614，对外贸易每增加1个百分点，绿色金融发展综合水平就会提升1.3614个百分点。从区域层面来看，对外贸易对绿色金融发展促进作用最大的是东部地区，系数为2.6314，也就是说，东部地区的对外贸易每增加1个百分点，绿色金融发展的综合水平就会提升2.6314个百分点；其次是西部地区，系数为1.8814；最后是中部地区，系数为1.7617。在这一阶段，与研究假设1不同的是，西部地区对外贸易对绿色金融发展的促进作用要大于中部地区，正如上文分析所指出的，西部地区地域辽阔，人力资源充足，人力成本较低，进行外贸的企业能充分利用人口红利进入国际市场，提升产量，从而带动地区绿色金融发展水平提升，故对地区绿色金融发展的促进作用略高于中部地区。从控制变量来看，政府支出（*GOV*）和城镇化水平（*URB*）的提升能显著促进绿色金融发展，经济增长率（*RGDP*）和物质资本投入（*INV*）与绿色金融发展之间并不存在正相关关系。对比1995—2000年和2001—2019年的具体回归结果，可以发现，在2001—2019年的回归中，对外贸易在全国及东中西部区域对绿色金融发展的促进作用显著高于1995—2000年这一时期，验证了本书的研究假设2。

3.4.4 稳健性检验

为了消除上述实证中由于估计方程及估计方法的缺陷导致的估计方差，使研究结果更加稳健，使用面板分位数回归方法进行稳健性检验。分位数回归能够进一步得到对外贸易对区域绿色金融发展的推动作用的演化趋势。借鉴张成思、刘贯春（2015）的做法，利用R-Studio软件，采用面板分位数回归技术对模型进行估计。表3-9中动态面板分位数回归的结果显示，在绿色金融发展水平不同的地区，对外贸易对绿色金融发展的影响存在显著差异。从表3-9的实证结果可以看出，绿色金融发展的滞后项系数显著为正，进一步验证了绿色金融发展的动态延续性。对外贸易（*TRO*）在0.1、0.5、0.9分位数的估计值分别为0.4733、0.7791、0.8509，说明对外贸易对区域绿色金融发展有显著的促进作用，但在不同的分位处影响作用并不相同，在越发达地区，对外贸易对绿色金融发展的促进作用越大。对外贸易对区域绿色金融发展的推动作用的演化趋势与上文一致，进一步验证了回归结果是稳健的。

表 3-9　动态面板分位数回归结果

变量	0.1	0.3	0.5	0.7	0.9
C	0.5448 (1.01)	0.3033 (0.64)	0.5069 (0.69)	0.7934 (0.84)	-0.6299 (-0.56)
FD (-1)	0.3707*** (3.01)	0.5917*** (7.34)	0.6189*** (9.49)	0.7937*** (3.43)	0.7301*** (8.28)
TRO	0.4733*** (4.50)	0.6844*** (4.42)	0.7791*** (2.05)	0.8101*** (3.70)	0.8509*** (4.57)
RGDP	-2.3246 (-1.41)	-2.2252 (-1.61)	-3.0024 (-1.48)	-4.7997* (-1.90)	-1.4111 (-0.41)
URB	1.0999* (1.65)	0.6114 (0.71)	1.0701* (1.99)	1.8823** (2.54)	2.9854** (2.48)
GOV	7.2375*** (5.35)	9.0489*** (7.12)	9.4293*** (4.60)	10.5788*** (3.39)	11.2918*** (2.69)
INV	-0.7149 (0.10)	-1.2784*** (-3.16)	-1.5185*** (-2.78)	-1.8841*** (-2.99)	-2.1745** (-2.12)

资料来源：笔者计算整理所得。

从控制变量的影响来看，政府支出（*GOV*）对绿色金融发展有显著的促进作用，并且在越发达的地区，政府支出的促进作用越大。主要原因在于政府支出扩大通常伴随着银行贷款增加，从而有助于促进绿色金融发展（张成思，2013）。物质资本投入（*INV*）系数为负，说明增加固定资产投资不会推动绿色金融发展。城镇化水平（*URB*）整体上与绿色金融发展呈现正相关关系，表明提高城镇化水平能促进绿色金融发展。真实经济增长率（*RGDP*）的系数基本为负值且不显著，说明经济增长对绿色金融发展的促进作用有限，与张成思（2013）的研究结论一致。

3.5　研究结论与政策建议

上述章节通过采取理论机制分析和实证检验分析了对外贸易对中国各区域绿色金融发展的影响，本节将在上述分析的基础上归纳研究结论，并针对分析中出现的相关问题提出合理的政策建议，从而推动中国绿色金融的健康发展。

3.5.1 研究结论

通过理论分析可知，对外贸易作用于绿色金融发展的路径主要为扩大绿色金融规模、提高绿色金融效率和优化绿色金融结构。首先，贸易开放有助于促进企业积极融入国际市场竞争，优化配置其现有的资源并且可以利用全球范围内的资源从事企业生产，保障企业日常生产经营秩序，鼓励企业更多地选择外部融资，提高外部融资需求，从而在整体上扩大绿色金融规模。其次，随着对外贸易的不断深入，贸易保护主义政策及不合理的垄断经营行为所造成的价格扭曲会逐渐消除，市场将在资源配置中起主导作用。金融部门为了提高经营效率，必然会将资源配置于具有可持续发展动力且生产效率较高的部门，进而提升绿色金融部门的配置效率。最后，对外贸易的发展还会借助产业结构升级和对进出口结构进行调整来对绿色金融部门的业务结构进行合理优化，从而确保整个绿色金融结构的合理性。实证检验结果显示，对外贸易可以显著促进中国绿色金融的发展，但是针对不同区域的绿色金融发展水平的影响具有显著差异性，而且对外贸易的深入程度与绿色金融发展之间呈现显著的正向相关关系。本书基于 30 个省份 25 年的面板数据，采用动态面板模型检验了对外贸易对绿色金融发展的影响，并且以加入 WTO 为转折点，采取动态面板模型分别对 1995—2000 年和 2001—2019 年对外贸易对绿色金融的影响进行分析，从而考察对外贸易的开放程度对绿色金融发展的影响程度。具体结论如下：

（1）尽管存在显著区域差异性，但是对外贸易无论是对全国还是东、中、西部绿色金融业的发展都具有显著的促进作用。具体到区域层面，东部地区的对外贸易发展程度对绿色金融的促进作用最为显著，其次是西部地区，最后是中部地区。这在一定程度上说明东部地区由于具备良好的贸易发展条件、经济发展基础，因此能够更好地借助发展对外贸易来促进绿色金融发展。但需要注意的是，西部地区对外贸易对绿色金融发展的促进作用大于中部地区，这与理论假设相违背。分析认为，可能由于西部地区具备廉价的劳动力资源，这一优势可以促使外贸企业借助人口红利进入国际市场，促进产量提升，进而提高区域绿色金融发展水平。

（2）参与对外贸易的深度与广度和绿色金融发展的促进作用呈正向相关关系。回归结果显示，2001—2017 年的对外贸易对全国以及东、中、西部的绿色金融发展的促进作用显著高于 1995—2001 年，由此可以验证 H2。2001 年中国加入 WTO，中国对外贸易发展借助这一有力平台积极参与国际市场竞争，从产品市场的全面开放到生产要素市场的全面开放，中国的对外开放进入了一个新的时代。此后，中国积极践行全面开放的准则，努力推动贸易自由化，鼓励企业参与国际贸易，在海内外积极建设产业园区，国际竞争力不断加强。为了给企业发展注入源源不断的发展动力，促进企业的可持续发展，国家在发展经济的同时也兼顾了环境保护原则，从而为金融体系的构建提供了更多的绿色金融需求和发展空间，在提升绿色金融资源配置效率的同时，也优化了绿色金融结构，进而对中国绿色金融的发展产生更大的促进作用。

3.5.2 政策建议

对外贸易的发展推动了中国经济体制的改革，使中国在短短几十年发展为世界经济强国。中国经济的高速发展离不开中国对外开放程度的提升，未来中国经济发展也需要在更加开放的条件下进行，从而提升经济全球化程度。根据上述研究结论，结合中国对外贸易发展与绿色金融发展之间的相互联系，针对全国层面和区域层面提出如下政策建议：

（1）在对外贸易发展进程中促进区域绿色金融协调发展。

中国绿色金融的发展过程体现了鲜明的中国特色，由于区域间资源禀赋、经济发展程度的差异性，区域间绿色金融发展程度也显著不同。下一步为更好地激发对外贸易对绿色金融发展的促进作用，必须深化绿色金融体制改革，促进区域间绿色金融的协调发展。绿色金融体制改革的不断深化应充分考虑区域间发展的差异性，加大对金融发展较为落后地区的支持力度，通过完善国家转移支付制度、政府调控等多种措施降低区域间绿色金融发展的不平衡性。另外，还应继续改善和保护我国中西部地区的金融发展环境，提高中西部地区金融资源的利用效率。东部地区的贸易开放度较高，主要依赖于其得天独厚的地理位置条件，对外开放起步较早，而在地理位置处于相对劣势地位的中西部地区，政府应该通过完善基础设施建设来弥补其缺陷。便捷高效的交通环境能够显著降低贸易发展成本，提升企业参与对外贸易的积极性，提升内陆地区对外贸易发展水平，推动绿色金融的发展。

（2）增强开放政策与区域绿色金融发展的良性互动。

应当充分重视中国对外贸易开放对绿色金融发展的促进作用，使中国的对外开放政策与绿色金融发展之间产生良性互动，充分挖掘国内市场与国际市场的发展潜力，激发各区域内企业发展的活力。政府在制定对外贸易政策时，应当充分考虑各区域绿色金融发展的差异性，制定与各区域经济发展情况相适应的贸易开放政策。对于中西部等经济发展相对落后的地区，应坚定不移地继续深化改革开放战略，向东部地区看齐，优化贸易结构，既要积极引进外资，也要提高中资企业“走出去”的竞争实力。因此，政府要制定积极合理的贸易政策，加大对中西部地区的扶持力度，通过降低关税、扩大进出口配额、给予外资企业贸易补贴等多种形式来扩大外贸企业的规模与数量，从而更好地促进中西部地区绿色金融的发展。另外，政府部门还应当加大对中高技术产业的扶持力度，通过财政补助、人才吸引、招商引资等多种举措鼓励中西部地区企业加大对技术创新的投资力度，开拓外资企业海外市场，提高中资企业在国际市场上的竞争实力，进而带动区域间绿色金融的发展。对于东部发达地区城市，应当在继续保持原有贸易发展优势的基础上，结合国际贸易发展状况，动态调整并优化中国对外贸易在国际市场上的产业布局和区域布局，适时根据海外产品市场的需求变化合理调整企业产品出口结构，积极学习并吸纳国际先进生产技术与管理经验，培育国际竞争新优势，推动贸易转型升级，建设贸易强国。

（3）继续推动中国资本市场的稳步开放并重视区域发展差异性。

中国在 2001 年加入 WTO 后实现了对外贸易的繁荣发展，并逐步实现了对外贸易的持续全面开放，对外贸易发展的增长潜力不断得到释放。但外资银行的业务范围和资本的跨境流动仍受到严格监管。因此，为了推动贸易开放与绿色金融发展之间的良性互动，应当协调对外贸易与资本市场的相互促进关系，并且充分考虑到区域差异，稳健开放。首先，从整体层面上看，应当在现有贸易发展的基础上，解决当前贸易融资中出现的问题与困难，深化跨境投资体制改革，继续推动贸易投资便利化。其次，从各区域发展来看，由于区域间贸易发展程度、绿色金融发展状况、人力资本等方面都存在较大差异，因此在开放的贸易条件下，资本的跨境流动使得中国发展相对落后的地区更容易受到国际风险的冲击，为了防范绿色金融发展的不稳定性所带来的风险，落后地区的政府监管部门更应该合理引导和控制资本的流入与流出，对资本市场进行严格的管制，防范国际资本的投机与套利行为。同时，应该积极吸引金融方面的优秀人才，学习并借鉴国外金融机构在发展绿色金融方面的运营管理机制和竞争机制。经济发展相对发达的地区，应当充分利用国际资本来缓解经济发展带来的资金需求问题，降低外部融资成本。在引入大量国外资本的同时要注重运用产品部门的竞争机制来优化配置资源，缓解因资本流入带来的资源错配等负面影响，提高资本市场开放与外贸发展的协同性，维护绿色金融市场的稳定性，最大限度地发挥对外贸易的积极作用。

（4）提高各区域防范金融风险的危机意识。

应继续推动金融市场的绿色改革，完善金融市场的基础性制度建设，加强市场监管，在风险可掌控的范围内推动绿色金融的发展创新，增强金融市场抵御外来风险的能力。首先，由于开放的发展条件下，中国经济将会面临国际市场的激烈竞争与挑战，政府部门应当完善法律法规来防范不良的市场恶性竞争和不道德的商业行为，创造一个公平、法制化且稳定的商业运营环境，加强金融市场的机制化建设。创造健康的金融发展环境，防范对外开放带来的挑战和风险，从而吸引更多的外商直接投资参与中国的现代化建设。其次，由于中国各地区的贸易发展程度差异性较大，不同发展规模的企业在运营过程中对资金的需求存在显著差异，因此应当在深化中国金融体制改革、创新绿色金融发展机制的过程中，合理引导并控制社会资金、跨境资金进入融资市场，构建并完善社会风险共担机制，针对不同发展目标的金融机构制定出台与之相适应的监管办法，强化对跨境资本流动的检测、分析和预警，严格防范资本跨境流动和国际绿色金融市场波动给我国市场价格和金融市场稳定带来的冲击。另外，推动金融市场的绿色化改革还应当强化金融机构与财政、工商、税务、贸易等政府部门的合作，打造信息资源共享、合作共赢的稳定的金融生态环境。

4 对外贸易对绿色农业发展的影响

4.1 引言

在双循环新发展格局的大背景下，国内循环为双循环格局中的主体，国际循环则是双循环的进一步推动力量和重要延伸，对外贸易是促进国际循环的重要表现和主要方式，其重要性不言而喻。在全球化进程的不断推动下，世界各国在国际市场上的竞争日益激烈，对外贸易依然是促进一国经济增长的重要途径之一。自加入 WTO 后，我国货物进出口总额由 2001 年的 2661 亿美元增加至 2019 年的 455778.9 亿美元①，我国对外贸易保持中高速增长，贸易规模不断扩大。对外贸易对各行各业的发展均产生影响，自改革开放以来，农业作为国民经济的基础产业，在对外贸易发展的各个阶段始终处于重要地位。自 2018 年以来，中国成为全球第一大农产品进口国和第二大农产品贸易国，2020 年中国农产品贸易额更是达到了 2468.3 亿美元，同比增长 8%，在货物总贸易额中的占比为 5.3%，是加入 WTO 以来的最高水平。具体来看，农产品货物进口额占总货物进口额的 8.3%；农产品货物出口额占总货物出口额的 2.9%②。

然而在贸易发展的同时，能源消耗过度、环境污染、产品质量不高等

① 资料来源：《中国统计年鉴》(2020)。
② 资料来源：中华人民共和国中央人民政府网站（www.gov.cn）。

一系列问题也随之出现，早在 2009 年，中国已成为世界第一大能源消耗国，以二氧化硫为主的空气污染物和其他固体废弃物排放量均处于世界首位。党的十九大报告中明确指出，各行各业发展要注重可持续健康发展，由只考虑期望产出的粗放型经济增长转向绿色经济发展，农业发展不再是只注重亩产或总产值的数量型发展，而是转向考虑农产品质量、污染物含量、低碳环保的绿色农业发展。农业绿色发展是走出当下我国农业产量高、质量差，存在农产品食品安全问题等农业发展困境的必然要求，农业绿色发展为农业经济发展指明了方向。党中央始终把“三农”问题作为我国发展的重中之重，习近平总书记也多次在中央经济工作会议上强调绿色农业发展的重要性，提出要推进农业供给侧结构性改革，坚持绿色兴农，保障农业的可持续发展，加快实现从农业出口大国向农业生产强国的转变，推进我国农业的高质量发展。

我国农业和对外贸易发展相辅相成，其大致可以分为三个阶段：一是经济农业阶段，与之相对应的是调剂余缺型对外贸易，在这一阶段使生产力适应生产关系是当务之急，对国外的出口基本停留在调剂余缺的水平，不会大量出口和进口；二是技术农业阶段，与之对应的是创汇型对外贸易，在这一阶段，我国获得大量外汇和进口工业所需先进设备，此时的贸易格局为获取大量外汇储备以及出口农产品以换取工业所需的先进设备；三是战略农业阶段，可以上升为全球战略大农业，与之对应的是质量型对外贸易，甚至上升为贸易战争，不再以数量增长为单一衡量标准，更注重绿色农业、高质量农产品、农业食品安全等一系列条件，此时的农业发展不只是为了谋求局部经济利益，而是谋求一国农业的可持续发展并巩固国家地位和国家利益。

对外贸易的发展伴随着明显的农业生产逐利性，播种成本的降低导致生态成本的增加，水污染、土地侵蚀、化学污染等问题造成土地不可持续利用，因此绿色农业发展的重要性不言而喻。绿色农业发展不是局部的绿色，而是使得农业的全产业链变“绿”，需要生产、销售、消费等各个环节的行为主体践行绿色理念，农业绿色发展涉及绿色农业、生态农业、有机农业、低碳农业、可持续农业以及资源节约型、环境友好型农业等不同的农业发展类型，从宏观上看，这些类型的农业发展模式都属于农业绿色发展的范畴；从微观上讲，农户低碳、环保行为，生产者节能减排技术的使用，消费者绿色消费行为也包含在农业绿色发展之内。农业农村部印发的《农业绿色发展技术导则（2018—2030 年）》，从绿色研发、生产技术、产后增值、种养模式、标准体系等方面，对绿色农业产前、产中、产后进行了全方位的任务设计。可见，农业绿色发展是在农业的全产业链条中注入“绿色”元素，通过绿色生物技术、绿色生产技术、新型生产模式等手段与工具，实现农业生产与食品安全、资源友好、生态平衡、环境保护的协调发展。

4.2 文献综述

对外贸易是我国经济发展中不可缺少的一部分，也是我国经济发展的重要来源，但对外贸易的发展同时也会造成环境污染问题，现有文献主要集中于：一是笼统地考察对外贸易对产业的影响；二是细化研究对外贸易与农业发展之间的关系：三是将绿色效率等因素引入农业的考虑范围，研究对外贸易对绿色农业发展的影响。随着绿色发展理念的提出，同时考虑环境污染和经济效率增长的绿色农业发展研究显得尤为需要。

4.2.1 对外贸易对产业发展的影响

关于国际贸易和产业发展的关系，国外学者最早分别针对不同类型的经济体进行研究，最具代表性的分别有：Chenery 等（1986）对日本、韩国等发达国家和地区的工业化进程的研究，Chow（1989）对新兴工业国家的研究，以及 Syrquin 和 Chenery（1989）对欠发达国家的研究。结果表明，国际贸易和产业发展之间具有显著的关联性，且通过国际贸易加速产业升级是加快经济增长的有效途径。近些年，国外学者更加细化了对两者间关系的研究。Baxter（2003）通过分析 164 个工业化及非工业化国家的贸易结构和产业结构之间的关系发现，两个关系密切的贸易伙伴国各自的产业结构会呈现趋势较为一致的变动周期。Guerrieri（2003）通过研究服务贸易和制造产业的互动关系发现，生产性服务贸易与制造业的相关关系明显，且具有一定的依赖性，一国生产性服务贸易的国际竞争力越强，则该国的制造业产业升级速度越快。Andersson（2008）以瑞典企业为研究对象，将企业按照从事的贸易业务分为单出口、单进口和双边贸易三类，发现从事双边贸易且经营规模大、品种多的企业更能深入地融入全球产业链分工，其对先进理念、知识以及技术的投入力度会更大，进而能更加显著地促进产业升级和经济增长。Matsuyama（2009）认为国际贸易促进了国际分工的产生，对产业结构调整和升级起到了重要的推动作用。Boschma（2009）分析了意大利国内各省贸易结构，发现贸易结构的多样化对区域产业的发展呈正向影响，且贸易相关区域的知识储备和结构越相近，越有利于该区域的就业及经济增长。Jongwanich 等（2009）运用一般均衡模型对亚洲发展中国家 20 年的贸易和产业结构发展进行分析，发现高收入国家贸易保护主义会严重影响东南亚国家的发展，若这些国家自身也实行贸易保护主义，则会直接影响其国内制造业发展，进而改变其产业结构的合理化配置。为了区别不同发展阶段国家的差异性，Oyama 等（2011）构建了两个国家两种产品的模型，结果显示，国际贸易会首先促进发达国家的产业升级，对发展中国家产业升级的推动具有滞后性。

4.2.2 对外贸易对农业发展的影响

关于出口贸易对农业发展的影响，按国外学者所研究对象的不同，可分为以下三类：

第一类，世界范围角度的研究。Syrquin 和 Chenery（1989）运用 30 多年的时间序列数据，在对 100 多个经济体按照人口规模、初级产品及制成品的出口份额、出口占 GDP 的权重等进行分类的基础上构建实证模型，结果显示，农业出口占主导地位的经济体，对外贸易对农业发展的作用更为明显。

第二类，不同类型经济体的研究。Levin 和 Raut（1997）运用 1965—1984 年 30 个半工业化国家的面板数据进行分析，结果显示，农业出口占比越高，则出口贸易对农业经济增长的作用越大。Brenton 和 Gros（1997）

以欧盟过渡经济体为研究对象，验证了出口贸易商品结构对产业结构调整的促进作用。Baxter 和 Kouparitsas（2003）对 164 个工业化和非工业化国家的贸易结构和产业结构进行分析，结果发现，一个国家产业结构变动周期会和与之贸易往来较多的国家趋于一致。Hotopp 等（2005）以中东和东欧为例，发现其出口贸易存在向劳动密集型和技术密集型商品结构转变的趋势，该贸易结构对农业升级的影响因各国贸易比例的不同而存在较明显的差异。Harrison（2009）通过对发展中国家的出口贸易、FDI 和要素资源配置分析发现，出口贸易以及 FDI 产生的溢出性对农业的优化具有显著的促进作用。

第三类，针对某个国家内部的研究。Khalafalla 和 Webb（2001）运用 VAR 模型对马来西亚的贸易结构和农业发展的关系进行检验，结果显示，出口贸易比进口贸易更能促进农业经济增长，且初级产品出口对农业经济增长比制成品出口更能发挥促进作用，其促进的程度取决于该国农业产业的发展进程。Bsrtola（2006）以巴西、阿根廷和乌拉圭三个拉美国家为研究对象，研究其与美国、英国、德国和法国等发达国家的贸易结构对其产业升级的影响，结果显示，由于巴西出口产品的多样化，使得其产业格局的转变及经济增长的速度明显优于其他两个国家。Caju 等（2011）以比利时为研究对象，对农业发展和对外贸易进行分析，结果表明，比利时出口竞争优势带来了经济效益倍增，其农业规模也得到迅速扩张。

4.2.3 对外贸易对绿色农业发展的影响

张赛、梁曙霞（2020）通过对我国 30 个省份对外贸易、经济增长与污染物排放的关系进行分析，得到经济增长与环境污染之间确实存在相互作用的结论，污染物排放量与经济增长呈负相关关系，即污染物排放越多，经济增长越容易受到抑制，经济的增长越快，污染物排放量越多，同时表明了我国符合“环境库兹涅茨曲线”的倒“U”形关系。付鑫、张云（2019）对我国内地 30 个省份对外贸易的环境效应进行计量分析，通过构建贸易规模与贸易质量模型，设定对外贸易区域差异与环境污染间的固定效应模型，结果表明，对外贸易会显著地影响地区环境污染程度，环境污染程度会随着贸易规模的增加而增加，并且对外贸易的环境效应在不同区域存在异质性，随着贸易规模的增加，东、中、西部地区污染排放均会上升，但东部地区最为明显。随着人口密集度的增加，东部地区环境显著改善，中部地区变化不明显，西部地区环境更加恶化，即东部地区“知识溢出”效应最为明显。李艳军（2013）实证研究表明，贸易开放对我国西部地区具有长期负向影响，但有利于东部地区绿色经济增长。

4.3 对外贸易影响绿色农业发展的作用机制与理论模型

4.3.1 对外贸易影响绿色农业发展的作用机制

根据新新贸易理论和内生经济增长理论，对外贸易对绿色农业发展从规模效应、竞争效应、学习效应和示范效应四个方面产生影响，在影响绿色农业产业经济效益提升的同时，对绿色农业产业的结构优化和技术升级产生影响。下面分别从规模效应、竞争效应、学习效应和示范效应四个方面展开对外贸易对绿色农业发展的影响机制分析。

4.3.1.1 规模效应

出口贸易带动本国绿色农业市场向国外市场延伸，为本国绿色农产品出口提供更广阔的销售市场，凭借对外贸易中“看不见的手”，高端绿色农产品进入以美国为代表的发达资本主义国家，同时低端绿色农产品也会按照低价进入以非洲为代表的落后国家，在提升绿色农产品质量的同时，也解决了国内低端绿色农产品产品过剩的问题（郎丽华、刘妍，2018）。

绿色农业的规模经营由于市场规模的扩大而得以实现，推动生产边界向外移动的同时促进规模经济的产生，既降低了成本，又提升了利润，使得我国绿色农业在国际市场上的竞争优势得到增强。要素资源的需求量随着绿色农产品出口规模的不断扩大而持续增加，既解决了我国闲置资源无法充分利用的问题，还使得要素资源的规模报酬得以提升（吕大国、耿强，2015）。

而规模经济产生的利润空间为要素成本的增加提供了可能，这在一定程度上减少了农产品非出口部门扩大规模所需的资源供给，进而挤压了非出口部门的发展空间，导致生产率低下的部分非出口部门被淘汰出局，从而拉动了整个绿色农业产业发展水平的提高。此外，在对外贸易的不断发展过程中对绿色农产品的质量和绿色化程度的要求不断提高，倒逼我国绿色农业部门对生产技术进行改进并提高农产品质量和绿色化程度，农产品提质和绿色化提升的过程需要承担研发成本增加的压力，而规模经济所产生的利润空间扩大和成本压缩很好地解决了这一问题，规模经济所带来的利润增加抵消了改进生产技术所带来的研发成本（关兵，2010），极大地提升了绿色农业产品的质量，促进了绿色农业发展。

4.3.1.2 竞争效应

对一国或地区来说，企业在国际市场中竞争的激烈程度随着出口贸易占比的增加而不断提升。一方面，对于新兴的绿色农业产业来说，由于发达国家的绿色农业发展较早且具有更多成熟经验，我国在绿色农产品出口方面的竞争力不如其他发达国家。为抢占市占份额，巩固我国在国际市场的国际地位和国际竞争力，需要我国绿色农业部门不断对生产技术进行改进以使得全要素生产率得到提升，提升绿色农产品的品质，在学习和模仿发达国家的先进技术和经验的同时进行自我改良和创新，将创新和改良后的符合我国实际情况的先进农业生产技术运用到我国绿色农业生产的过程中，从而保证我国出口的绿色农产品在符合国际标准的同时具有我国特色与优势，以此保证我国绿色农产品的国际优势。在我国绿色农业不断发展的同时，其他国家的绿色农业也并未停滞不前，而是同样在不断提升以使竞争力得以保持，这时最早进行技术革新的生产部门的竞争优势被逐步弱化，经济利益逐渐丧失，这些生产部门为了生存和逐利，必然会进行新一轮的革新（郑永杰，2013）。可见，绿色农产品出口部门在国际竞争中随着先进技术和经验的轮番提升，也必然会成长为竞争实力远高于国内同行的领军者。另一方面，我国绿色农产品在参与激烈的国际竞争后，吸收了先进的管理方式和生产经验，促使本国的绿色农业行业在竞争中建立强有力的竞争优势，迫使效率低下和绿色化程度低下的农业企业被市场淘汰，使得整个绿色农业行业的经济效率得到提升，最终促进了我国绿色农业的发展和优化（郎丽华、刘妍，2018）。

4.3.1.3　学习效应

在优胜劣汰的市场机制中保持较强的竞争力，需要生产者不断对新技术和新方法进行学习和积累。按照产品生命周期理论，在产品研发初期，生产者需要不断借鉴发达国家的先进技术和管理经验，进一步对技术进行吸收和模仿并转化为自身的学习成果，这一过程可概括为“用中学”。在学习其他国家先进绿色农业技术的同时，结合本国的优势和特点创造出具有本国特色的先进技术手段，这一过程可概括为“学中学”。在向国际市场出口我国绿色农产品的同时需要不断完善和提升标准，也会得到出口目的国直接或间接的帮助或支持，这一过程可以概括为“交易中学”，上述的各个具体环节可以统称为“干中学”。为适应激烈的国际绿色农业竞争，我国的绿色农业出口企业作为出口的供给方，主动并积极地选择学习，国外市场的技术经验为我国绿色农业发展提供先进的学习模板。此外，发达国家的绿色农业发展具有正外部性，能直接或间接地为我国绿色农业发展提供经验和指导，对外贸易所带来的学习效应远高于不进行对外贸易的绿色农业行业，学习效应带动我国绿色农业发展并不断对经营方向进行调整，最终促进了整个绿色农业行业的效率升级。

4.3.1.4　示范效应

以 Melitz（2003）为代表的新新贸易理论认为企业间的生产率存在差异，能进行出口的企业都是生产率较高的企业，在激烈的国际竞争面前，对外贸易的发展促使我国绿色农业不断进行技术改进，进而抢占国际市场份额并不断增强国际竞争力。对外贸易带来的示范效应包括以下两类：

一是对外贸易带来的主动示范效应。在对外贸易的发展中会通过展销会等途径进行新产品宣传和推广，并会进行专业人员的技术培训和交流，导致了新产品和新技术在同行之间传播和扩散，为技术较不发达的企业提供模仿和学习的方式。同时，发展对外贸易会促进上下游生产部门的联动与合作，为整个绿色农业产业带来重要推动作用，这便是主动示范效应。

二是对外贸易带来的被动示范效应。对外贸易过程中的物质资本和人力资本本身具有极强的外溢性，为绿色农业发展带来正外部性会激发并驱使本国其他生产部门利用各种途径扩大其溢出性，通过模仿、学习或创新，提升技术水平，甚至还可能开发出更低成本的类似产品或功能，这便是出口部门所无法掌控的结果，即表现为被动示范效应。虽然这种效应为出口部门带来了竞争利益上的损失，但从产业整体发展来看，却有效带动了绿色农业经济实力的提升。

4.3.2 对外贸易影响绿色农业发展的理论模型

以 Melitz（2003）模型为基础，借鉴 Dennis（2009）、Brandt（2010）、严成樑（2016）等的研究思路，构建了一个包含绿色农业初级品和加工品的两部门均衡模型，考察出口贸易对绿色农业发展的影响作用。本书将绿色农业经济系统分为绿色农业初级品部门和加工品部门，根据 Melitz（2003）模型可知，对外贸易会造成要素的转移并促进要素的积累和投入，最终在绿色农业经济系统中发挥作用。

4.3.2.1 绿色农业初级品部门

在传统 C－D 生产函数的基础上，将绿色化、技术进步、质量因素引入生产函数，构造出如下的绿色农业初级部门生产函数：

$$Y_A = A_A K_A^{\alpha} L_A^{1-\alpha} G^{\vartheta} \qquad (4-1)$$

其中，Y_A表示绿色农业初级品部门的产出；A_A表示对外贸易所带来的技术进步和绿色化提高程度；K_A表示对外贸易所带来的绿色农业初级品部门的资本积累，包括物质资本和人力资本；L_A表示对外贸易所带来的绿色农业初级品部门的劳动投入；G 表示对外贸易带来的绿色农业初级品部门质量提升；$0 < \alpha < 1$ 表示农业初级品部门的资本产出弹性；$0 < \vartheta < 1$ 表示质量提升对绿色农业初级品部门产出的贡献效率。

绿色农业初级品部门利润最大化形式为：

$$\max\{P_A A_A K_A^{\alpha} L_A^{1-\alpha} G^{\vartheta} - rK_A - wL_A\} \qquad (4-2)$$

进一步对绿色农业初级品部门进行利润最大化计算，可得到如下最优条件：

$$r = P_A A_A \alpha K_A^{\alpha-1} L_A^{1-\alpha} G^{\vartheta} \tag{4-3}$$

$$\omega = P_A A_A K_A^{\alpha} (1-\alpha) L_A^{-\alpha} G^{\vartheta} \tag{4-4}$$

4.3.2.2 绿色农业加工品部门

延续绿色农业初级品部门的生产函数设定思路，设定的绿色农业加工品部门的生产函数如下：

$$Y_M = A_M K_M^{\beta} L_M^{1-\beta} G^{\vartheta} \tag{4-5}$$

其中，Y_M表示绿色农业加工品部门的产出；A_M表示对外贸易带来的绿色农业加工品部门的技术进步和绿色化提高程度；K_M 表示对外贸易带来的绿色农业加工品部门资本积累；L_M 表示对外贸易带来的绿色农业加工品部门劳动投入；G 表示对外贸易带来的绿色农业加工品部门质量提升；$0<\beta<1$表示农业加工品部门的资本产出弹性；$0 < \vartheta < 1$ 表示质量提升对绿色农业加工品部门产出的贡献效率。

绿色农业加工品部门利润最大化形式为：

$$\max\{A_M K_M^{\beta} L_M^{1-\beta} G^{\vartheta} - rK_M - wL_M\} \tag{4-6}$$

进一步对绿色农业加工品部门进行利润最大化计算，可得到如下最优条件：

$$r = A_M \beta K_M^{\beta-1} L_M^{1-\beta} G^{\vartheta} \tag{4-7}$$

$$\omega = A_M K_M^{\beta} (1-\beta) L_M^{-\beta} G^{\vartheta} \tag{4-8}$$

4.3.2.3 模型求解结果

假设存在相对价格产品 P_A、家庭消费组合 $\{C_A, C_M\}$ 、产品产出组合 $\{Y_A, Y_M\}$ 、劳动投入组合 $\{L_A, L_M\}$ 、资本投入组合 $\{K_A, K_M\}$ 、工资利率组合 $\{r, \omega\}$ ，并满足以下六个条件：一是给定产品价格 P_A，家庭效用最大化的最优解为 $\{C_A, C_M\}$ 。二是给定产品价格 P_A 和要素价格 $\{r, \omega\}$，企业利润极大化的最优解为 $\{L_A, L_M\}$ 和 $\{K_A, K_M\}$ 。三是绿色农业初级品部门市场出清，即 $C_A = Y_A$。四是绿色农业加工品部门市场出清，即 $C_M = Y_M$。五是假设劳动供给总量为 1，即 $L_A + L_M = 1$。六是假设资本供给总量为 K，即 $K_A + K_M = 1$。

由于假设劳动力在绿色农业初级品部门和绿色农业加工品部门所得工资相等，整理计算可得：

$$P_A = \frac{A_M K_M^{\beta}(1-\beta)L_M^{-\beta}G^{\vartheta}}{A_A K_A^{\alpha}(1-\alpha)L_A^{-\alpha}G^{\vartheta}} \tag{4-9}$$

$$P_A = \chi\frac{(Y_M + \overline{C_M})}{Y_A - \overline{C_A}} \tag{4-10}$$

$$P_A = \chi\frac{A_M K_M^{\beta}(1-\beta)L_M^{-\beta}G^{\vartheta} + \overline{C_M}}{A_A K_A^{\alpha}(1-\alpha)L_A^{-\alpha}G^{\vartheta} - \overline{C_A}} \tag{4-11}$$

$$\frac{A_M K_M^{\beta}(1-\beta)L_M^{-\beta}G^{\vartheta}}{A_A K_A^{\alpha}(1-\alpha)L_A^{-\alpha}G^{\vartheta}} = \chi\frac{A_M K_M^{\beta}(1-\beta)L_M^{-\beta}G^{\vartheta} + \overline{C_M}}{A_A K_A^{\alpha}(1-\alpha)L_A^{-\alpha}G^{\vartheta} - \overline{C_A}} \tag{4-12}$$

$$L_A = \frac{\chi(1-\alpha) + A_A^{-1}K_A^{-\alpha}G^{-\vartheta}(1-\beta)\overline{C_A} + A_M^{-1}K_M^{-\beta}G^{-\vartheta}(1-\alpha)\overline{C_M}}{(1-\beta) + \chi(1-\alpha)} \tag{4-13}$$

由上述公式可知，绿色农业初级品部门和绿色农业加工品部门技术进步水平和绿色化程度（A_A和 A_M）越高，则绿色农业初级品部门的劳动力份额（L_A）越低，相应地，绿色农业加工品部门的劳动力份额（L_M）越高；绿色农业初级品部门和绿色农业加工品部门物质资本和人力资本深化程度（K_A和 K_M）的提高也会引起绿色农业初级品部门的劳动力份额（L_A）下降；绿色农业产品质量水平（G）的提高同样会降低绿色农业初级品部门的劳动力份额（L_A）。这表明，出口贸易会导致绿色农业初级品部门和绿色农业加工品部门技术水平的提高、物质资本和人力资本积累的深化以及产品质量的提升，促进我国绿色农业的进一步发展。

4.4 我国绿色农业发展现状测度

4.4.1 我国绿色农业发展指标体系建立

绿色农业发展指标体系的构建有利于科学、客观地对我国各省份绿色农业发展水平进行测量，构建指标体系时最重要的是考虑各指标之间的内在关联，考虑其是否能反映绿色农业发展的内涵和本质。基于此，将绿色农业发展评价分为绿色环境、绿色生产和绿色效益三部分，其中绿色环境是保证绿色农业发展的基础，绿色生产是维持绿色农业可持续发展的重要手段，绿色效益是绿色农业发展的体现和证明。综上，分别设置绿色环境10项、绿色生产4项、绿色效益10项二级指标。具体的绿色农业发展水平评价指标选取体系如表4-1所示。

表4-1 绿色农业发展测量体系

目标层	一级指标	二级指标	单位	方向
生态	绿色环境	人均森林面积	平方米	正
		人均湿地面积	平方米	正
		人均水资源量	立方米	正
		森林覆盖率	%	正
		环境污染治理占GDP比重	%	正
		湿地面积占该省面积比重	%	正
		废水排放强度	吨/千公顷	负
		二氧化硫排放强度	吨/千公顷	负
		废水中化学需氧量排放强度	吨/千公顷	负
		废水中氨氮排放强度	吨/千公顷	负

续表

目标层	一级指标	二级指标	单位	方向
优质	绿色生产	农药使用强度	吨/千公顷	负
		化肥施用强度	吨/千公顷	负
		农用柴油使用强度	吨/千公顷	负
		农用塑料薄膜使用强度	吨/千公顷	负
高效	绿色效益	节水灌溉程度	比值	正
		有效灌溉面积比	比值	正
		单位播种面积农业产值	万元/千公顷	正
		单位播种面积机械马力	万千瓦/千公顷	正
		农药使用效率	吨/万元	负
		化肥施用效率	吨/万元	负
		绿色产品有效比	比值	正
		绿色食品企业有效比	比值	正
		农用柴油使用效率	吨/万元	负
		农用塑料薄膜使用效率	吨/万元	负

资料来源：笔者整理所得。

表4－1以生态、优质、高效为目标，将绿色农业发展水平体系分为绿色环境、绿色生产和绿色效益三部分。其中，绿色环境由10项主要衡量农业环境的测量指标构成，包括人均森林面积、人均湿地面积、人均水资源量、森林覆盖率、环境污染治理占GDP比重等。绿色生产由4项对环境造成污染的物资使用强度构成，包括农药、化肥、农用柴油以及农用塑料薄膜使用强度。绿色效益则包含10项指标，这些指标用来说明农业生产过程中农用物资的使用效率和农业技术对绿色农业的影响以及绿色农产品附加值对绿色农业的贡献。本部分以全国30个省份（西藏自治区、港澳台地区除外）的绿色农业发展为研究对象。研究数据来自《中国绿色食品统计

年报》《中国农村统计年鉴》《中国环境统计年鉴》《中国统计年鉴》等。

4.4.2 各省域农业绿色发展水平测量过程

4.4.2.1 指标数值标准化处理

在多指标综合评价中，指标有正负之分，不同评价指标的单位、数量级以及量纲存在差异。因此，运用综合评价时，必须将指标标准化处理之后才能进行合成计算。指标正向化的方法有取倒数法和取负法，为不影响原来指数的分布规律（叶宗裕，2003），选择极差法。对于无量纲化处理，目前文献中有均值化法、极差正规化法和标准化法等，综合各种方法的优劣，本书采取均值化法（张卫华、赵铭军，2005），具体标准化公式如下：

$$y_{kij}^{t}=\frac{\chi_{kij}^{t}}{\bar{\chi}_{kij}^{2005}}(k=1,2,3,\cdots,30;\ i=1,2,3;\ j=1,2,3,\cdots,m) \tag{4-14}$$

$$y_{kij}^{t}=\frac{\max\{\chi_{ij}^{t}\}-\chi_{kij}^{t}}{\bar{\chi}_{kij}^{2005}}(k=1,2,3,\cdots,30;\ i=1,2,3;\ j=1,2,3,\cdots,m) \tag{4-15}$$

其中，χ_{kij}^{t} 为 k 省第 t 年 i 级指标下第 j 项指标的原始值，y_{kij}^{t} 为指标标准化后的数值，$\bar{\chi}_{kij}^{2005}$ 为2005年 i 级指标下第 j 项指标的平均值，$\max\{\chi_{ij}^{t}\}$ 为第 t 年 i 级指标下第 j 项指标的最大值，m 为二级指标个数。

4.4.2.2 指标权重的确定

多指标综合评价的关键是确定权重，权重确定可以采用客观和主观两种赋权法。主观赋权法包括 Delphi 法、古林法、AHP 法等，客观赋权法包括主成分分析法、均方差法、离差最大化方法等。生态、优质、高效是绿色农业发展的三大目标，考虑到绿色农业发展所对应的三个一级指标绿色环境、绿色生产、绿色效益应当均衡发展、彼此相当，故确定权重时采用等权法。为了同时兼顾评价系统的“均衡性”和“功能性”，各二级指标的权重基于各省份数据采用如下方式确定：

$$\omega_{ij} = \frac{\sum_{k=1}^{30} \chi_{kij}}{\sqrt{k \sum_{k=1}^{30} \chi_{kij}^{2}}} (k = 1,2,3,\cdots,30;\ i = 1,2,3;\ j = 1,2,3,\cdots,m) \tag{4-16}$$

$$\omega_{ij}^{*} = \frac{\omega_{ij}}{\sum_{j=1}^{m} \omega_{ij}} (k = 1,2,3,\cdots,30;\ i = 1,2,3;\ j = 1,2,3,\cdots,m) \tag{4-17}$$

$$\text{s.t.} \sum_{j=1}^{m} \omega_{1j}^{*} = 1,\ \sum_{j=1}^{m} \omega_{2j}^{*} = 1,\ \sum_{j=1}^{m} \omega_{3j}^{*} = 1 \tag{4-18}$$

绿色农业各指标权重见表4-2。

表4-2 绿色农业各指标权重

目标层	一级指标	二级指标	指标权重
生态	绿色环境	人均森林面积	0.0852
		人均湿地面积	0.0455
		人均水资源量	0.0774
		森林覆盖率	0.1055
		环境污染治理占 GDP 比重	0.1192
		湿地面积占该省面积比重	0.0759
		废水排放强度	0.1228
		二氧化硫排放强度	0.1227
		废水中化学需氧量排放强度	0.1228
		废水中氨氮排放强度	0.1227
优质	绿色生产	农药使用强度	0.2421
		化肥施用强度	0.2352
		农用柴油使用强度	0.1061
		农用塑料薄膜使用强度	0.1021

续表

目标层	一级指标	二级指标	指标权重
高效	绿色效益	节水灌溉程度	0.0781
		有效灌溉面积比	0.1017
		单位播种面积农业产值	0.0997
		单位播种面积机械马力	0.0959
		农药使用效率	0.1021
		化肥施用效率	0.1015
		绿色产品有效比	0.1062
		绿色食品企业有效比	0.1065
		农用柴油使用效率	0.2609
		农用塑料薄膜使用效率	0.2619

资料来源：笔者计算整理所得。

4.4.2.3　绿色农业发展综合水平计算

中国省域绿色农业发展指数值采用线性加权法，绿色农业发展综合水平指数的计算公式如下：

$$g_{ki}^{t} = \sum_{j}^{n} \omega_{ij}^{*} y_{kij}^{t} \cdot 100 (k = 1,2,3,\cdots,30;\ i = 1,2,3;\ j = 1,2,3,\cdots,m) \tag{4-19}$$

$$g_{k}^{t} = \sum_{i=1}^{3} \frac{1}{3} g_{ki}^{t} (k = 1,2,3,\cdots,30;\ i = 1,2,3) \tag{4-20}$$

其中，g_{ki}^{t} 为 k 省第 t 年 i 级指标的得分；ω_{ij}^{*} 为各二级指标的权重；g_{k}^{t} 为 k 省第 t 年综合绿色农业发展指数总得分。

根据上文绿色农业发展水平评价模型，得出2005—2018年中国绿色农业发展平均得分，见表4－3。

表4－3　2005—2018年中国绿色农业发展平均得分

年份	变异系数	年平均得分	生态	优质	高效
2005	0.152	285.98	264.47	50.23	39.53
2006	0.151	287.96	251.11	51.22	36.84
2007	0.147	298.42	261.15	50.98	37.27

续表

年份	变异系数	年平均得分	生态	优质	高效
2008	0.148	292.06	256.07	53.45	36.43
2009	0.138	291.27	256.41	52.67	35.77
2010	0.137	290.64	255.41	54.38	35.51
2011	0.142	289.69	263.74	53.11	36.13
2012	0.141	292.19	254.87	52.86	37.03
2013	0.145	295.78	259.72	53.42	36.21
2014	0.138	290.49	254.06	53.67	36.87
2015	0.139	287.65	251.24	54.28	36.48
2016	0.134	276.77	238.77	55.02	37.54
2017	0.138	278.14	246.26	54.67	38.22
2018	0.140	280.22	255.94	53.85	37.45

资料来源：笔者计算整理所得。

4.5 对外贸易对绿色农业发展影响的实证分析

4.5.1 研究方法与模型构建

4.5.1.1 研究方法

选取中国30个省份（西藏自治区与港澳台地区除外）的省级面板数据分析对外贸易对绿色农业发展的影响，分两个阶段进行实证检验。第一阶段为静态分析，采用OLS分析出口规模和出口质量对农业生态化、优质化、高效化的影响，最终分析对外贸易对我国绿色农业发展的静态影响。第二阶段为动态分析，采用面板向量自回归模型结合动态GMM估计，检验出口贸易对我国绿色农业发展的动态影响，并分析出口规模和出口质量分别对绿色农业发展的冲击效应。

4.5.1.2 模型构建

基于理论分析，从不同层面检验出口对绿色农业发展的影响，将出口分为“量”和“质”两个层面。在被解释变量的选取上，根据绿色农业发展综合评价体系，将绿色农业发展水平分为农业生态化、农业优质化、农业高效化；在解释变量的选取上，将出口分为出口规模和出口质量两个层面，以出口额为出口规模的代理变量，以出口技术复杂度为出口质量的代理变量。具体构建模型如下：

（1）静态面板模型。

由于解释变量和被解释变量的设定不同，静态面板模型可以从以下三个层面构建：

第一，出口规模和出口质量对农业生态化的影响：

$$\ln GR_{it} = \alpha_0 + \alpha_1 \ln EX_{it} + \sum_{n=2}^{k} \alpha_n Control_{nit} + \eta_i + u_t + \varepsilon_{it} \quad (4-21)$$

$$\ln GR_{it} = \beta_0 + \beta_1 \ln EXTS_{it} + \sum_{n=2}^{k} \beta_n Control_{nit} + \eta'_i + u'_t + \varepsilon'_{it} \quad (4-22)$$

第二，出口规模和出口质量对农业优质化的影响：

$$IR_{it} = \alpha_0 + \alpha_1 \ln EX_{it} + \sum_{n=2}^{k} \alpha_n Control_{nit} + \eta_i + u_t + \varepsilon_{it} \quad (4-23)$$

$$IR_{it} = \beta_0 + \beta_1 \ln EXTS_{it} + \sum_{n=2}^{k} \beta_n Control_{nit} + \eta'_i + u'_t + \varepsilon'_{it} \quad (4-24)$$

第三，出口规模和出口质量对农业高效化的影响：

$$IS_{it} = \alpha_0 + \alpha_1 \ln EX_{it} + \sum_{n=2}^{k} \alpha_n Control_{nit} + \eta_i + u_t + \varepsilon_{it} \quad (4-25)$$

$$IS_{it} = \beta_0 + \beta_1 \ln EXTS_{it} + \sum_{n=2}^{k} \beta_n Control_{nit} + \eta'_i + u'_t + \varepsilon'_{it} \quad (4-26)$$

其中，$i=1$，…，N，代表样本单位；$t=1$，…，T，代表年度；$\ln GR_{it}$ 代表农业生态化指标的对数；IR_{it} 为农业优质化指标的代理变量；IS_{it} 为农业高效化指标的代理变量；$\ln EX_{it}$ 为出口规模的对数；$\ln EXTS_{it}$ 为出口技术复杂度的对数；$Control_{nit}$ 为控制变量；$\alpha_0,\alpha_1,\cdots,\alpha_n$ 和 $\beta_1,\beta_2,\cdots,\beta_n$ 为回归系数，η_i、u_t、ε_{it} 分别代表个体效应、时间效应和随机干扰项。

（2）面板向量自回归模型。

面板向量自回归模型兼具时间序列和面板数据的双重优点，该模型在放松时间序列平稳性假设的基础上，便于估量变量间的动态关系。借鉴 Holtz

（1988）和 Zicchino（2006）的研究，构建的面板向量自回归模型如下：

$$y_{it} = \gamma_{0t} + \sum_{l=1}^{m} \gamma_{lt} y_{it-1} + \varphi_i + \theta_t + u_{it} \qquad (4-27)$$

其中，$i=1$，…，N，代表样本单位；$t=1$，…，T，代表年份；y_{it}代表核心变量的列向量；m 代表模型滞后阶数；γ_{0t} 和 γ_{lt} 分别代表方程回归的系数向量；φ_i 、θ_t 、u_{it} 分别代表个体效应、时间效应和随机干扰项。同时，假设 u_{it} 服从期望为 0、协方差为 φ 的独立同分布，且假设 u_{it} 与 y_{it}和 φ_i 正交。

4.5.2 变量选取与数据处理

4.5.2.1 变量选取

（1）被解释变量。

①农业生态化指标（*GR*）：该指标用来衡量中国各省份农业的生态水平，具体数值参考上述指标体系构建。

②农业优质化指标（*IR*）：该指标用来衡量中国各省份农业的质量水平，具体数值参考上述指标体系构建。

③农业高效化指标（*IS*）：该指标用来衡量中国各省份农业的效率水平，具体数值参考上述指标体系构建。

（2）核心解释变量。

①出口规模水平（ln*EX*）：该指标采用中国各省份出口额来衡量出口规模水平。运用商品零售价格指数将出口额调整为以 2010 年为基期的可比价并对其取对数。基于理论分析，该指标对农业绿色发展能起到促进作用。

②出口质量水平（ln*EXTS*）：该指标在 Hausman 等（2005）的出口技术复杂度的基础上，借鉴 Xu 和 Lu（2009）对省级层面的处理方法，构建出省级出口技术复杂度指标，用来衡量中国各省份出口质量水平。同时，将其调整为以 2010 年为基期的可比价并进行对数处理。基于理论分析，该指标对农业绿色发展起到促进作用。

（3）控制变量。

①地区经济增长水平（*GDPg*）：将各地区的生产总值年增长率作为地

区经济增长水平的代理变量，资料来源于《中国统计年鉴》。

②地区工业发展水平（*IND*）：将某地区工业生产总值占地区生产总值的比重作为地区工业发展水平的代理变量，资料来源于《中国统计年鉴》。

4.5.2.2 数据处理

（1）描述性统计。

选用2010—2018年中国省级面板数据，贸易和农业资料来源于UN-Comtrade数据库、中国海关总署数据库和国家统计局，此外，有关价格的数据均以2010年为基期进行平减处理，并将所有带量纲的数据进行对数化处理以提高序列平稳性，各变量的描述性统计结果如表4-4所示。

表4-4 各变量的描述性统计

变量	样本	均值	标准差	最小值	最大值
ln*GR*	217	8.6316	1.2789	4.7573	10.9283
IR	217	0.8654	0.3274	0.2037	1.7384
*IR*1	217	0.5966	0.2625	0.0925	1.3145
*IR*2	217	0.0608	0.0971	-0.1785	0.7872
*IR*3	217	0.2004	0.2267	-0.0651	1.4130
IS	217	2.6843	2.8151	0.1876	14.3687
ln*EX*	217	4.8415	1.4303	0.9725	7.5924
ln*EXTS*	217	1.4573	0.1617	1.1498	1.7103
GDPg	217	0.1015	0.0278	-0.0251	0.1742
IND	217	0.3824	0.0993	0.0683	0.5303
ln*ENJ*	217	6.5057	1.0445	4.2294	7.9568

资料来源：笔者计算整理所得。

（2）多重共线性。

为确保回归结果的严谨性和准确性，需在实证前对模型中的自变量进行多重共线性检验，本书采用方差膨胀因子VIF法，数值越大说明多重共线性问题越严重，不超过10则说明不存在多重共线性问题。各自变量的VIF结果如表4-5所示，最大值为2.67，远小于10，表明本模型不存在多重共线性问题，不会对之后的实证检验造成严重影响。

表 4-5　各自变量的方差膨胀因子 VIF 值

变量	VIF	1/VIF
GDPg	2.67	0.3728
ln*EXTS*	2.53	0.3966
IND	1.55	0.6517
ln*ENJ*	1.54	0.6560
ln*EX*	1.42	0.7104
VIF 均值	1.95	

资料来源：笔者计算整理所得。

（3）平稳性检验。

由于面板数据具有时间序列的特点，为了避免出现“伪回归”现象，需要对样本数据的平稳性进行检验。本书采取 LLC 检验、IPS 检验和 ADF 三种方法检验序列的平稳性，结果如表 4-6 所示，各变量至少在 10% 的显著水平上拒绝了面板存在单位根的原假设，可认为该模型中各变量序列均为平稳序列。

表 4-6　模型中各序列平稳性检验结果

变量	LLC	IPS	ADF	结论
ln*GR*	-6.4127***	-4.9288***	141.5013***	平稳
IR	-10.3426***	-3.0403***	120.6763***	平稳
*IR*1	-3.4855***	-28.6637***	127.5407***	平稳
*IR*2	-5.3498***	-1.4365*	114.2764***	平稳
*IR*3	-7.3178***	-1.6997**	155.2890***	平稳
IS	-6.0227***	-10.7423***	174.5341***	平稳
ln*EX*	-11.3988***	-15.3861***	157.8915***	平稳
ln*EXTS*	-51.1132***	-34.5406***	107.0751***	平稳
GDPg	-12.3871***	-7.2864***	156.0092***	平稳
IND	-5.0513***	-10.6099***	109.6338***	平稳
ln*ENJ*	-3.9734***	-22.5581***	122.3442***	平稳

注：***、**和*分别表示在 1%、5%和 10%的显著水平上拒绝存在单位根的原假设。

资料来源：笔者计算整理所得。

4.5.3 实证分析

4.5.3.1 出口贸易对农业生态化的影响

(1)出口规模对农业生态化的影响。

出口规模影响农业生态化的静态面板估计结果如表4-7所示，从全国范围和分区域两个角度分析出口规模对农业生态化的影响。表4-7中，模型(1)表示在不引入控制变量的情况下，从全国范围角度出口规模对农业生态化的直接影响，结果显示，出口规模对农业生态化的估计系数为0.3387，具有正向促进作用，在1%的水平上显著，符合理论预期假设。模型(2)表示引入控制变量后从全国范围角度出口规模对农业生态化的影响，回归系数为0.1448，表明引入控制变量后，出口规模对农业生态化仍具有显著的正向促进作用，仍在1%的水平上显著。以上结论表明，不论是否加入控制变量，出口规模对农业生态化均具有正向促进作用。

从地区分布来看，模型(3)至模型(5)分别检验了东、中、西部地区出口规模对农业生态化的影响情况。从中可以看出，东部地区出口规模对农业生态化的影响最为显著，估计系数为0.8024，在1%的水平上显著；其次为中部地区，回归系数为0.1235，在5%的水平上显著；影响最小的为西部地区，估计系数仅为0.0681，且不显著。上述检验结果表明，出口规模对农业生态化的促进作用表现出地区异质性，经济越发达的地区，其出口规模对农业生态化的促进作用越强。这可能是因为，在经济相对发达的地区，其要素资源相对较为集中，且流动性较强，在出口规模扩大即国际市场需求扩大的情况下，可以更快地调整资本、劳动等要素资源配置，扩大生产以提供更多市场供给，进一步促进农业生态化发展。

表4-7 出口规模影响农业生态化的静态面板估计结果

被解释变量 ln*GR*					
解释变量	全国		东部	中部	西部
	模型(1)	模型(2)	模型(3)	模型(4)	模型(5)
ln*EX*	0.3387*** (3.10)	0.1448*** (4.03)	0.8024*** (3.43)	0.1235** (2.43)	0.0681 (1.15)

续表

被解释变量 ln*GR*					
解释变量	全国		东部	中部	西部
	模型（1）	模型（2）	模型（3）	模型（4）	模型（5）
GDPg		-4.6966*** (-9.30)	-2.1789** (-2.29)	-4.3546*** (-4.84)	-6.9425*** (-7.13)
IND		-0.9563*** (-7.29)	1.3327* (1.96)	-1.1795*** (-2.86)	-1.5987*** (-5.73)
ln*ENJ*		-0.7971*** (-8.89)	-1.7155*** (-4.22)	-2.5346*** (-9.28)	0.1715 (1.26)
Cons	6.9904*** (11.84)	13.9588*** (19.21)	14.7092*** (12.39)	27.3742*** (13.92)	7.7971*** (8.92)
Hausman	14.06 (0.0009)	63.83 (0.0000)	24.45 (0.0002)	29.04 (0.0000)	22.13 (0.0004)
R^2	0.1260	0.5952	0.4728	0.8757	0.7556
N	217	217	77	56	84

注：***、**和*分别表示在1%、5%和10%的显著水平上显著，各变量系数对应的括号内数字为 t 或 z 值，Hausman 检验对应的括号内数字为 p 值。

资料来源：笔者计算整理所得。

（2）出口质量对农业生态化的影响。

出口质量影响农业生态化的静态面板估计结果如表4-8所示，从全国范围和分区域两个角度分析出口质量对农业生态化的影响。表4-8中，模型（1）表示在不引入控制变量的情况下，从全国范围角度出口质量对农业生态化的直接影响，结果显示，出口质量对农业生态化的估计系数为1.2358，具有正向促进作用，且在1%的水平上显著，符合理论预期假设。模型（2）表示引入控制变量后从全国范围角度出口质量对农业生态化的影响，回归系数为1.5857，表明引入控制变量后，出口质量对农业生态化仍具有正向促进作用，且仍在1%的水平上显著。以上结论表明，不论是否加入控制变量，出口质量对农业生态化均具有正向促进作用。

从地区分布来看，模型（3）至模型（5）分别检验了东、中、西部地区出口质量对农业生态化的影响情况。从中可以看出，东部地区出口质量对农业生态化的影响最为显著，估计系数为1.9818，在1%的水平上显著；其次为中部地区，回归系数为1.5642，在1%的水平上显著；影响最小的为西部地区，估计系数仅为1.3675，在1%的水平上显著。上述检验结果表明，出口质量对农业生态化的促进作用表现出地区异质性，经济越发达的地区，其出口质量对农业生态化的促进作用越强。这可能是因为，在经济相对发达的地区，其要素资源相对较为集中，且流动性较强，可以更快地调整资本、劳动等要素资源配置，提高农产品质量，进一步促进农业生态化发展。

表4-8　出口质量影响农业生态化的静态面板估计结果

被解释变量 lnGR					
解释变量	全国		东部	中部	西部
	模型（1）	模型（2）	模型（3）	模型（4）	模型（5）
ln*EXTS*	1.2358*** （10.84）	1.5857*** （6.92）	1.9818*** （3.46）	1.5642*** （27.66）	1.3675*** （9.45）
GDPg		0.8826 （0.85）	1.3418 （0.34）	1.2942*** （4.45）	0.1981 （0.42）
IND		0.9682*** （3.03）	4.9318*** （2.82）	0.1672 （0.71）	-0.364 （-1.14）
ln*ENJ*		0.4002* （1.76）	0.5714*** （4.95）	-0.8738** （-2.70）	-0.2917 （-1.38）
Cons	6.8305*** （22.03）	3.2572 （1.62）	0.7167 （0.44）	12.8107*** （5.27）	7.8002*** （4.93）
Hausman	2.42 （0.2999）	18.77 （0.0022）	1.64 （0.8005）	13.76 （0.0082）	25.93 （0.0001）
R^2	0.7698	0.7853	0.7385	0.9583	0.8974
N	217	217	77	56	84

注：***、**和*分别表示在1%、5%和10%的显著水平上显著，各变量系数对应的括号内数字为t或z值，Hausman检验对应的括号内数字为p值。

资料来源：笔者计算整理所得。

4.5.3.2　出口贸易对农业优质化的影响

（1）出口规模对农业优质化的影响。

出口规模影响农业优质化的静态面板估计结果如表4-9所示，从全国范围和分区域两个角度分析出口规模对农业优质化的影响。在表 4-9 中，模型（1）表示在不引入控制变量的情况下，从全国范围角度出口规模对农业优质化的直接影响，结果显示，出口规模对农业优质化的估计系数为 0.0058，具有正向促进作用，但不显著，符合理论预期假设。模型（2）表示引入控制变量后从全国范围角度出口规模对农业优质化的影响，回归系数为 0.0052，表明引入控制变量后，出口规模对农业优质化仍具有正向促进作用，但仍不显著。以上结论表明，不论是否加入控制变量，出口规模对农业优质化均具有正向促进作用。

从地区分布来看，模型（3）至模型（5）分别检验了东、中、西部地区出口规模对农业优质化的影响情况。从中可以看出，东部地区出口规模对农业优质化的影响最为显著，估计系数为 0.1923，在 1% 的水平上显著；其次为西部地区，估计系数为 -0.0377，在 1% 的水平上显著；影响最小的为中部地区，估计系数仅为 -0.0204，且不显著。上述检验结果表明，出口规模对农业优质化的促进作用表现出地区异质性，东部地区出口规模对农业优质化的促进作用最强，西部和中部地区则表现为抑制作用。

表 4-9　出口规模影响农业优质化的静态面板估计结果

被解释变量 *IR*					
解释变量	全国		东部	中部	西部
	模型（1）	模型（2）	模型（3）	模型（4）	模型（5）
ln*EX*	0.0058 (0.13)	0.0052 (0.55)	0.1923*** (4.25)	-0.0204 (-0.63)	-0.0377*** (-4.42)
GDPg		-0.2410 (-0.99)	1.6758*** (4.63)	-1.4892** (-2.42)	-1.3453* (-1.92)
IND		-0.7397*** (-5.52)	-0.4208 (-1.14)	0.2934 (1.03)	-1.4822*** (-4.46)
ln*ENJ*		-0.1411*** (-3.94)	-0.5593** (-2.46)	-0.4065* (-2.26)	0.2991 (1.22)
Cons		2.0645*** (7.99)	2.9106** (2.83)	4.0245** (2.87)	-0.0694 (-0.04)

续表

被解释变量 *IR*					
解释变量	全国		东部	中部	西部
	模型（1）	模型（2）	模型（3）	模型（4）	模型（5）
Hausman		25.08 (0.0001)	22.42 (0.0003)	10.98 (0.0519)	15.34 (0.0041)
R^2	0.0076	0.1433	0.3276	0.3937	0.3294
N	217	217	77	56	84

注：＊＊＊、＊＊和＊分别表示在1%、5%和10%的显著水平上显著，各变量系数对应的括号内数字为t或z值，Hausman检验对应的括号内数字为p值。

资料来源：笔者计算整理所得。

（2）出口质量对农业优质化的影响。

出口质量影响农业优质化的静态面板估计结果如表4－10所示，从全国范围和分区域两个角度分析出口质量对农业优质化的影响。在表4－10中，模型（1）表示在不引入控制变量的情况下，从全国范围角度出口质量对农业优质化的直接影响，结果显示，出口质量对农业优质化的估计系数为0.2453，具有正向促进作用，且在1%的水平上显著，符合理论预期假设。模型（2）表示引入控制变量后从全国范围角度出口质量对农业优质化的影响，回归系数为0.3670，表明引入控制变量后，出口质量对农业优质化仍具有正向促进作用，且仍在1%的水平上显著。以上结论表明，不论是否加入控制变量，出口质量对农业优质化均具有正向促进作用。

从地区分布来看，模型（3）至模型（5）分别检验了东、中、西部地区出口质量对农业优质化的影响情况。从中可以看出，东部地区出口质量对农业优质化的影响最为显著，估计系数为0.4936，在1%的水平上显著；其次为中部地区，回归系数为0.2491，在5%的水平上显著；影响最小的为西部地区，估计系数仅为0.1082，且不显著。上述检验结果表明，出口质量对农业优质化的促进作用表现出地区异质性，经济越发达的地区，其出口质量对农业优质化的促进作用越强。

表 4-10 出口质量影响农业优质化的静态面板估计结果

被解释变量 *IR*					
解释变量	全国		东部	中部	西部
	模型（1）	模型（2）	模型（3）	模型（4）	模型（5）
ln*EXTS*	0.2453*** (13.74)	0.3670*** (4.14)	0.4936*** (3.97)	0.2491** (3.21)	0.1082 (1.69)
GDPg		1.1665** (2.48)	2.5151*** (3.16)	-0.3562 (-0.51)	-0.6398 (-0.66)
IND		-0.3353** (-2.12)	0.4187 (0.56)	0.3875** (2.51)	-1.3735*** (-4.35)
ln*ENJ*		0.1502* (2.01)	0.0992** (2.13)	-0.1223 (-1.21)	0.3236 (1.22)
Cons	0.5077*** (19.17)	-0.6376 (-0.86)	-1.1531*** (-3.71)	1.4057* (1.93)	-0.6453 (-0.42)
Hausman	6.68 (0.0353)	20.41 (0.0013)	1.41 (0.8413)	21.81 (0.0003)	43.67 (0.0000)
R^2	0.1905	0.2123	0.4573	0.4241	0.3247
N	217	217	77	56	84

注：***、**和*分别表示在1%、5%和10%的显著水平上显著，各变量系数对应的括号内数字为t或z值，Hausman检验对应的括号内数字为p值。

资料来源：笔者计算整理所得。

4.5.3.3 出口贸易对农业高效化的影响

（1）出口规模对农业高效化的影响。

出口规模影响农业高效化的静态面板估计结果如表4-11所示，从全国范围和分区域两个角度分析出口规模对农业高效化的影响。在表4-11中，模型（1）表示在不引入控制变量的情况下，从全国范围角度出口规模对农业高效化的直接影响，结果显示，出口规模对农业高效化的估计系数为0.3146，具有正向促进作用，在1%的水平上显著，符合理论预期假设。模型（2）表示引入控制变量后从全国范围角度出口规模对农业高效化的影响，回归系数为0.1362，表明引入控制变量后，出口规模对农业高效化仍具有显著的正向促进作用。以上结论表明，不论是否加入控制变量，出口规模对农业高效化均具有正向促进作用。

从地区分布来看，模型（3）至模型（5）分别检验了东、中、西部地区出口规模对农业高效化的影响情况。从中可以看出，中部地区出口规模对农业高效化的影响最为显著，估计系数为0.4232，在1%的水平上显著；其次为东部地区，回归系数为0.2067，在1%的水平上显著；影响最小的为西部地区，估计系数仅为0.035，且不显著。上述检验结果表明，出口规模对农业高效化的促进作用表现出地区异质性，中部地区出口规模对农业高效化的促进作用最强，东部次之，西部最弱。

表4-11 出口规模影响农业高效化的静态面板估计结果

被解释变量 *IS*					
解释变量	全国		东部	中部	西部
	模型（1）	模型（2）	模型（3）	模型（4）	模型（5）
ln*EX*	0.3146 *** (4.43)	0.1362 *** (4.32)	0.2067 *** (0.34)	0.4232 *** (4.31)	0.035 (1.72)
GDPg		-4.2771 ** (-2.08)	-6.4161 (-1.57)	-2.6298 ** (-2.85)	-2.2562 * (-2.16)
IND		0.872 (1.44)	5.6973 *** (4.02)	-0.4049 (0.62)	-1.1904 ** (-2.42)
ln*ENJ*		-1.7118 *** (-3.51)	-2.6445 (-1.58)	-4.6768 *** (-6.22)	-0.5328 (-1.54)
Cons	1.1602 *** (2.98)	13.2631 *** (4.24)	18.7852 ** (2.65)	33.4296 *** (6.31)	4.9941 ** (2.23)
Hausman	6.04 (0.0484)	33.38 (0.0000)	11.32 (0.0232)	23.08 (0.0002)	9.91 (0.0778)
R^2	0.0428	0.1702	0.0881	0.6846	0.4786
N	217	217	77	56	84

注：***、**和*分别表示在1%、5%和10%的显著水平上显著，各变量系数对应的括号内数字为t或z值，Hausman检验对应的括号内数字为p值。

资料来源：笔者计算整理所得。

（2）出口质量对农业高效化的影响。

出口质量影响农业高效化的静态面板估计结果如表4-12所示，从全国范围和分区域两个角度分析出口质量对农业高效化的影响。在表4－12中，模型（1）表示在不引入控制变量的情况下，从全国范围角度出口质量对农业高效化的直接影响，结果显示，出口质量对农业高效化的估计系数为1.0483，具有正向促进作用，在1%的水平上显著，符合理论预期假设。模型（2）表示引入控制变量后从全国范围角度出口质量对农业高效化的影响，回归系数为1.7105，表明引入控制变量后，出口质量对农业高效化仍具有显著的正向促进作用。以上结论表明，不论是否加入控制变量，出口质量对农业高效化均具有正向促进作用。

从地区分布来看，模型（3）至模型（5）分别检验了东、中、西部地区出口质量对农业高效化的影响情况。从中可以看出，中部地区出口质量对农业高效化的影响最为显著，估计系数为3.7534，在1%的水平上显著；其次为东部地区，回归系数为2.5792，在5%的水平上显著；影响最小的为西部地区，估计系数仅为0.4551，在1%的水平上显著。上述检验结果表明，出口质量对农业高效化的促进作用表现出地区异质性，中部地区出口质量对农业高效化的促进作用最强，东部次之，西部最弱。

表4－12　出口质量影响农业高效化的静态面板估计结果

被解释变量 *IS*					
解释变量	全国		东部	中部	西部
	模型（1）	模型（2）	模型（3）	模型（4）	模型（5）
ln*EXTS*	1.0483*** (11.92)	1.7105** (2.12)	2.5792** (2.52)	3.7534*** (2.88)	0.4551*** (9.87)
GDPg		1.7154 (0.27)	−0.2834 (−0.03)	9.1013 (1.01)	0.0738 (0.05)
IND		3.2332** (1.94)	11.8863** (2.16)	3.4935 (1.38)	−0.7832 (−1.65)
ln*ENJ*		−0.7124 (−1.58)	−1.3146* (1.68)	0.2347 (0.56)	−0.7058* (−1.92)
Cons	1.1564*** (9.24)	3.4212 (0.91)	4.9831 (0.88)	−7.6061** (−1.98)	5.1734** (2.23)

续表

被解释变量 IS					
解释变量	全国		东部	中部	西部
	模型（1）	模型（2）	模型（3）	模型（4）	模型（5）
Hausman	5.13 （0.0773）	6.53 （0.2573）	5.28 （0.2583）	7.62 （0.1782）	10.76 （0.0564）
R^2	0.2199	0.2664	0.2193	0.8143	0.5183
N	217	217	77	56	84

注：***、**和*分别表示在1%、5%和10%的显著水平上显著，各变量系数对应的括号内数字为t或z值，Hausman检验对应的括号内数字为p值。

资料来源：笔者计算整理所得。

4.6 研究结论与政策建议

4.6.1 研究结论

我国绿色农业发展的程度相对较低，说明改善我国绿色农业发展具有紧迫性，近年来，我国绿色农业发展保持缓慢增长态势，东部地区绿色农业发展水平最高，西部地区发展速度最缓慢且数值最低，存在较大进步空间，本章研究具有重要的对策含义。

从实证研究结果来看，对全国而言，对外贸易对绿色农业发展长期呈正向影响，但短期呈负向影响，说明短期内我国国际贸易确实存在某些学者所言的“污染天堂”效应；为应对“污染天堂”，我国东部和西部地区已经逐渐改变农业发展模式，由追逐产量向追求绿色转变，将绿色发展融入农业发展，东部地区最为明显，但对外贸易对绿色农业发展的影响仍存在滞后性，而西部情况令人担忧。实证结果表明，西部无论长期还是短期对外贸易对绿色农业发展的回归系数都为负数，呈负面影响，表明西部地区的发展模式仍是以环境污染和能源消耗为代价，是不可持续的发展模式。生态和环境一旦遭到破坏就难以恢复，恢复时间、人力、成本巨大，因此，政府应该不断鼓励绿色农业的发展，提高能源使用效率，重视环境污染问题，在增加期望产出的同时对非期望产出进行合理严格的调整控制。

4.6.2 政策建议

（1）利用国内外市场，重视技术和品牌，提升农产品质量。

为实现绿色农业产业的进一步发展，在保证出口规模的同时，更要保证出口产品的质量，以此提升国际竞争力。对于提升农产品质量需要做到以下三点：第一，通过学习借鉴出口目的国的高质量产品标准来完善我国的标准规定制度，同时，要利用技术外溢效应提升我国的技术手段，加快我国绿色技术手段的发展，进一步提升出口产品质量。第二，出口企业在吸收国外企业的先进技术手段的同时，应该注意与国内产业链上下游企业的关联度，发挥其引领作用，主动倡导并引领上下游绿色农业企业的合作与研发，在保证绿色农产品供应源质量的同时提高市场运营效率。第三，出口企业要重视品牌竞争力的提高，首先要能及时根据农产品特色和市场消费特点申请注册符合法律规定的品牌标识；其次要从农产品的生产、收购、加工、包装、检验和销售等各个环节实行标准化管理，严格把控产品质量，维护品牌形象和信誉，并积极与行业协会及各级合作，获得政策、资金等方面的支持，扩大品牌影响范围，借助品牌效应进一步提高出口竞争力。

（2）重视合理化调整，加速绿色化进程，推进农业产业健康发展。

中国农业产业在追求规模增长的同时，产业结构的合理化和绿色化发展才是产业得以持续性增长的根本所在。第一，应将农业产业合理化调整放在首位。目前，中国农业产业整体合理化水平偏低，且略呈下降趋势，适当提升特色农产品比重，在高级化进程的初级阶段打好结构合理化基础，避免出现东部地区结构调整的瓶颈。第二，加快农业产业绿色化进程。对于资源密集型农业产业即农林牧渔第一产业，主要依附于当地资源禀赋特色，属于低附加值生产领域，该产业内部高级化要首先保障粮棉油糖的基本供给，提高这些大宗农产品的规模化经营和科技支撑力度。第三，形成特色产业主产区，如长江上中游柑橘主产区、东南沿海水产优势养殖带等，形成国家地理标志农产品，扩大品牌效应，多开发低能耗、高效益的新型生产模式，如盐碱地集装箱养鱼、立体无土栽培等，从节约资源、高效生产和绿色安全的角度促进我国绿色农业产业发展。

（3）优化内外制度环境，缩小地区制度差异，提供坚实的制度保障。

优化制度环境既是保证对外贸易优势的前提，又是维持国内绿色农业产业健康长久发展的关键。为优化内外制度环境，政府应该主要做到以下两点：第一，对财政征收政策采取优惠措施，对部分高技术的绿色农产品进行大幅度出口退税，降低绿色农业企业的投入成本，简化出口审批环节，提升贸易便利化程度，为绿色农业出口提供更便捷的平台。同时，对不同所有制企业采取不同的规制手段，对国有企业采取深化改革的升级措施，对民营企业减少不必要的干预和限制，保证市场竞争的公平性，避免寻租行为，提高信息披露程度，尽可能地保证信息的对称性，对违法失信行为进行严惩。第二，平衡地区间制度环境的差异性，加强中西部制度建设。考虑到中西部地区与东部地区制度环境的差异性，应借助“一带一路”倡议发展的良好契机，进一步完善中东部地区的制度质量，尤其要重点改善人力资本和技术引进的制度环境，同时，强化中部地区整体制度质量的提升，缩小与东部发达地区的制度差距。

5 对外贸易对制造业绿色发展的影响

5.1 引言

改革开放以来，我国经济增长主要走的是资源型增长路线，以“三高三低”为主要特征，即高投资、高能耗、高排放和低质量、低效益、低产出。不可否认，其对我国经济增长做出了巨大贡献，但这种粗放型经济增长模式是建立在大量的资源消耗和严重的环境污染之上的，其导致的污染排放和资源消耗已濒临环境所能承载的最大值。基于此，在全球环境和国内形势日益加剧的今天，积极实现经济发展方式的转变，建设可持续发展的竞争实力就有了特别重要的战略意义，这同样也是美丽中国背景下我国实现新型工业化、推行生态文明建设的关键所在。

制造业是实体经济的基础，是国民经济的重要支柱，是构筑未来发展战略优势的重要支撑。习近平总书记在广西和河南考察时明确指出：“我国必须发展实体经济，提高制造业水平。一定要把制造业搞上去，把实体经济搞上去。”制造业绿色发展是以习近平生态文明思想引领建设美丽中国的内在要求，是制造业转型升级、由大变强、高质量发展的内生动力，是资源环境问题与经济发展和谐共生的根本之策。然而现阶段我国制造业依然仰仗于资源要素投入、规模扩张的粗放型发展模式。这种模式给我国的环境带来了严重的污染问题。有学者通过研究1998—2009年中国工业部门的空气污染物质情况，发现这些部门二氧化硫排放量的升高导致了新一轮生产规模扩张成本的增加，故研究制造业绿色经济发展的现状迫在眉睫。

从另一角度来看，中国制造业的飞速发展离不开经济全球化，同时也得益于比较优势的充分发挥，有些沿海经济发达地区已成为全球价值链分工体系中不可或缺的一部分。当前来看，中国的制造业发展不可能脱离以贸易开放为主要载体的全球分工体系。然而在传统的粗放发展模式下，对外贸易虽然带动了制造业迅速发展，但是也造成了能源的巨大耗费和环境问题的快速恶化，故贸易开放虽然为我国制造业快速发展做出了巨大贡献，但同时也给我国制造业的绿色健康发展带来严峻挑战。只有正确认识贸易开放影响制造业绿色发展的内在机制，才能在新一轮深化改革中优化贸易开放结构，促进制造业绿色转型，最终有助于实现绿色可持续经济增长的目标。

5.2 文献综述

5.2.1 关于绿色发展的研究

学者们以新经济增长模型为基础提出了衡量经济增长效率的全要素生产率概念，即除有形生产要素之外，技术水平、生产效率对经济增长的贡献，也可称为“系统生产力”。随后，一些学者将劳动、资本等要素纳入全要素生产率测算框架，但传统全要素生产率的测算过程仅仅考虑经济的“好”的产出，忽略了生产过程中产生的非市场性的“坏”的产出，这不符合现阶段生态建设中我国不断增强的环境约束，容易造成对生产率不正确的理解。为了将考虑能源投入和污染排放这两方面的环境要素纳入全要素生产率的分析框架，本章在使用全要素生产率作为评价经济增长质量的指标时，将资源和环境因素引入全要素生产率中，将经济增长作为期望产出，将污染物排放作为非期望产出，将资本、劳动和能源作为投入，运用模型估算得到的全要素生产率为绿色全要素生产率。下文中将“绿色全要素生产率”简称为 GTFP（Green Total Factor Productivity）。

从其影响因素来看，学者对此众说纷纭，总结来看，主要有经济发展水平、金融发展水平、财政分权、人力资本、能源结构、研发创新、产业结构、产权结构、空间集聚等（全良、张敏，2019；陈超凡，2016）。这其中，研发创新几乎是所有相关文献中的主要影响因素，如李小胜、安庆贤（2012）基于 Malmquist – Luenberger 指数测算 1998—2010 年中国工业 GTFP，不仅发现技术进步是 GTFP 提升的主要推手，还通过观察 GTFP 收敛性发现我国工业产业间 GTFP 在逐步减小，指出技术交流与分享应当在行业间更多展开，从而提升我国工业绿色经济效率。而惠树鹏、王森（2018）通过构建人力资本水平、R&D 投入强度和信息化水平约束两化融合进而影响并约束 GTFP 的理论模型，以及通过面板门槛回归对上述模型进行验证，结果表明，三个因素通过中间变量调节，对于 GTFP 产生非线性影响。杨文举、龙睿赟（2012），齐亚伟、陶长琪（2012）以及沈可挺、龚健健（2011）通过全局参比的 ML 指数分别从省级层面以及工业行业层面测算了我国 GTFP，省级的结果显示，中国各省工业 GTFP 差异较大，集中表现在东、中、西部地区的差异上，无论哪个维度的研究，均表明技术进步是 GTFP 增长的主要因素。陈超凡（2016）采用超越对数函数法测算了中国各省的 GTFP，研究结果表明，研发投入与产业结构优化会促进 GTFP 的提升。

近年来，学者对于环境规制、环保产业投资如何影响 GTFP 进行了诸多研究，如陈诗一（2010）通过测算 1978 年后我国 GTFP，分析得出改革开放以来节能减排政策极大地提高了我国环境质量。陈晓（2018）基于我国 2000—2016 年各省份数据研究环境规制能否缩小 GTFP 与全要素生产之间的差距，研究证实环境规制可以缩小二者差距，即强化环境规制作用能够兼顾绿色发展以及经济效率。董敏杰等（2012）通过研究治理污染生产率对于 GTFP 的贡献程度来界定其影响，研究发现其贡献程度达到 2/3，即对于环境污染治理的投入越大，越能够带动绿色经济的发展。陈超凡、韩晶（2018）将我国工业划分为轻中重度污染行业，并分别检验了环境规制对于不同行业 GTFP 的影响，研究显示，各个污染程度的行业均与 GTFP 呈现非线性的倒“U”形关系，但影响程度明显不同。

随着我国参与国际分工的程度日渐加深，开放程度也日益成为学者研究的重要影响因素，开放程度主要指FDI以及贸易开放。在贸易开放的研究中，学者多将其分为进口与出口贸易进行分析，如齐绍洲、徐佳（2018）将研究对象设定为“一带一路”沿线国家，其研究结果更具有普适性。为明晰“一带一路”沿线国家经济建设、基础设施建设、制度约束以及金融完善程度对其GTFP的非线性影响，学者采用面板门槛模型进行了实证研究，研究表明进出口贸易在跨越门槛值的过程中对GTFP的影响方向并不相同，进口贸易为负向影响，而出口贸易先负后正，综合二者影响得出贸易开放整体是能够促进GTFP的提升的。景维民（2014）等通过对2003—2010年我国工业行业实证检验发现，进口贸易推动工业绿色转型，而出口贸易却对工业绿色技术进步起到抑制作用；外商直接投资虽然与GTFP有明显的相关关系，且能够印证FDI技术溢出效应，但其影响方向的正负会因政府环境管制的程度不同而变化。韩晶（2015）通过对2005—2009年我国东、中、西部地区的工业GTFP测度，发现东部地区经济发展方式在积极转型，同时发现经济开放度对促进中国工业绿色增长有积极的正向推动作用，故提出应当积极吸引绿色外商资本进入，关注绿色工业生产。彭星（2015）的研究结合了贸易开放以及FDI，通过系统GMM模型以及动态门槛模型对动态的GTFP进行了研究，其结果与景维民（2014）的研究结论相同，即出口贸易抑制工业GTFP提升，而进口贸易起到了显著促进作用，同时发现FDI与GTFP的相关关系并不明确，可能还受其他因素的影响。

从GTFP的测算方法来看，学者使用较多的是非参数法。非参数法主要有：①Shephard（S）距离函数（DF）和Malmquist生产率（M）指数。Hailu（2000）、Rezek（2004）等的研究主要采用了此法，此方法的优点在于S距离函数能够设定多种投入产出要素，且不需要考虑要素之间的相互作用，而M指数更便于大家理解全要素生产率，因为其能够将全要素生产率分解为技术进步和技术效率，但是该方法并不能均衡考虑好产出的增长和坏产出的削减。②方向性距离函数（DDF）和Malmquist - Luenberger

(ML) 指数。该方法主要由 Chung (1997) 提出，其贡献在于拓展 M 指数到 ML 指数，DDF 克服了前者的缺点，能够均衡考虑好产出的增加和坏产出的减少，但该方法并不方便操作，原因是在实证中需要选择投入或产出的角度。Fare (2001)、郑丽琳 (2013) 等的研究主要采用了此种方法。③SBM 方向性距离函数和 Luenberger 生产率指标 (L 指数)。该测算方式是目前最新的测算方法，由 Tone (2001) 提出，该法对之前的方法进行了有效的改进，从此不再需要选择角度对 GTFP 进行测算，且全局参比的 L 指数也具有累乘性，能够更好地应用于实证研究当中，代表性文献有原毅军等 (2016)、李健 (2019) 等。

5.2.2 对外贸易与绿色发展的关系研究

现有文献关于贸易开放的研究多集中在其与经济增长的关系上 (徐盈之、郭进，2014；徐婧、孟娟，2015)，研究角度主要为出口贸易和进口贸易两个方面，并且主要探究其与全要素生产率 (简泽、张涛，2014)、环境污染 (彭水军、张文城，2013)、碳排放 (李锴、齐绍洲，2018；孙焱林、李华磊，2015) 等因素的相关关系，而涉及贸易开放与 GTFP 的研究相对较少。

关于贸易开放对全要素生产率的影响，这方面已有较多研究涉及，Coe 和 Helpman (1995) 是最早研究国际贸易与全要素生产率之间关系的，其通过研究支持了 FDI 的技术溢出效应。其后的研究更加深入，观点可归纳为以下三个方面：

第一类文献认为对外贸易有利于提高经济效率。国外学者基于各国的具体情况进行了实证研究，Mitra 和 Sharma (2014) 通过印度 2000—2012 年的数据实证研究表明贸易开放有利于促进全要素生产率，从技术进步及生产效率两方面共同拉动了印度的经济发展。国内学者如黄明、李娑 (2019) 通过对我国制造业的实证分析也得出了和 Mitra 等相同的结论。第二类文献认为贸易开放对于全要素生产率起到消极作用 (Hu and Liu, 2014)。第三类文献认为贸易开放与全要素生产率之间并无明确关系，得出此结论的多是国外学者，无法确定贸易开放如何影响全要素生产率，认为其综合效应是多重的，受行业技术特征和贸易方式的影响（Baldwin，2008）。不难发现，对于贸易开放是否有利于经济效率增长的问题，现有研究尚存在一定争议。

关于贸易开放对“绿色”的影响，现有文献多从碳排放（杨恺钧，2017）、雾霾污染（蔡海亚，2018）、环境质量（蔡濛萌、薛福根，2015）的角度衡量“绿色”。总的来看，学界已有相当丰富的研究成果，但也未形成统一的结论。一部分学者如许源、顾海英（2016））支持“污染光环”假说，认为对外贸易的开放是促进环境水平提升的重要方式，他们考察发现，贸易能减少工业各行业的 CO_2 排放量和强度。另一部分学者支持“污染避难所”假说，认为发展中的经济体环境管制更宽松、环保标准更低，对外贸易会加速环境质量的恶化，叶继革（2007）、李锴（2011）等的研究均支持了上述观点。还有一部分学者认为二者无明确影响产生，暂时不能确定贸易究竟是促进环保还是加剧恶化了环境，国外学者 Atici（2012）通过研究不同国家的数据，得出东道国不同，两者之间的关系也不尽相同，故并不能确定二者的相关关系的结论。

关于贸易开放对 GTFP 的影响正逐渐成为学者研究的重点领域，目前的文献结论主要有：第一，贸易有利于绿色经济增长。Kumar（2006）基于 41 个国家的研究表明，贸易开放对 GTFP 增长有着显著的促进作用。吴敏洁、程中华（2018）研究发现，出口贸易抑制了东部地区制造业 GTFP 的提升，一定程度上导致了我国制造业在全球价值链上的“低端锁定”现象，但出口显著提升了中西部制造业 GTFP。第二，贸易开放不利于绿色经济发展。王兵等（2010）通过观测 APEC 样本国家的实证数据，发现贸易开放度与一国 GTFP 增长显著负相关。景维民（2014）从进出口两方面来衡量贸易开放对 GTFP 的影响，但并未得出贸易开放对 GTFP 影响的净效应如何。可见，贸易开放对 GTFP 的影响仍然需要继续深入探究。

5.2.3 文献评述

通过文献梳理发现由于研究对象、研究方法以及变量选取的不同，学界对于贸易开放对 GTFP 的影响并未得出一致的结论，且研究样本多集中在工业和国家层面，不同样本的研究结论不尽相同。而制造业作为我国的支柱产业，对我国经济增长有着重要影响，研究制造业 GTFP 对于我国绿色经济转型有着重要意义。从研究方法来看，学者多采用线性回归模型进行检验。从研究对象来看，学者多集中于环境规制水平、科技创新等方面，而对于进出口贸易与 GTFP 的关系的研究相对较少，故本章以此作为研究对象进行探究。

5.3 对外贸易对制造业 GTFP 的影响机制

为分析对外贸易对制造业绿色全要素生产率的影响机制，本章基于内生增长模型构建了新经济增长模型，来剖析贸易开放和 GTFP 之间的相关性。

5.3.1 基本模型构建

在归纳和总结了国内外学者关于新经济增长模型的研究结论以后，本章以最终产品生产部门、中间产品生产部门、科技创新部门、能源部门、消费者偏好部门等五个部门为一个经济体构建了基本模型，人力资本、物质资本和能源是生产中投入的三个基本要素，经济中只有一种最终产品，Y 代表最终产品产量。另外，最终产品生产部门、科技创新部门和能源部门的人力资本分别为 R_Y 、R_T 、R_P 且 $R = R_Y + R_T + R_P$，R 为固定的人力资本。

（1）最终产品生产部门。假设最终产品生产部门处于完全竞争状态，其生产的最终产品只有一个，那么该最终产品的生产函数为：

$$Y = R_{\gamma}^{\alpha}\left(\int_0^A x_i^{\beta}\mathrm{d}i + \mathrm{e}^{\lambda-1}\int_0^T x_{i*}^{*\beta}\mathrm{d}i\right)P^{\gamma}, \alpha + \beta + \gamma = 1 \qquad (5-1)$$

其中，Y 为最终产品生产量，x_i 和 x_{i*}^{*} 为生产链上来自国内与国外的中间产品数量，P 为能源投入。假设该经济体的生产效率边界由国内生产经济效率 A 和贸易开放引致的技术外溢、资本进入以及环境效应形成的开放条件下的经济效率 T 构成，A 为绿色全要素生产率，λ 为贸易开放度，且 $0 \leqslant \lambda \leqslant 1$，$\mathrm{e}^{\lambda-1}x_{i*}^{*}$ 表示贸易开放度会影响中间投入产品的最终产出水平。

（2）中间产品生产部门。假设中间产品部门生产 1 单位的中间产品 x_i

消耗1单位的最终产品 Y_i，并转化为物质资本 K，由内资 K_a 和外资 K_b 构成。故该部门的生产函数为：

$$\int_0^A x_i \mathrm{d}i = K_a + K_b \tag{5-2}$$

（3）科技创新部门。贸易开放为国内企业带来一定程度的技术溢出，东道国的科技创新部门将技术溢出进行消化吸收并进一步改造。此时，东道国的人力资本投入以及知识存量在贸易开放的背景下，直接决定了东道国科创部门的产出。因此，科创部门的生产函数为：

$$\widehat{T} = \eta R_T(A + \lambda T) \tag{5-3}$$

其中，$\widehat{T}$ 为贸易开放带来的技术知识增量，A 和 T 分别为国内外的技术知识存量，η 为研发投入参数，包含技术引进消化吸收及改造。从式（5-3）来看，如果贸易开放程度较深，此时就能够获得更加显著的技术溢出效应。

（4）能源部门。能源部门在经济体中的投入需要人力资本 R_P 以及一定的物质资本 D，由于能源部门涉及污染排放，在能源投入后还应当做好环境污染防治工作，因此本章将环境规制参数 γ 引入生产函数中。这样，能源部门的生产函数为：

$$P = \gamma D R_P \tag{5-4}$$

（5）消费者偏好部门。假设代表性家庭有固定的消费偏好，则在均衡状态下，消费增长率为：

$$g_c = \frac{c^*}{c} = \frac{1}{\varepsilon}(q - \rho) \tag{5-5}$$

其中，ε 为边际效用弹性，ρ 为时间偏好系数。

5.3.2 市场均衡时的贸易开放和 GTFP

假定最终产品的标准价格为1，S_{R_Y} 和 S_{R_T} 分别表示最终产品生产部门和科技创新部门的人力资本报酬率，H_{x_i} 和 $H_{x_i^*}$ 分别为国内和国外中间产品的价格，H_P 为能源的市场价，r 为市场利率。

（1）最终产品生产部门。为了追求生产效益最大化，最终产品生产部门的生产规划为：

$$\max_{R_Y,x_i,x_{i*}^*,P} \varphi_1 = Y(R_Y, x_i, x_{i*}^*, P) - S_{R_Y} R_Y - \int_0^A H_x x_i \mathrm{d}i - \int_0^T H_{x_{i*}^*} \mathrm{d}i - H_P P \tag{5-6}$$

对式（5-6）一阶求导可得：

$$S_{R_Y} = \frac{\partial Y}{\partial R_Y} = \frac{\alpha Y}{R_Y} \tag{5-7}$$

$$H_P = \frac{\partial Y}{\partial P} = \frac{\alpha Y}{P} \tag{5-8}$$

$$H_{x_{i*}^*} = \beta R_\gamma^\alpha x_{i*}^{*\beta-1} P^\gamma \tag{5-9}$$

$$H_{x_i} = \beta R_\gamma^\alpha x_i^{\beta-1} P^\gamma \tag{5-10}$$

联立式（5-9）、式（5-10），假设国内外中间产品投入相同，则其需求函数为：

$$x_i = x_{i*}^* = \bar{x} = \left(\frac{\beta R_\gamma^\alpha P^\gamma}{H_{x_i}}\right)^{\frac{1}{1-\beta}} \tag{5-11}$$

（2）中间产品生产部门。假设生产 x_i 单位中间产品所需的成本为 $\bar{x}$，部门收入为 $H_x \bar{x}$，则该部门的生产规划为：

$$\max_x \varphi_2 = (H_x - 1)\bar{x} \tag{5-12}$$

中间产品部门将原材料投入转化为同数量的中间产品，由垄断厂商制定的价格可通过对式（5-9）、式（5-10）求导联立得出，为 $H_{x_{i*}^*} = H_{x_i} = \frac{1}{\beta}$。式（5-1）、式（5-11）联立可得出均衡状态下的部门产出为：

$$Y = \beta^{\frac{2\beta}{1-\beta}} R_Y^{\frac{\alpha}{1-\beta}} P^{\frac{\gamma}{1-\beta}} [A + T e^{\frac{\beta(1-\lambda)}{1-\beta}}] \tag{5-13}$$

（3）科技创新部门。假设中间产品部门做出的创新专利数量为 N，人力资本报酬为 S_{R_T}，则科研投入的人工成本为 $T_c = S_{R_T} R_T$，该部门的收入为：

$$T_R = H_T \widehat{T} = H_T \eta R_T (A + \lambda T) \tag{5-14}$$

该部门人力资本报酬为：

$$\frac{T_R}{R_T} = S_T = H_T \eta (A + \lambda T) \tag{5-15}$$

在 $T_c = T_R$ 的均衡条件下，科创部门的产出即创新专利的价格为：

$$H_T = \frac{1}{r}\varphi_2 = \frac{1}{r}(\frac{1}{\beta} - 1)\bar{x} \tag{5-16}$$

由式（5-15）和式（5-16）可知：

$$S_{R_T} = \frac{1}{r}(\frac{1}{\beta} - 1)\bar{x}\eta(A + \lambda T) \tag{5-17}$$

（4）能源部门。由于能源部门的人力资本报酬率为 S_{R_P}，故该部门的生产函数为：

$$\max_{R_P} \varphi_3 = H_P\gamma D R_P - S_{R_P} R_P \tag{5-18}$$

进一步求一阶导得出：

$$S_{R_P} = H_P\gamma D \tag{5-19}$$

假设人力资本可以自由流动，由套利行为可知，在均衡条件下，最终产品生产部门、科技创新部门和能源部门的人力资本报酬相等，即：

$$S_{R_Y} = S_{R_T} = S_{R_P} \tag{5-20}$$

由式（5-7）、式（5-8）、式（5-19）、式（5-20）得：

$$R_P = \frac{\gamma}{\alpha}R_Y \tag{5-21}$$

联立式（5-13）、式（5-15）、式（5-17）、式（5-20）得出：

$$\frac{\alpha\beta^{\frac{2\beta}{1-\beta}} R_Y^{\frac{\alpha}{1-\beta}} P^{\frac{\gamma}{1-\beta}}[A + T\mathrm{e}^{\frac{\beta(1-\lambda)}{1-\beta}}]}{R_Y} = \frac{1}{r}(\frac{1}{\beta} - 1)\bar{x}\eta(A + \lambda T) \tag{5-22}$$

在均衡状态下，五个部门具有相同的增长率，也就是：

$$g = g_Y = g_C = g_K = g_T = \frac{\eta R\beta(1-\beta)(1+\frac{\lambda T}{A}) - \rho(\alpha+\gamma)[1+\frac{T}{A}\mathrm{e}^{\frac{\beta(1-\lambda)}{1-\beta}}]}{\beta(1-\beta) + \varepsilon(\alpha+\gamma)[1+\frac{T}{A}\mathrm{e}^{\frac{\beta(1-\lambda)}{1-\beta}}]} \tag{5-23}$$

5.3.3 基于制造业的影响机制分析

假设参数不变，观察式（5-23）可以看出，绿色全要素生产率 A 的影响因素包括贸易开放度 λ 、研发投入参数 η 、环境规制水平 γ 、人力资本 R、边际效用弹性 ε 。

贸易开放对东道国 GTFP 能够产生影响，这种影响来自多方面：一方面，贸易开放会产生配置效应，促使东道国的研发部门获得更多的人力资源 R，进而实现人力资本的合理配置，加强对进口中间产品的利用；另一方面，贸易开放会产生技术溢出效应，制造业企业在接触了进口的基础零部件和中间产品以后，就能通过研发投入 η 学习和模仿这些产品中承载的新工艺和新技术，达到提高自身技术水平的目的。但是贸易开放同样也会对东道国产生负面影响：一方面，跨国企业引入了大量的先进技术以后，会导致制造业本土企业越发依赖先进技术，失去自主创新能力和精神；另一方面，由于我国制造业缺乏对绿色投资和绿色贸易的重视，进口产品在国内加工带来大量工业“三废”排放问题，上述模型的推导结果也显示出环境规制水平 γ 会约束贸易开放对于 GTFP 的影响。

5.4 对外贸易对制造业 GTFP 影响的实证分析

在计算出制造业 GTFP 后，本章将进行面板实证回归以探究其具体的影响机制。

5.4.1 基于面板回归的模型设定

本章研究的主要目的是考察对外贸易对制造业 GTFP 的影响，计量模型设定如下：

$$GTFP_{it} = \beta_0 + \beta_1 IMP_{it} + \beta_2 EXP_{it} + \beta_3 FDI_{it} + \beta_4 \ln HUM_{it} + \beta_5 RDI_{it} + \beta_6 ENR_{it} + \varepsilon_{it} \tag{5-24}$$

其中，i 表示制造业行业各行业，t 表示时间。$GTFP_{it}$ 表示绿色全要素生产率；IMP_{it} 表示进口贸易，EXP_{it} 表示出口贸易，以检验其对绿色全要素生产率的影响；FDI_{it} 表示外商直接投资；$\ln HUM_{it}$ 为人力资本指标；RDI_{it} 表示科技创新；ENR_{it} 表示环境规制水平；ε_{it} 为误差项。

5.4.2 变量选择与资料来源

囿于数据获取的限制，本章选择 2010—2019 年制造业 27 个子行业及制造业总体的面板数据为研究样本，凡涉及价格的变量均调整至以 2002 年不变价格为基期。其中，工业产品出厂价格指数（PPI）及GDP缩减指数来源于国家统计局官方网站，FDI、贸易开放数据来自《中国工业经济统计年鉴》、UN Comtrade网站，人力资本、科技创新、环境规制指标分别来源于《中国工业统计年鉴》《中国科技统计年鉴》以及《中国能源统计年鉴》，部分缺失数据利用FORECAST指数进行拟合。具体变量选择如下：

（1）绿色全要素生产率（*GTFP*）。采用非期望产出的非径向、非角度SBM模型，在VRS的假设下测度各行业的GTFP。由于所测算出来的ML指数并不能有效反映GTFP，因此以2009年为基期，假设其*GTFP*为1，那么2010年的*GTFP*等于2009年的*GTFP*乘以2010年的ML指数，2011年的*GTFP*等于2010年的*GTFP*乘以2011年的MI指数，以此类推得到所有年份的分行业*GTFP*，同时将所得到的*GTFP*分解为技术效率（*EC*）和技术进步（*TC*）指数。在变量的选取上，将资本（*K*）、劳动（*L*）、能源消费（*E*）作为投入变量。工业销售产值（*Y*）作为期望产出，二氧化碳（CO_2）、二氧化硫（SO_2）、化学需氧量（COD）、废水以及固体废弃物的排放作为非期望产出。利用各行业的固定资产净值衡量资本投入（*K*），选择分行业规模以上工业企业年末从业人员数量衡量劳动投入（*L*），利用分行业能源消费总量数据衡量能源消费（*E*），利用工业销售产值（*Y*）衡量产出规模。选取二氧化碳（CO_2）、二氧化硫（SO_2）、化学需氧量（COD）、废水以及固体废弃物的排放作为非期望产出的代理变量，依据政府间气候变化专门委员会（IPCC）公布的温室气体排放清单指南中所提供的碳排放的核算方法，选取各行业煤炭、石油、天然气三种化石能源的消耗量核算碳排放，具体公式为：$CO_2 = \sum_{i=1}^{3} CO_{2,i} = \sum_{i=1}^{3} E_i \cdot NCV_i \cdot CEF_i \cdot COF_i \cdot (44/12)$，其中$CO_2$表示估算的二氧化碳排放量，$i$表示煤炭、石油、天然气三种能源，$E$表示各类能源的消耗量，$NCV$表示三种一次能源的净发热值，$CEF$表示碳排放系数，$COF$表示碳化因子，其中煤炭的碳化因子设定为0.99，原油和天然气的碳化因子设定为1，44和12分别表示二氧化碳和碳的分子量。

（2）进出口贸易（*IMP*、*EXP*）。选用中国制造业各行业进出口贸易额与主营业务收入的比值来衡量。由于《中国工业经济统计年鉴》并未公布各行业进口额，而进出口贸易多发生在规模以上工业企业，故本章通过对照整理《中国国民经济行业分类（GB/T4754－2017）与国际标准产业分类（ISIC Rev. 3）对照表》以及《国际标准产业分类（ISIC Rev. 3）与国际贸易标准分类（SITC Rev. 3）对照表》，建立27个制造业子行业与国际贸易标准分类对照表，然后基于UN Comtrade数据库对SITC分类下5位码商品的进出口额进行归类和汇总，最后得到2010—2019年中国制造业各行业进出口额。进出口贸易额来源于UN Comtrade，各行业主营业务收入的数据来源于《中国工业统计年鉴》。

（3）FDI。本章采用外商及港澳台商投资工业企业的资产与年平均从业人员的比值，即人均资产指标来衡量外商直接投资对于制造业GTFP的影响，数据来源于《中国工业经济统计年鉴》的《按行业分外商及港澳台商投资工业企业主要经济指标》。

（4）人力资本。选用制造业各子行业科技活动人员数的自然对数来衡量。2010—2019年制造业各行业科技活动人员数来源于《中国科技统计年鉴》中的《分行业规模以上工业企业科技活动人员》。

（5）科技创新。选用各行业科技活动经费内部支出、技术改造费用及消化吸收费用之和与各行业利润总额的比值来衡量，科技活动经费数据、技术改造费用及消化吸收费用数据来源为《中国科技统计年鉴》。

（6）环境管制。环境规制强度指标选择各行业工业废水、废气治理运营费用之和与各行业主营业务收入的比值。制造业各行业工业废气、废水治理费用数据来源于《中国能源统计年鉴》中的《各行业工业废气排放及处理情况》《各行业分工业废水排放及处理情况》。

主要变量的描述性统计如表5－1所示。

表 5－1 主要变量的描述性统计

变量	样本数	均值	标准差	最小值	最大值
GTFP	270	2.095	1.527	0.421	8.203
IMP	270	0.285	0.370	0.057	1.737
EXP	270	0.273	0.306	0.031	1.483
FDI	270	55.756	26.956	18.662	141.856
ln*HUM*	270	12.158	1.055	0.098	0.145
RDI	270	0.335	0.152	0.076	0.892
ENR	270	5.012	4.719	1.115	28.440

资料来源：笔者计算整理所得。

5.4.3 结果分析

结合上述方法，本章采用 Stata15.0 进行面板回归。

首先，对各数据的一阶差分统计量分别进行了 LLC 和 IPS 单位根检验以确保数据平稳，*IMP*、*EXP*、*FDI*、ln*HUM*、*RDI*、*ENR* 六个变量的单位根检验结果均在至少 10% 的显著水平下拒绝原假设，即本研究数据是平稳的，检验结果如表 5－2 所示。

表 5－2 单位根检验结果

统计量	LLC 检验结果	IPS 检验结果
GTFP	－5.306***	－3.456***
IMP	－2.879***	－1.301*
EXP	－5.374***	－3.64***
FDI	－10.333***	－8.861***
ln*HUM*	－9.938***	－6.27***
RDI	－8.105***	－9.010***
ENR	－12.019***	－8.618

注：*、***分别表示在 10%、1% 的水平上显著。

资料来源：笔者计算整理所得。

其次，采用 Pedroni 协整检验法验证变量间是否存在长期稳定关系，Panel－ADF 和 Group－ADF 结果分别在 1% 和 5% 的水平上显著，说明变量间存在长期稳定的关系。检验结果如表 5－3 所示。

表 5-3 面板协整检验结果

变量系统	Pedroni 检验	
	Panel - ADF	Group - ADF
GTFP、*IMP*、*EXP*、*FDI*、ln*HUM*、*RDI*、*ENR*	-3.123***	-1.772**

注：***和**分别表示在1%和5%的显著水平下拒绝原假设。
资料来源：笔者计算整理所得。

最后，进行面板回归，通过豪斯曼检验发现 p 值为 0.11，故使用随机效应模型优于混合回归模型，本章选择建立个体随机效应模型。检验结果如表 5-4 所示。

表 5-4 模型形式检验结果

检验方法	原假设	p 值
F 检验	混合回归模型更优	0.0000
LSDV 检验	所有个体虚拟变量均为 0	-
Hausman 检验	随机效应模型更优	0.1100

资料来源：笔者计算整理所得。

从表 5-5 随机效应回归结果可以看出，出口（*EXP*）、FDI、人力资本以及环境规制与 GTFP 的相关性最高，均在 1% 的水平上显著，且均对 GTFP 有积极影响，其中出口（*EXP*）影响系数最大，接近 3，FDI 的影响系数最小，为 0.035。进口（*IMP*）和科技创新与 GTFP 相关性较弱，分别在 10%、5% 的水平上相关，二者均对 GTFP 产生负向影响。

表 5-5 对外贸易对 GTFP 作用结果

变量	(1) 混合回归效应	(2) 固定效应	(3) 随机效应
IMP	-1.422* (-1.89)	-2.312*** (-2.86)	-1.422** (1.89)
EXP	2.981*** (2.97)	4.137*** (3.69)	2.98*** (2.97)
FDI	0.035*** (6.23)	0.048*** (7.07)	0.035*** (6.23)

续表

变量	(1) 混合回归效应	(2) 固定效应	(3) 随机效应
ln*HUM*	1.009 *** (5.68)	0.579 ** (2.26)	1.010 *** (5.68)
RDI	-1.504 ** (-2.16)	-0.861 (-1.11)	-1.504 ** (-2.16)
ENR	0.081 *** (3.18)	0.074 ** (2.52)	0.081 *** (3.18)
观测值	270	270	270
R^2	0.652	0.637	—

注：括号中为 t 统计量；*、**、*** 分别表示在 10%、5%、1% 的水平上显著。

资料来源：笔者计算整理所得。

(1) 对外贸易对于制造业 GTFP 的影响是不同的，如表 5-5 所示，进口贸易在 10% 的水平上显著抑制了制造业 GTFP 的发展，而出口贸易与其相反，这主要是中国制造业进、出口具有不同商品结构特征造成的。进口贸易（*IMP*）抑制制造业 GTFP 提升的主因是核心技术限制。进口贸易对于环境的影响在于加工贸易是产生环境污染的主要源头，会带来对环境的二次污染，排放出不达标的工业废气、废水等，故制造业当前的进口结构导致进口对于 GTFP 产生负向影响。从产业依存度上来看，中国制造业的出口依存度已经超过进口依存度。从"由产品学习技术"到"出口技术产品"，制造业制造技术水平和出口贸易竞争力得到不断增强，因而大幅提高了行业 GTFP。故进出口贸易截然相反的回归结果显示出我国制造业"为出口而进口"的现状未发生根本转变。近年来，制造业经历了"引进成套设备带动产业链延伸"到"为设备出口而引进基础元件及中间品"的演变，但行业大而不强，质量问题频发、资本使用不当，最重要的是进口依赖仍然难以摆脱，几乎每一个行业都有大量的核心关键元件技术被外商垄断，而简单加工组装再销售的生产模式不仅利薄，还提高了环境污染风险。

（2）外商直接投资（*FDI*）的系数符号为正，且通过了1%的显著性检验，说明FDI的流入显著促进了中国制造业GTFP增长。从经济效率角度看，外资进入制造业已经开始通过资本溢出、技术溢出等效应发挥正向影响，除此之外，制造业还广泛吸收了先进企业管理经验，严格执行国际标准，以促进产业升级提高经济效率；从环境效应看，外资企业是比较重视环境污染问题的，其带来的先进环保技术和设备在一定程度上为制造业乃至中国环保事业发展做出了积极贡献。同时，随着我国生态文明建设的展开，政府也在引进外资时剔除污染密集型项目，选择绿色清洁型FDI，不断优化FDI结构，继而由模仿学习效应降低了整个行业乃至地区污染排放水平。

（3）人力资本（ln*HUM*）的系数为正，且通过了1%的显著性检验，人力资本对GTFP的促进作用主要来自科研队伍的不断壮大，虽然目前仍有数量可观的外聘技术人员，但通过产学研、校企合作等方式已经使得企业能更高效地获取技术，将节能环保的绿色发展理念植入生产环节中，从而推动制造业GTFP的增长。

（4）科技创新（*RDI*）的系数为负，说明国内研发资本投入强度对制造业GTFP增长有一定的抑制作用。主要原因是政府及制造业企业在当前的生产建设中没有兼顾经济效率与绿色发展：首先，从全要素生产率的提高来看，我国制造业的研发环节仍存在盲目的高投入、高风险、低回报的状态，生产效率并未得到显著提高，加之R&D资本的投入结构不恰当，以及普遍存在的研发资源浪费，都导致研发资本对核心技术突破的抑制；其次，政府在提供了支持研发的政策和资金后，往往未能有效地监督创新主体是否予以合理的利用，科技创新的效果往往与提高市场效率的目标背道而驰，抑制了行业全要素生产率的提高；最后，从绿色环保的角度来看，制造业R&D经费结构分配不合理，在后期环保程序及环保技术的研发方面并没有投入应有的比例，环保设备多依靠外部采购，环保技术创新滞后，最终导致国内研发经费对于制造业GTFP的抑制作用。

（5）环境规制（*ENR*）的系数为正，且在1%的水平上显著促进了制造业 GTFP 的增长。主要原因是制造业对于“工业三废”的运营治理费用的投入越大，其“工业三废”实际排放量越少，故环境规制主要影响着 GTFP 的环境效益产出，用于污染治理的投入越大，越能有效提升行业 GTFP。

5.4.4　稳健性检验

考虑到模型设定可能存在内生性问题和遗漏变量问题，从而导致回归结果不稳健，因此使用解释变量的一阶滞后项（*L. IMP* 和 *L. EXP*）作为工具变量，采用二阶段最小二乘法（2SLS）进行稳健性检验，解决内生性问题和遗漏偏误问题；同时选取进出口规模 *IMP*1、*EXP*1 作为 *IMP*、*EXP* 的替代指标进行稳健性检验，结果如表 5－6 所示。从表 5－6 中可以看出，回归系数的符号与表 5－5 中的结果保持一致，说明本章的研究结果具有稳健性和可靠性。

表 5－6　稳健性检验

变量	(1)	变量	(2)
	GTFP		*GTFP*
L. IMP	－0.774* (3.26)	*L. IMP*1	－0.254 (－1.59)
L. EXP	2.047* (2.09)	*EXP*1	1.35* (3.44)
FDI	0.073*** (5.12)	*FDI*	0.007** (4.72)
ln*HUM*	0.853** (4.76)	ln*HUM*	0.860*** (5.99)
RDI	－0.921** (－3.25)	*RDI*	－0.217* (－5.87)
ENR	0.015*** (6.54)	*ENR*	0.033*** (4.47)

注：*、**、***表示分别在 10%、5%、1% 的显著性水平上显著。

资料来源：笔者计算整理所得。

5.5 结论与政策建议

5.5.1 削弱进口依赖，提升出口额度

我国制造业对于进出口贸易有着较大的依赖性，是我国参与“一带一路”乃至国际政治经济建设的重要工具。要想继续扩大行业市场，改变当前制造业大而不强的现状，就要对现有贸易政策做出一定突破以积极嵌入全球价值链高端环节。

进口方面，最重要的是要突破核心技术屏障，削弱制造业进口依赖性，从而转变国际技术垄断的现状，提高行业在全球价值链中的地位。第一，我国制造业进口后主要生产环节是二次加工贸易，故企业应当注意在加工贸易各个环节推行绿色技术升级以避免二次污染的产生。第二，成立行业协会或制造业交流平台，建立数据库，包括进口的先进技术指标库、重大装备配套的指标库等，行业内应当互通有无、共同发展。第三，政府应当积极消除进口垄断，运用国际政治优势积极组织与外商的商业磋商，以防止技术垄断以致进口进一步降低制造业 GTFP，同时，国有企业应当通过主动牵头与民营企业、外资企业联合重组积累技术等方式提升竞争力。

出口方面，传统的出口导向型制造业发展模式导致企业无须考虑关键技术获取以及绿色清洁生产便能获得可观的利润，而这样的发展模式亟待改变。第一，行业协会应当在交付、物流运输、售后等出口销售环节设定具体的质量考核标准与排污指标，督促企业兼顾产品质量与绿色环保以达到优化绿色加工贸易结构的效果。第二，既要通过发展具有高附加值、低资源消耗和低工业污染等优势的通信、计算机类设备的出口贸易来优化出口商品结构，也要通过鼓励金属制品业、仪器仪表制造业出口由劳动密集型向技术密集型转变，促进交通运输设备业、通用专用设备业适当增加中间加工环节，延长产业链以逐渐扩大海外出口市场，针对不同地区出口产业链各环节的产品。第三，政府应当联合金融机构通过税收减免、贷款优惠、定制保险等方式鼓励企业出口，特别是向高环境标准国家出口，通过

"出口学习效应"提升 GTFP，减少环境污染。

5.5.2 深入"引进来"，聚焦绿色 FDI

本章研究表明，FDI 的溢出效应与制造业 GTFP 的增长有极显著的正相关关系。第一，从全行业看，针对 FDI 规模要稳步实现有效利用，FDI "量"的增多促进了制造业经济发展水平，而"质"的提升才能促进绿色全要素生产率的增长。第二，政府引资时应当从五个维度科学地对 FDI 进行评估，考量其目的、生产条件、技术水平、污染及能源消耗等带来的经济效益和环境影响，杜绝地方政府的盲目引资，公开公正地依据评估结果和规定标准选择绿色 FDI。第三，进一步肃清招商引资竞争环境，继续引导外资合理布局。各省份在吸引 FDI 进入的同时，要以产业发展为导向，引进技术密集型的 FDI 项目向国内经济效益与绿色环保并行的产业领域拓展。比如，可以通过设置增加环保方面的税收等类似的工具，提高外资进入高耗能高污染产业的门槛。政府招商引资中激烈无序的竞争环境不利于 GTFP 的良性增长，市场化条件下，企业往往拥有的经济效率更高，可以选择培养专门的中介组织，灵活有效地运用市场化机制，达到引导与调节外资流向的目的。另外，政府需要优化行政与公共服务职能，禁止各个地方之间的不良甚至恶性竞争，政府与中介组织达成共赢合作，提高投资市场活跃度，优化外商投资环境，从而提高制造业 GTFP。

5.5.3 打造人才团队，助力绿色升级

高科技人才是促进行业发展的重要推动力，对于制造业来说其重要意义不言而喻。第一，政府应当加大对于基础教育的补贴力度，注重在基础教育阶段加入高端智能方向的机械制造教育，满足全民多元化的教育需求。第二，高校在培养人才时，着力促进高端制造业和高新技术类专业的资源配置，为此类优秀人才提供比赛、奖金等机制促进其学习发展，鼓励相关科研院所、高校与制造业企业依据高端制造业的发展战略制定适宜的相关课程、创新人才培养方案，力求培养既懂高新科技又懂国际贸易的复合型人才。第三，制造业企业应当增加技术部门人员配置，并且增加培训

课程以促进企业从业人员在特定生产领域对于 FDI 以及进出口贸易引致的先进技术的消化吸收能力。同时，企业应当积极主动主导产学研创新体系，推动校企以及政府三方构建起多渠道、多形式的良性人才输送机制。最重要的是，行业不仅要注重高端技术人员的培养，还应当学习国外制造业企业，关注一线技术员工的培训教育，激励一线员工进行实践创新，自下而上为企业源源不断输送高素质一线员工。第四，政府、行业以及企业都应当积极招募并培养具备国际谈判磋商能力、了解国际商法的技术复合型人才以应对当前制造业风云诡谲的外贸现状。

5.5.4 兼顾绿色发展，突破技术封锁

第一，企业不仅要加大科研经费投入，还应当重视经费的合理分配，减少模仿性的创新投入，将资金重点投向进口依赖性较强的部件的技术攻关以及必要的绿色治污产品的积极创新。第二，政府应当鼓励企业间搭建有效的技术共享网络，对于进口核心技术指标、基础元件指标、原材料与产品污染指数、治污技术标准等利于形成行业技术标准的数据应当积极共享、长期更新。除行业内，制造业更是为各个国民行业供应生产设备的支柱产业，所以政府应当多引导产业间合作，构建区域交流平台以便于其他产业与制造业的对接。第三，政府加大对制造业企业高新技术项目以及清洁治污项目的补贴力度，鼓励金融部门开发从生产到排污到物流运输全产业链各个环节的主导型风投基金以及相关保险，降低清洁型高科技企业技术创新项目的贷款难度，减轻企业税负等。第四，行业协会应当鼓励高科技、高效益、低资源消耗、少环境污染的制造业企业的发展，明确规定将一部分科研经费用于治理污染的绿色创新技术上。

5.5.5 加大环保力度，确保绿色发展

环境规制水平的提高对制造业 GTFP 存在显著促进作用。具体来看，第一，环保部门应当通过实地勘察了解各行业实际排污状况后健全立法，明确产品环保指数以及最高排污限度，对于违反绿色环保标准的企业，要加大惩罚力度，如提高排污收费标准、增加收费范围。政府应当强化环评

制度的重要性，不仅要对进口之后的加工贸易环节的成套产出进行环保检测，更重要的是评估加工操作过程，尤其“电镀”“脱硫”等实际操作过程的环境水平。第二，政府应当首先自我约束，推行“环保政绩考核”，避免为了经济效益放弃绿色环保的利己主义。同时，可以通过实时环境水平动态检测以加强对排污企业、排污地区的监管力度。第三，加大对制造业的环保补贴与投入，监督企业切实将环保补贴用于减排环节，合理分配环保补贴，重点关注加工贸易等高污染环节，而政府可通过发债、基金等方式建立绿色专项补贴资金池来开源，为制造业绿色排污提供有力的资金支持。

6 对外贸易对能源产业绿色发展的影响

6.1 引言

中国经济发展的成就举世瞩目，但与世界其他国家一样，生态及资源的约束，使经济发展的条件日益恶化，从而面临经济发展基础崩溃的危险。为此，我国长期以来一直倡导“循环经济”“可持续发展”。中共十七大以来，我们更进一步提倡“经济发展方式的转变”，力求使中国经济绿色发展。但此方面有许多问题需要深入探索。

能源是人类生产生活赖以生存的基础，是现代经济发展的重要支柱，也是国家经济发展的重要战略物资。开发和利用能源，将会极大地推动人类社会和世界经济的发展和进步。在当今世界经济全球化进程中，能源安全已上升到国家安全高度，各国政府为了确保能源安全都纷纷出台了一系列能源政策。然而，我们在享受各种能源所产生好处的同时，也会遇到一系列的能源问题，即能源短缺和能源消耗带来的环境污染问题，这对人类社会的生存和发展造成了严重的威胁。因此，积极开发新能源、绿色能源，寻求可持续发展成为很多国家的首要战略任务。

作为拉动国民经济增长的“三驾马车”之一，对外贸易是我国经济的重要支柱，探究对外贸易对能源产业绿色发展的影响至关重要。

6.2 相关概念界定

6.2.1 能源

能源（Energy Source），也被称为能源资源或是能量资源，作为现代人类社会和经济可持续健康发展的根本动力，它已成为整个人类社会生存的物质基础，国民经济发展的重要保证。能源可否被合理开发和有效利用、人均能源消费多少是衡量一个国家的生产技术和人民生活水平提高程度的重要指标。

关于能源，目前世界各国大概给出了二十几种定义，中国《能源百科全书》（1992）给出了这样的定义："能源是可以直接或经转换间接提供人类所需的光、热、动力等任何一种形式能量的载能体资源。"据此可知，能源可在自然界中呈现多种形态，并可以在不同形式之间转换。中国新版的《能源词典》（2005）把能源细分为11种，根据不同的分类标准，它可以被分成不同类型。根据能源的可再生性划分，能源被分为不可再生能源与可再生能源；根据其形态划分，能源被分为一次能源与二次能源。如图6－1所示。

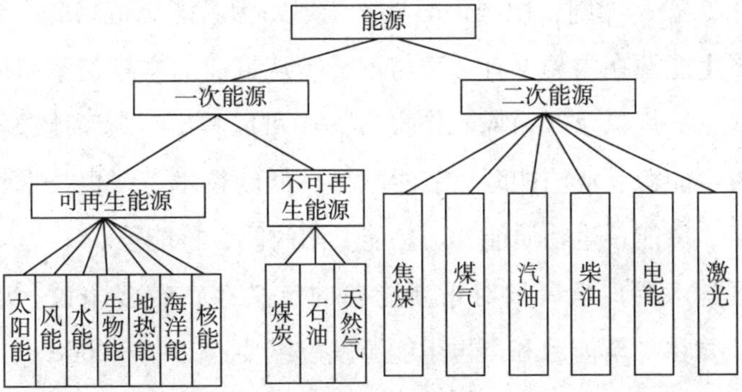

图6－1 能源的分类

6.2.2 新能源

新能源实际上是一个广义的概念，是与常规能源相对的概念。按1978年12月20日联合国第33届大会第148号决议中所述，新能源和可再生能源包括14种：太阳能、地热能、风能、潮汐能、海水温差能、波浪能、木柴、木炭、泥炭、生物质转化、蓄力、油页岩、焦油砂及水能。1981年8月10—21日，联合国在肯尼亚首都内罗毕召开了“联合国新能源和可再生能源会议”，通过了《促进新能源和可再生能源的发展与利用的内罗毕行动纲领》。此次会议提出的新能源和可再生能源发展方向为：“以新技术和新材料为基础，使传统的可再生能源得到现代化的开发与利用，用取之不尽、周而复始的可再生能源来不断取代资源有限、对环境有污染的化石能源”。新的和可再生的能源是一个完整的含义，在英文中缩写为NRSE（New and Renewable Sources of Energy），在中国则习惯地简称为“新能源”。

目前，关于新能源的定义各国并没有统一。中国国家能源局在2009年编制的新能源发展规划中把新能源界定为“以新技术为基础，已经开发但还没有规模化应用的能源，或正在研究试验，尚需进一步开发的能源”，主要包括风能、太阳能、生物质能源等。需要注意的是，核能在许多国家已经规模化利用，属于常规能源范畴，而从中国国家能源局发布的《国家能源科技“十二五”规划》中有关新能源技术领域的描述和界定中可以看出，在“十二五”期间，中国仍旧将核能划归为新能源范畴内。新能源一词，与可再生能源在内涵上有交叉与重叠，从目前的文献检索与国家有关能源的法律、法规以及《政府工作报告》中可以看出，与新能源相关的概念有：可再生能源、清洁能源、节能减排、低碳技术、绿色技术、绿色能源、太阳能、风能、生物质能、地热能、潮汐能、核能等。

在中国学术界，学者们对于新能源的定义存在较多争议。1995年1月，国家计委在《新能源和可再生能源发展纲要（1996—2000）》中提出：风能、生物质能、水能和海洋能属于新能源和可再生能源。1997年5月，国家计委又在《中国新能源基础设施建设项目管理办法》中首次将新能源的范围界定为：生物质能、风能、太阳能和海洋能等自然资源，可以通过各种方式改造或加工成为电力或清洁燃料。更具体地讲，传统的能源通常是指被广泛使用的能源。

联合国开发计划署（The United Nations Development Programme）把新能源细分为以下三大类：大中型水电；新可再生能源，包括风能、小水电、现代生物质能、海洋能、太阳能、地热能；传统生物质能。在历史的不同时期，科学技术水平不同，新能源的内容也有着不同的内涵，根据中国现有的状况，新能源应该包括太阳能（太阳能集热、光伏发电、太阳能热发电）、风能、地热能、生物质能、海洋能、核能等，其中，生物质能还包括多种形式的能源：生物质发电（生活垃圾发电、农林残留物发电）、生物燃料（生物质乙醇、生物质柴油）、沼气、秸秆致密等。如图6－2所示。

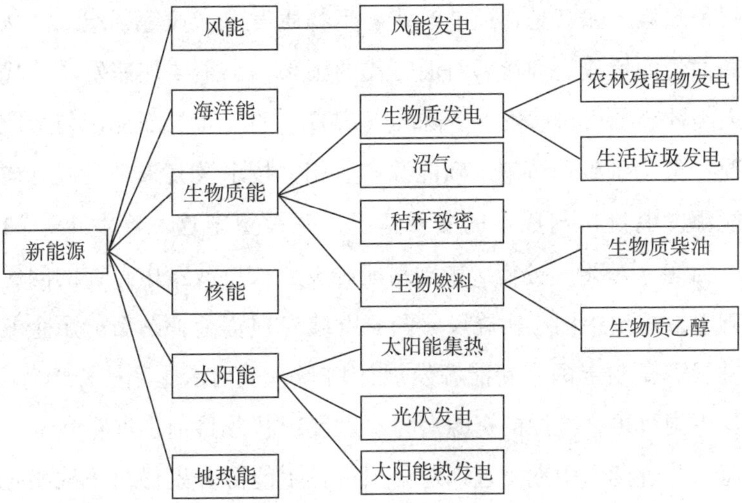

图6－2　新能源的分类

6.3　文献综述

6.3.1　国内相关研究

对能源现状的研究吸引了众多学者的关注，并有很多的参考文献，其中较具代表性的有江泽民（2008）所著的《中国能源问题研究》，书中描述了能源问题的重要性，讨论能源发展所面临的机遇和挑战，重点是能源发展要采取具有中国特色的发展新道路，以及相应的能源政策设想，以促进中国的能源生产和消费的持续、健康发展。

刘山（2002）以能源安全为中心，就中国能源结构现状进行分析，指出石油外交的重要性，提示能源问题是国际政治的一个焦点，应对中国的能源安全和能源战略进行深入研究。王云（2007）在充分研究中国促进新能源发展的财税措施后，指出其中某些具体的政策存在一定问题，她提出"产出补贴"的解决办法，认为"产出补贴"政策可以提升新能源产品的市场竞争力，增加新能源企业的效益，推动企业的经济发展。钱伯章（2007）深入分析了中国新能源和可再生能源的现状，对中国目前新能源的发展趋势进行分析后，他建议政府及其相关能源管理机构应制定具体的产业财税政策，尤其是在风电产业、生物质发电产业等领域，并认为为了应对高油价的挑战、迎接后石油时代的到来，必须要加速发展替代能源以实现人类社会的可持续发展。陈晖（2007）的《世界新能源与节能产业发展概况》较为细致地讲解了新能源产业相关技术及其未来发展方向，汇总了新能源发电价格与成本的变动情况，并展望了这一产业未来的发展前景。严陆光（2008）分析了中国新能源发展扶持政策中存在的问题，并在此基础上，提出中国应实施设置国家财政专项资金补贴新能源企业、根据产业发展需要制定国家新能源发展计划等一系列措施。杜祥琬等（2009）概述了中国可再生能源的资源潜力、发展现状及目前发展存在的主要制约和障碍，分近期、中期、远期对中国可再生能源分别做出了战略定位，并提出相应的基本原则和发展重点。刘高峡等（2009）从能源安全问题的角度切入，指出着力发展可再生能源是中国工业化进程不断深入所不容忽视的关键一步，分析了可再生能源产业在其发展过程中所面临的创新障碍，并提出相应的促进可再生能源产业创新的激励政策建议。

国务院发展研究中心课题组（2009）根据技术水平和产业化程度将中国的新能源产业发展情况分为四种，并就各种情况的特点和主要存在问题，提出了相应建议。熊良琼、吴刚（2009）通过对多个国家可再生能源发展历程的逐一回顾，分析比较了针对各个国家不同特征的可再生能源的激励政策，借鉴各国政策的实施经验，对中国可再生能源政策的深入完善提出了参考建议。何莽（2009）系统介绍了中国新能源产业发展的现状及存在的技术、资源与信息障碍，提出发展新能源必须要大力培养新能源技术人才，提高民众的新能源思想意识。陈伟（2010）将中国与日本的新能源产业进行了比较分析，从发展历程、现状、政策几方面进行了对比，总结出日本的先进经验与中国的发展优势，提出中国发展新能源产业的政策建议。李俊峰（2011）主要围绕中国当前新能源产业的制度措施展开深入研究，详细说明了中国促进新能源产业发展政策出台的国内大背景，并列出了关于新能源发展的重要制度，同时指出了这些制度的相应配套措施。郭超英（2011）以大量数据为依据，分析中国新能源产业发展现状，明确中国现阶段风能、太阳能、生物质能以及核能的发展状况、存在的问题及发展前景；分析研究了中国新能源产业发展政策的历史和现状，分析了新能源发展政策对中国新能源产业产生的积极影响，同时找出了中国新能源产业发展政策存在的主要问题；并提出了新能源产业发展政策实施的配套措施和建议。雷鸣（2011）对日本新能源产业发展的历程和现状进行了研究，总结出日本新能源产业发展所面临的问题，一是使用成本仍较高，二是转换效率较低，并对日本进一步发展新能源产业提出政策建议。史丹（2012）指出中国在新能源产业国际分工体系中的接入点仍然落在了能耗高、环境污染大、劳动力相对密集的制造环节，未能从根本上改变参与国际分工的方式，现阶段中国新能源产业的国际竞争力仍主要表现在价格和规模优势上，除了产业发展路径依赖的原因外，也与政府和企业发展战略性新兴产业“急功近利”的思路不无关系。他建议中国调整新能源对外贸易与投资政策的思路，强化对新能源技术研发环节的政策支持，提高新能源企业的自主创新能力；充分利用全球资源，加大先进技术和创新人才引进力度。靳晓明（2012）详细分析了中国光伏产业、风电产业、地热产业、生物质能产业等新能源产业的开发利用现状、市场概貌及其主要特点与发展趋势及新能源产业发展的国际合作方式。陈波、陈靓（2012）对美国在金融危机爆发后采取的加快发展新能源产业政策进行了研究，包括促进新能源技术研发、投资和生产的财政和税收政策，分析了其对中国的影响。张海龙、张少杰（2014）对欧美新能源政策和法律体系进行了研究，并与中国现有的新能源法律体系进行了对比，同时给出了建议。

6.3.2 国外相关研究

Daniel Yergin（1993）以石油为主线，揭示了石油带给政治经济、国际关系、人的生活方式的重大变化。对国内的能源需求与国外的能源供给进行评价，以掌握能源安全程度。Zweifel 和 Bonomo（1995）利用线性规划理论进行风险评估工作，通过数学模型主要对可能出现的能源供应中断进行研究，研究表明，各国应该调整自己的最佳能源储备规模，不应该是国际能源机构规定的 90 天。John Mitchell 等（1996）研究了地缘政治和能源之间的关系。他们认为，能源供应关乎国家的安全，为了安全，替代能源在很多国家已经出现，能源和替代能源将减少各个国家对石油的依赖，并减少石油供应危机。德国学者丹尼尔·瑞查德（2006）提出，新能源产业在德国的成功开发是依托新能源政策，这一成功不仅仅依靠自己丰富的自然资源，还依靠以市场为导向的政策。

杜克普洛（2006）讨论了美国 2006 年能源补贴在化石能源和可再生能源中的分布情况，并分析了这种政策对美国能源产业的影响。Uwe Wissenback（2007）从能源市场多边主义和市场相互依存角度出发，建议美国、中国和欧洲三方在多边机制框架内克服政策分歧，加强国际能源合作。以上研究基本上是强调在能源安全方面的国家政策的重要性。也有不少学者认为能源安全应该由市场而不是政府的权力来决定。鸠根正术（2007）在《日本的新能源战略》一书中，通过统计“二战”后日本的新能源政策的发展历程，得出“日本应该促进新能源产业发展，扶植实力较为雄厚的新能源公司来保证其能源供应”的结论。美国环境协会保护主席 Fred Krupp 和 Miriam Horn（2008）就发展新能源问题的必要性进行了探讨，指出“第三次世界大战是世界新能源战争，新能源产业革命影响国家繁荣，这将彻底改变世界经济和人们的生活方式”。弗雷德·克虏伯公司将大力发展新能源产业喻为一场新的工业革命，新工业革命蕴含着更重要的机遇，将扭转全球变暖的危机。美国著名生态经济学家、世界观察研究所所长 Christopher Flavin 在 *Low - carbon Energy*：*ARoadmap*（2008）研究报告中更系统地分析了新能源产业的发展可行性，他指出，由于严重的生态危机，人类迫切需要改变能源需求结构，提高能源利用效率，无碳能源的发展成为新能源系统的设计目标。美国的克里斯托夫·费雷文从传统的化石能源危害自然生态系统的角度，说明了新能源产业发展的必要性和紧迫性，以及从无碳能源的开发、新能源系统的设计、加强新能源产业金融投资和政策支持强度等方面，结合新能源产业发展的可行性，根据相应的统计数据做了较为系统的分析。马克灵格和瑞南威斯特（2009）通过充分研究美国风电产业，在了解风力发电的上网电价与该产业持续发展关系的基础上，得出风电上网价格政策对整个风电产业发展具有正向推动作用的结论。Tukenmez 和 Mine（2012）研究了土耳其可再生能源新政策所涉及的法律法规。自 20 世纪 70 年代的能源危机以来，土耳其政府一直在考虑如何减少对化石燃料的依赖，重视可持续、清洁、可再生能源的发展。土耳其的人口每年增长 1.04%，如果仅使用传统能源，其能源储备将不足以供其未来的人口所需。其目标是 2023 年可再生能源使用量约占全国使用量的 30%，促进可再生能源的持续增长。

6.3.3　综合评述

在 21 世纪之前，中国的能源供应基本是以自主供应为主。随着中国工业化进程的推进，对能源的需求逐年增加，对外国能源供应的依赖也相应增加，能源安全问题也越来越严重。在此背景下，开发新能源、实现能源供应多样化具有很强的现实意义。

近年来，新能源产业这一研究领域已经吸引了国内外众多学者、专家的关注，并取得了不少研究成果。欧洲、日本等发达经济体长期以来一直受能源危机的影响，所以对能源问题比较早地予以了重视，并积极就能源安全问题进行了人力、物力等方面的投入，就新能源产业发展问题展开了相关研究，已经积累了一些成功的经验。相对来说，中国的新能源产业研究起步较晚，科研力量相对薄弱，已有的研究成果在深度和广度方面还有一定的局限性。

6.4 对外贸易对能源产业绿色发展影响的理论分析

6.4.1 学习效应机制

学习效应，即在与世界上的其他国家进行贸易活动的同时，通过“干中学、学中干”获得国际技术外溢，同步提升自身的生产率和工艺技术水平。当企业出口时，企业加大了与世界市场交流的机会，能够从多重渠道接触和获取新知识、新技术，从而推进能源产业绿色发展。

6.4.2 外部经济效应机制

外部经济效应主要体现为出口部门对非出口部门的技术外溢作用，可分为两个部分：首先是对产业内产业链中同样生产环节的竞争企业的技术外溢；其次是作用于产业链上前后向联结的上下游企业的技术外溢。出口企业的自我选择效应和干中学效应使其自身生产率高于非出口企业，具有绝对的技术优势以及管理优势，在产业中处于一定的垄断地位，并对其他竞争企业有一定的示范效应，这些竞争性企业通过模仿出口企业从国外学习的先进知识和技术、科学的管理方法以及其他市场信息，逐步提升自身效率以及管理水平，继而再通过自身的创新不断发展，逐渐追赶出口企业直至生产率上无甚差距，继而达到出口的要求，开拓国外市场，进入更为广大的国际贸易环境，成为出口企业，然后再对其他仍落后的非出口企业产生技术外溢。以此循环，整个产业的生产率逐渐得到提升，使得绿色发展得以进行。

6.4.3 微观理论模型

本节从理论上阐述对外贸易影响能源产业绿色发展也就是新能源发展的机制。现有文献指出，对外贸易有助于提高企业的利润，帮助企业扩大生产。同时，对外贸易所带来的产品和技术的交流可以帮助企业提高技术水平从而促进新能源产业整体的发展。

假定经济中只有劳动这一种生产要素，劳动者数量为 L，且每个劳动者的偏好均为 CES 形式：

$$U = q_0^{1-\mu}\left[\int_{\omega\in\Omega} q(\omega)^{\frac{\sigma-1}{\sigma}}\mathrm{d}\omega\right]^{\frac{\sigma-1}{\sigma}\mu} \tag{6-1}$$

其中，q_0 为对同质产品的需求，该部门产品的生产具有规模收益不变性质，且投入产出系数为 1。$q(\omega)$ 表示对差异化产品 ω 的需求，Ω 代表可以消费的商品集合，$\sigma>1$ 表示差异化产品之间的需求替代弹性。μ 表示消费者在差异化产品上的支出比重。以 q_0 为计价物，于是，国内消费品价格指数可以表示为：

$$p = \left[\int p(\omega)^{1-\sigma}\mathrm{d}\omega\right]^{\frac{1}{1-\sigma}\mu} \tag{6-2}$$

其中，$p(\omega)$ 表示产品 ω 的价格。由效用最大化可以得到产品 ω 的需求函数为：

$$q(\omega) = \mu L\frac{p(\omega)^{-\sigma}}{p^{1-\sigma}} \tag{6-3}$$

企业 ω 的总收益为：

$$r(\omega) = \mu L\left(\frac{p(\omega)}{p}\right)^{1-\sigma} \tag{6-4}$$

投入 1 单位中间投入可以生产出 x 单位的最终产品，x 测度了企业的生产效率水平。此外，为了进入国际市场，企业必须投入一定的沉没成本 f_e 来获取消费者信息、建立分销和营销网络。

于是，出口企业的预期利润最大化的目标函数为：

$$E(\pi_e(x)) = \vartheta^m\left[p_1(x)\,q_1(x) - \frac{\tau\,q_1(x)}{x}\right] + (1-\vartheta^m)\left[p_2(x)\,q_2(x) - S(\varphi)\frac{\tau\,q_1(x)}{x}\right] - f_e \tag{6-5}$$

由此我们可以看出，参与对外贸易的企业会有更大的预期利润空间。

6.5 能源产业绿色发展的效率研究

能源产业的绿色发展要求提高能源生产和使用的效率，故本节接下来分析能源效率。能源效率又称能源开发效率，是指能源生产过程的效率，即能源的投入产出比，考查每一种能源在生产过程中的效率高低，从能源生产过程的角度来测算各种新能源的投入规模合理性及各种投入资源的利用。本节选取风能、生物质能、核能三种能源进行分析。

6.5.1 新能源投入产出使用情况

风能发电投入产出使用情况如表6－1所示，核能发电投入产出使用情况如表6－2所示，生物质能发电投入产出使用情况如表6－3所示。

表6－1　风能发电投入产出使用情况统计表

年份	总装机容量/万千瓦	风能使用量/亿千瓦	全国使用量/亿千瓦	风能使用量占比/%
2009	25805.3	276	36812	0.75
2010	44733.3	501	42280	1.18
2011	62364.2	800	47217	1.69
2012	75324.2	1008	49774	2.03
2013	91413.5	1400	52451	2.67
2014	10872.4	1660	56107	2.96
2015	12138.7	1836	58298	3.15
2016	13944.4	2104	61169	3.44
2017	15389.2	2379	64129	3.71
2018	16723.8	2665	66982	3.98
2019	19382.8	3166	70836	4.47

资料来源：历年《中国新能源统计年鉴》《中国能源统计年鉴》。

表6－2　核能发电投入产出使用情况统计表

年份	总装机容量/万千瓦	核能使用量/亿千瓦	全国使用量/亿千瓦	核电使用量占比/%
2009	908	276	36812	1.88
2010	1082	501	42280	1.82
2011	1257	800	47217	1.85
2012	1390.3	1008	49774	1.95
2013	1483.3	1400	52451	2.11
2014	1579.7	1268	56107	2.26

续表

年份	总装机容量/万千瓦	核电使用量/亿千瓦	全国使用量/亿千瓦	核电使用量占比/%
2015	1641.2	1463	58298	2.51
2016	1844.4	1584	61169	2.59
2017	1989.2	1737	64129	2.71
2018	2023.8	1868	66982	2.79
2019	2282.8	2242	70836	2.88

资料来源：历年《中国新能源统计年鉴》《中国能源统计年鉴》。

表 6-3 生物质能发电投入产出使用情况统计表

年份	总装机容量/万千瓦	生物质能使用量/亿千瓦	全国使用量/亿千瓦	生物质能使用量占比/%
2009	430	226.2	36812	0.61
2010	550	209.1	42280	0.53
2011	700	183.3	47217	0.42
2012	878.1	211.4	49774	0.42
2013	900	356.0	52451	0.67
2014	958	403.9	56107	0.72
2015	997.3	460.5	58298	0.79
2016	1044.4	532.1	61169	0.87
2017	1089.2	583.5	64129	0.91
2018	1123.8	616.2	66982	0.92
2019	1282.8	793.3	70836	1.12

资料来源：历年《关于国内外生物质发电产业基本情况的报告》《中国生物质发电建设统计报告》。

从表 6-1、表 6-2 中可以看出，2009—2019 年，风电、核电总装机容量不断上升，使用量和使用量占比均稳步提升，说明我国的风能、核能发电持续稳定发展。生物质能发电发展相对缓慢，但使用量和总装机容量等指标有所提升。

6.5.2 基于 DEA 数据包络模型的中国新能源效率实证分析

DEA（数据包络分析）由著名的运筹学家 Charnes、Cooper 和 Rhodes

于1978年首先提出，该方法的原理主要是通过保持单元的输入或输出不变，确定相对有效的生产前沿，将各个决策单元投影到DEA的生产前沿并通过比较决策单元偏离DEA前沿的程度来评价决策单元的相对效率。

DEA基本模型为CCR模型：对于n个被评价的决策单元（DMU），各决策单元的输入指标为m个，输出指标为s个，令$X_i = (x_{1j},\cdots,x_{ij},\cdots,x_{mj}),(i \in [1,m],j = 1,2,\cdots,n)$为第$j$个DMU的输入向量，其中$x_{ij}$为第$j$个DMU的第$i$个输入指标的输入值。令$Y_i = (y_{1j},\cdots,y_{rj},\cdots,y_{sj}),(r \in [1,s],j = 1,2,\cdots,n)$为第$j$个DMU的输出指标向量，其中，第$r$种输出指标的输出为：

$$\begin{cases} \min theta \\ \text{s. t. } \sum_{j=1}^{n} \lambda_j y_j + s^+ = \theta x_0 \\ \sum_{j=1}^{n} \lambda_j y_j + s^- = \theta x_0 \\ \lambda_j \geqslant 0, j = 1,2,\cdots,n \\ s^+ \geqslant 0, s^- \geqslant 0 \end{cases}$$

其中，s^-为输入的冗余量；s^+为输出的不足量；θ是该决策单元的相对效率，即输出相对于输入或者输入相对于输出的有效程度，反映其相对效率，θ越大其相对效率越大。当$\theta = 1$，且$s^- = s^+ = 0$时，则称该决策单元DEA有效；当$\theta < 1$时，表示决策单元DEA无效。

CCR模型发展的假定条件为规模报酬不变，然而现实生活中大多数行业的规模报酬都是可变的，因此CCR模型发展产生了BCC模型，BCC模型将CCR中的技术效率（θ）进一步分解为综合效率、纯技术效率和规模效率。并且将各个DEA无效的决策单元在相对有效平面进行投影分析，计算出输入输出的目标值。具体分析数据见表6－4、表6－5和表6－6。

表6－4 2009—2019年风电生产过程投入产出效率分析数据

年份	综合效率	纯技术效率	规模效率
2009	0.625	0.658	0.950
2010	0.654	0.671	0.975
2011	0.749	0.759	0.987
2012	0.782	0.789	0.991
2013	0.895	0.899	0.995
2014	1.000	1.000	1.000
2015	0.915	0.985	0.929
2016	1.000	1.000	1.000
2017	0.912	1.000	0.912
2018	0.952	0.961	0.991
2019	0.994	0.994	1.000

注：纯技术效率为产出相对于投入而言的效率情况，当纯技术效率为1时为纯技术有效，即产出相对于投入而言达到最大。纯技术效率代表风能的经营管理使得其资源配置到达最优的程度。规模效率是指当前的规模状况的有效程度，当规模效率为1时为规模有效，即此时规模既不太大也不太小，处于规模报酬不变的最佳状态。综合效率＝纯技术效率×规模效率。下同。

资料来源：笔者计算整理所得。

表6－5 2009—2019年核电生产过程投入产出效率分析数据

年份	综合效率	纯技术效率	规模效率
2009	0.625	0.658	0.950
2010	0.654	0.671	0.975
2011	0.749	0.759	0.987
2012	0.782	0.789	0.991
2013	0.895	0.899	0.995
2014	0.997	0.961	1.000
2015	1.000	0.985	0.929
2016	1.000	1.000	1.000
2017	0.972	1.000	0.912
2018	0.958	1.000	0.991
2019	0.994	1.000	1.000

资料来源：笔者计算整理所得。

表 6-6　2009—2019 年生物质能发电生产过程投入产出效率分析数据

年份	综合效率	纯技术效率	规模效率
2009	0.919	1.000	0.919
2010	0.664	0.704	0.943
2011	0.457	0.460	0.993
2012	0.420	0.447	0.940
2013	0.691	1.000	0.691
2014	0.581	1.000	0.581
2015	1.000	0.985	0.929
2016	0.915	1.000	1.000
2017	0.912	1.000	0.912
2018	0.743	0.772	0.963
2019	0.821	0.821	1.000

资料来源：笔者计算整理所得。

从表 6-4、表 6-5、表 6-6 中可以看出，我国风电投入产出效率自 2009 年以来稳步提升，并于 2014 年达到最高，之后一直保持较高水平。核电投入产出效率自 2009 年开始始终保持在较高水平。生物质能发电投入产出效率则变化较大，呈现不稳定的状态。

6.6　对外贸易对能源产业绿色发展影响的实证分析

本部分从实证角度分析对外贸易对能源产业绿色发展的影响。能源产业绿色发展体现为可再生能源使用量的提升。本部分选取风能、生物质能、核能的使用量作为能源产业绿色发展的指标，对 2010—2019 年 31 个省份的面板数据进行混合回归分析。

6.6.1　变量选择及数据说明

6.6.1.1　被解释变量

本部分的被解释变量为可再生能源使用量（GC），即上述风能（GC_w）、核能（GC_n）、生物质能（GC_b）使用量，资料来源为历年《中国新能源统计年鉴》，另外，考虑到数据的可获得性和时效性，本部分选取的研究区间为2009—2019年的31个省份的相关数据。

6.6.1.2 解释变量

解释变量是对外贸易额，也就是进口额和出口额，分别用 *im* 和 *ex* 表示。数据来自历年《中国统计年鉴》。

6.6.1.3 控制变量

（1）区域经济发展水平（*perGDP*）。将各地区的生产总值作为地区经济发展水平的变量，资料来源于历年《中国统计年鉴》。

（2）城镇化水平（*city*）。城镇化水平能促进居民的消费，带动能源产业的发展，优化产业结构。因此，城镇化水平越高，消费水平和结构越完善，最终会推动经济发展从而间接推动能源产业的绿色发展。本部分选取城镇人口占总人口的比率 *city* 来代表城镇化水平，数据来自历年《中国统计年鉴》。

（3）教育水平（*edu*）。能源产业的绿色发展需要强大的技术支持，尤其是核能、生物质能产业等高技术含量产业，所以地区的高等教育水平会间接影响能源产业的绿色发展。本部分选取普通高等本科在校人数和普通高等本科毕业人数来代表教育水平，数据来自中国数据研究服务平台（CNRDS平台）。

6.6.2 模型设定与方法

根据前面的分析，设定了以下模型（为了尽量避免异方差，本模型对可再生能源使用量 *GC*、区域经济发展水平 *perGDP* 以及进出口额 *im*、*ex* 取了对数）。

$$\ln GC_{it} = \alpha_0 + \alpha_1 \ln im_{it} + \alpha_2 \ln perGDP_{it} + \alpha_3\, city_{it} + \alpha_4 \ln edu_{it} + \lambda_t + u_i + \varepsilon_{it} \tag{6-6}$$

其中，α_1 代表在其他条件不变的情况下，*im* 进口额变动的比率对清洁能源使用量 *GC* 百分比变动的影响；α_2 代表在其他条件不变的情况下，*perGDP* 变动一个单位时，可再生能源使用量 *GC* 的变动比率；α_3 代表在其他条件不变的情况下，*city* 变动的比率对清洁能源使用量百分比变动的影响；α_4 表示在其他条件不变的情况下，*edu* 变动一个单位，可再生能源使用量 *GC* 的变动比率；λ_t 表示时间的固定效应，u_i 表示省级区域的固定效应，ε_{it} 是随机误差项。变量描述性统计如表 6－7 所示。

表 6－7　变量描述性统计

变量	(1)	(2)	(3)	(4)	(5)
	N	mean	sd	min	max
ln*GC*	341	10. 69	0. 506	9. 303	12. 01
ln*im*	341	2. 368	0. 0473	2. 230	2. 486
ln*perGDP*	341	5. 111	2. 055	－2. 631	7. 722
city	341	0. 554	0. 136	0. 227	0. 896
ln*edu*	341	3. 610	0. 935	0. 663	7. 045

资料来源：笔者计算整理所得。

由表 6－7 可知，我国各省份之间城镇化水平和教育水平相差较大，这也是我国区域发展不平衡的表现之一。接下来研究各变量之间的影响，对变量进行相关性分析，结果如表 6－8 所示。

表 6－8　相关性分析结果

	ln*GC*	ln*im*	ln*perGDP*	*city*	ln*edu*
ln*GC*	1				
ln*im*	0. 723	1			
ln*perGDP*	0. 368	0. 369	1		
city	0. 868	0. 864	0. 294	1	
ln*edu*	0. 348	0. 350	0. 688	0. 335	1

资料来源：笔者计算整理所得。

从表 6－8 中可以看出，除了城镇化水平外，其余控制变量和解释变量之间的相关系数都不超过 0. 8，说明这些变量之间不存在强相关性。

6. 6. 3　模型估计和结果分析

本部分选取的是 2009—2019 年间的省级面板数据。先对整体样本进行了 OLS 混合效应的回归，此外，由于所选样本可能存在个体差异性，因此或许存在不随时间变化的遗漏因子。基于这种情况潜在的可能性，需要选择固定或随机效应模型。经过 F 检验和 BP 检验，最后选择固定效应模型。分析结果如表 6－9 所示。

表 6－9 进出口额对出口复杂度的影响的回归结果

变量	(1)	(2)	(3)	(4)
	y	*y*	*y*	*y*
ln*im*	10.499*** (141.98)	10.525*** (55.72)		
ln*perGDP*		0.002* (1.99)		0.032*** (3.32)
city		－0.035 (－0.30)		4.501*** (5.20)
ln*ex*			0.533*** (22.11)	0.207*** (3.11)
ln*edu*				－0.006 (－0.47)
Constant	－14.173*** (－80.94)	－14.228*** (－36.83)	8.187*** (72.38)	7.083*** (30.12)
Observations	341	341	341	341
R－squared	0.301	0.231	0.116	0.173
Number of province	31	31	31	31
province FE	YES	YES	YES	YES
Year FE	YES	YES	YES	YES
F test	0	0	0	0
R^2_a	0.298	0.225	0.131	0.180
F	20158	7567	488.7	310.2

注：括号中为 t 值，＊＊＊代表 p<0.01，＊＊代表 p<0.05，＊代表 p<0.1。
资料来源：笔者计算整理所得。

（1）当对外贸易以进口额 *im* 表示时。

表 6－9 中第（1）列为进口额对可再生能源使用量的基准回归结果，且出口额数量 *im* 的取对数系数结果为正向显著。第（2）列为在第（1）列的基础上添加了经济发展水平、教育水平以及城镇化水平等控制变量的

回归结果。可以看出，加入了所有的控制变量之后，进口额 *im* 的对数值系数结果仍为正，且其在 1% 的水平上显著。这表明，进口额的增加会使一省的可再生能源使用量上升，会促进该省的能源产业绿色发展。该结果与此前的理论预期相符合。经济发展水平（*perGDP*）的对数值的系数为正，但显著性不高。城镇化水平的系数结果为负且不显著，和理论预期有偏差。

（2）当对外贸易以出口额 *ex* 表示时。

表 6－9 第（3）列为出口额对可再生能源使用量的基准回归结果，且出口额 *ex* 的取对数系数结果为正向显著。第（4）列为在第（3）列的基础上添加了经济发展水平、教育水平和城镇化水平等控制变量的回归结果。可以看出，加入了所有的控制变量之后，出口额的对数值系数结果仍为正，且在 1% 的水平上显著。这表明，出口额增加会使一省的可再生能源使用量上升，会促进该省的能源产业绿色发展。并且当对外贸易以出口额 *ex* 表示时，城镇化水平系数结果为正且在 1% 的水平上显著，符合理论预期。但教育水平系数为负且不显著，与理论预期有偏差。

6.6.4 分地区对外贸易对能源产业绿色发展影响的实证研究

我国东部沿海发达地区的经济发展水平较高，中西部与东部之间存在较大差异。所以本部分将全国 31 个省份分为东部沿海发达地区和非东部沿海发达地区，分别分析其对外贸易对可再生能源使用量的影响，结果如表 6－10、表 6－11、表 6－12 所示。

（1）分地区变量描述性统计。

表 6－10 分地区变量描述性统计结果

变量	(1)	(2)	(3)	(4)	(5)	(6)	(7)	(8)	(9)	(10)
	pro 0					pro 1				
	N	mean	sd	min	max	N	mean	sd	min	max
ln*GC*	242	10.46	0.366	9.303	11.26	99	11.24	0.344	10.43	12.01
ln*im*	242	2.347	0.0353	2.230	2.421	99	2.419	0.0307	2.345	2.486
ln*perGDP*	242	4.656	1.769	−1.220	7.256	99	6.225	2.279	−2.631	7.722

续表

变量	(1)	(2)	(3)	(4)	(5)	(6)	(7)	(8)	(9)	(10)
	pro 0					pro 1				
	N	mean	sd	min	max	N	mean	sd	min	max
city	242	0.492	0.0853	0.227	0.668	99	0.707	0.116	0.483	0.896
ln*edu*	242	3.417	1.017	0.663	7.045	99	4.082	0.418	3.241	4.748
ln*rd*	242	4.083	1.627	-1.810	6.411	99	6.173	0.825	4.428	7.747
Number of province	22	22	22	22	22	9	9	9	9	9

资料来源：笔者计算整理所得。

表6-10中第（1）列至第（5）列为非东部沿海发达地区各变量的描述性统计结果，第（6）列至第（10）列为东部沿海发达地区各变量的描述性统计结果。可以看出，东部沿海发达地区的进出口额等指标都明显高于非东部沿海发达地区；尤其是在城镇化和经济发展水平方面领先更为明显，非东部沿海发达地区内部的教育水平差距较大。

（2）东部沿海发达地区回归分析。

表6-11 东部沿海发达地区技术创新对出口复杂度影响的实证结果

变量	(1)	(2)	(3)	(4)
	y	*y*	*y*	*y*
ln*im*	11.182 *** (138.66)	11.422 *** (85.79)		
ln*perGDP*		0.002 (0.18)		0.027 *** (6.62)
city		0.223 ** (-2.90)		2.404 * (2.27)
ln*edu*		0.003 (0.22)		-0.126 (-0.45)
ln*ex*			0.539 *** (14.40)	0.390 *** (4.45)
Constant	-15.809 *** (-81.03)	-16.244 *** (-63.71)	7.915 *** (34.23)	7.479 *** (8.75)

续表

变量	(1)	(2)	(3)	(4)
	y	y	y	y
Observations	99	99	99	99
R - squared	0.159	0.135	0.038	0.062
Number of province	9	9	9	9
province FE	YES	YES	YES	YES
Year FE	YES	YES	YES	YES
R^2_ a	0.213	0.145	0.037	0.056
F	19227	70009	207.3	841.0

注：t - statistics in parentheses，＊＊＊代表 $p < 0.01$，＊＊代表 $p < 0.05$，＊代表 $p < 0.1$。

资料来源：笔者计算整理所得。

东部沿海发达地区的对外贸易对可再生能源使用量的影响在1%的显著性水平上为正，与理论预期相符。与不分地区回归分析比较可以看出，东部沿海发达地区的对外贸易对可再生能源使用量的影响比非东部沿海发达地区的影响更大。当对外贸易以进口额为指标时，经济发展水平和教育水平的系数接近于零且不显著；当对外贸易以出口额为指标时，教育水平系数为负且不显著，和理论预期有出入。

（3）非东部沿海发达地区回归分析。

表6-12　非东部沿海发达地区技术创新对出口复杂度影响的实证结果

变量	(1)	(2)	(3)	(4)
	y	y	y	y
ln*im*	10.338***	10.125***		
	(199.34)	(101.87)		
ln*perGDP*		-0.001		-0.001
		(-0.59)		(-0.05)
city		0.164**		4.951***
		(2.52)		(5.39)
ln*edu*		-0.001		-0.005
		(-0.33)		(-0.32)

续表

变量	(1)	(2)	(3)	(4)
	y	y	y	y
lnex			0.531*** (18.12)	0.179** (2.44)
Constant	-13.802*** (-113.40)	-13.376*** (-63.91)	8.290*** (69.22)	7.313*** (28.89)
Observations	242	242	242	242
R-squared	0.018	0.013	0.031	0.120
Number of province	22	22	22	22
Province FE	YES	YES	YES	YES
Year FE	YES	YES	YES	YES
R^2_ a	0.015	0.009	0.028	0.098
F	39735	10893	328.3	259.0

注：t-statistics in parentheses，***代表 $p<0.01$，**代表 $p<0.05$。
资料来源：笔者计算整理所得。

由表6-12可知，与东部沿海发达地区相比，非东部沿海发达地区对外贸易对可再生能源的影响相对较小。在非东部沿海发达地区的回归分析中，对外贸易无论以什么为指标，经济发展水平和教育水平系数均接近于零且为负，且均不显著。比较表6-11和表6-12可知，我国东部与非东部的对外贸易对可再生能源使用量的影响并不相同，东部由于健全的市场环境和相应的法规使得技术创新可以对出口复杂度产生更大的影响，表明我国的区域发展还有待平衡。

6.6.5　稳健性检验

将指标的时间范围由2010—2019年调整至2008—2017年后做稳健性检验，结果如表6-13所示。

表 6-13 调整指标时间范围后的回归结果

变量	(1)	(2)	(3)	(4)
	y	y	y	y
ln*im*	10.682***	10.509***		
	(580.84)	(295.80)		
ln*perGDP*		0.001*		0.020**
		(1.84)		(2.17)
city		0.075***		2.823***
		(6.17)		(22.28)
ln*edu*		-0.003		0.065**
		(-2.84)		(-2.33)
ln*ex*			0.182***	0.064***
			(14.61)	(3.49)
Constant	-14.606***	-14.236***	9.832***	8.853***
	(-335.35)	(-182.42)	(157.67)	(151.78)
Observations	341	341	341	341
R-squared	0.539	0.379	0.386	0.775
province FE	YES	YES	YES	YES
Year FE	YES	YES	YES	YES
R^2_ a		0.459	0.384	0.773
F		94239	213.4	289.9

注：t-statistics in parentheses，***代表 $p<0.01$，**代表 $p<0.05$，*代表 $p<0.1$。

资料来源：笔者计算整理所得。

表6-13是调整指标时间范围后的回归结果，可以看出，在变换了时间范围后，对外贸易的两个指标进口额和出口额的系数为正，与未变换时间范围的回归结果基本一致，与理论预期相符。

6.7 结论及政策启示

6.7.1 结论

本章从进口和出口两个方面研究了对外贸易对可再生能源使用量的影响，选取了我国31个省份的面板数据，采用固定效应模型进行实证检验分析。进一步地，为了探讨不同经济发展水平的影响情况，将所有的样本省份按照东部沿海发达地区和非东部沿海发达地区进行分类并分别进行实证分析，得出以下结论：

（1）就对外贸易以进口额投入为代表时对可再生能源使用量的影响而言，无论是对整体样本还是分地区样本的实证检验，都能发现进口额对可再生能源的影响是正向且显著的，能推动能源产业绿色发展，且其对东部沿海发达地区可再生能源使用量的提升作用大于对非东部沿海发达地区的。经济发展水平的效果不是很明显；城镇化对可再生能源使用量的影响在整体样本和分类样本中都是正向显著的。

（2）就对外贸易以出口额为代表时对可再生能源使用量的影响而言，无论是对整体样本还是分地区样本的实证检验，都能发现出口额对可再生能源使用量的影响是正向且显著的，能推动本省的能源产业绿色发展，且其对东部沿海发达地区的影响作用是大于对非东部沿海发达地区的，原因可能是地区间的政策落实有一定差距，人们的能源使用观念相对不同。经济发展水平在整体样本中回归效果显著，但其在东部沿海发达地区和非东部沿海发达地区样本对可再生能源使用量作用是不显著的；城镇化水平的影响在整体样本和分地区样本中都是正向显著的；教育水平无论在东部沿海发达地区还是非东部沿海发达地区都对其可再生能源使用量的作用不显著，与理论预期不符。教育水平对可再生能源使用量的作用不显著可能是因为教育水平未能有效转化为产业结果，产学之间有所脱节。

6.7.2 政策启示

根据全文的研究和结论，本章提出以下建议：

（1）继续扩大对外开放的范围，鼓励“引进来，走出去”。

随着我国改革开放进程的深入，对外贸易对我国经济各方面的促进作用已经十分明显。从上文的分析中我们可以发现，对外贸易的增加，无论是进口额还是出口额都会显著地增加可再生能源的使用量，促进能源产业的绿色发展。所以应当在目前的基础上，继续扩大对外开放的范围。

（2）缩小地区发展差异，为能源产业绿色发展提供制度保障。

优化制度环境既是保证对外贸易优势的前提，又是保持能源产业绿色发展的关键。当前，我国东部沿海发达地区和中西部地区发展差异较大。为优化内外制度环境，缩小地区发展差异，政府应该主要从以下两点着手：第一，对财政征收政策采取优惠措施，对部分高技术的可再生能源产业采取税收优惠政策，降低企业的投入成本。第二，平衡地区间制度环境的差异性，加强中西部制度建设。考虑到中西部地区与东部地区制度环境的差异性，应借助“一带一路”倡议发展的良好契机，进一步完善中东部地区的制度质量，尤其要重点改善人力资本和技术引进的制度环境，同时，强化中部地区整体制度质量的提升，缩小与东部发达地区的制度差距。

（3）大力推进城镇化水平。

城镇化水平能促进居民的消费，带动经济的增长，优化产业结构，推动现代经济的发展，最终将会推动能源产业发展并提高可再生能源的使用量。因此，政府可以采取相关措施大力提高城镇化水平，如采取加快统一城乡户籍制度、加大村镇银行的支持力度、扩大对村镇的财政支出等措施，来推动城乡一体化，为城镇化营造更好的发展环境。

7 对外贸易对绿色技术创新的影响

7.1 引言

高速增长的经济和资源错配所带来的环境问题日益严峻，现已逐渐成为制约我国经济长期可持续发展的瓶颈。《2020 年全球环境绩效指数（Environmental Performance Index，EPI）报告》显示，2020 年中国的 EPI 得分仅为 37.3 分，在参评的 180 个国家和地区中列第 120 名，反映了我国环境绩效状况不容乐观。然而，由于该绩效评分受到方法、数据等因素的限制，并不可否认我国近年来在生态环境保护上所取得的重大成就。党的十八大报告明确指出实施创新驱动发展战略，是加快转变发展方式、提高我国综合实力和国际竞争力的必然要求和战略举措。党的十八届五中全会更是首次提出“创新”“绿色”的发展理念，强调绿色创新的关键作用。随后“十三五”规划提出“绿色发展”的核心目标，着重强调大力支持清洁生产方式，进一步凸显绿色技术创新的重要作用，积极改造传统产业，发展低碳产业，实现经济发展由要素驱动、投资驱动向创新驱动转变。党的十九大报告进一步强调发展绿色经济，加快绿色经济技术创新，是经济转型的必由之路。由此可见，绿色技术创新体现了可持续发展的先进理念，符合我国目前的基本国情和经济高质量发展的要求，是破解资源与环境难题的关键。

随着我国对外贸易总量和规模的扩大，对外贸易已成为我国获取先进绿色创新资源的重要渠道。开放经济下，对外贸易可以促进先进技术在全球范围扩散和传播。对我国这样一个贸易大国来说，如何根据自身的实际情况，合理利用对外贸易带来的创新资源，最大限度地发挥贸易的绿色技术溢出作用，进而推动我国的绿色技术创新是亟待解决的问题。我国正值经济转型的新时期，利用国际贸易这一知识溢出渠道，加快提升我国的绿色技术创新能力具有重要意义。与已有研究相比，本部分将提供来自中国的经验证据，研究发展中国家或转型经济体对外贸易对母国企业绿色技术创新的影响，为仅以发达国家为基础视角的相关研究做出了一个有益的补充，并为我国政府部门制定未来区域阶段性发展规划提供政策方向。

7.2 文献综述

7.2.1 绿色技术创新的内涵界定

绿色技术创新所涵盖的要素和宽泛的外延包括了技术创新、环境保护、投入产出效益、法律法规、社会责任等多重复杂特征。这一概念由 Braun 和 Wield（1994）首次提出，旨在利用现代技术减少环境污染，降低自然资源能耗，改善生态环境。进入 21 世纪以来，经济开发所带来的资源环境恶化问题越来越受到世界各国的关注，关于绿色技术创新的研发成果颇丰。欧盟组织将绿色技术创新定义为遵循生态原理及经济规律，致力于节约能源，减少环境污染和破坏，是生态负效应实现最小化的“无公害”或“少公害”的技术、工艺及产品的统称。相关学者依据技术类别和应用对象的不同对绿色技术创新进行了细分，进一步地明确了异质条件下绿色技术创新的含义。一方面，绿色技术创新可细分为以节能减排为宗旨的产品设计和生产上的创新（Bernauer et al.，2006；李海萍等，2005；李婉红等，2013；张倩等，2015；杨东等，2015；杨国忠等，2019；Xie et al.，2019）。另一方面，绿色技术创新还可以是优化生产过程的绿色工艺创新（毕克新等，2011；张旭等，2017；杨朝均等，2018）。

此外，绿色技术创新的内涵界定主要基于三类研究视角：第一，基于高效资源利用视角。这类研究认为，相比传统的技术创新，绿色技术创新不仅有助于提高企业经济效益，还能体现资源的节约和环境效益，进而实现经济的长期可持续性增长（Jaffe，1997；Huber，2004；Thomas et al.，2006；Driessen，2013；宋维佳等，2017；沈能，2018）。第二，基于优化企业管理视角。这类研究发现，绿色技术创新能够降低企业内部的运营成本，缓解企业外部规制压力的同时发现新资源和新机会，进而提升企业绩效，增强企业的竞争力（Charter，2007；Samir，2007；Zarebska，2016；孙丽文，2019；邹志勇，2019）。第三，基于国家、地区或行业宏观发展视角，强调绿色创新对可持续发展的重要作用，构建经济范式框架（陈华斌，1999；陈劲，1999；肖黎明，2019）。

7.2.2　绿色技术创新影响因素的相关研究

已有研究表明，驱动技术创新的影响因素可分为制度因素、市场因素和自然资源因素。首先，管理部门所提供的制度环境一方面可以给企业的生产带来压力（谢荣辉，2017；伍格致等，2019），另一方面可为企业做出政策保障、资金和信息等方面的支持（宋维佳等，2017；王锋正等，2018）。部分研究还表明，环境规制对绿色技术创新的影响呈现“U”形、倒“U”形和“V”形等非线性关系（张娟等，2019；邝嫦娥等，2019；许慧等，2018；郭进等，2019）。其次，绿色产品为顾客带来的个人收益所引发的市场需求驱动了企业进行绿色技术创新（Kammerer，2009；Horbach et al.，2012）。与此同时，企业可利用绿色技术创新实现产品差异化，从而在市场中获得竞争优势。再次，Hart（2010）提出的自然资源观点认为，企业为赢得竞争优势可制定三类绿色战略：①污染防治和节能减排以降低成本；②产品的绿色创新以满足市场需求和社会的认可；③形成绿色环保承诺的企业文化和伦理价值，以实现企业长期的可持续性发展。最后，对外直接投资和国际贸易所产生的技术学习、技术转移和技术传播促进了母国和东道国企业绿色技术创新（Dean，2002；Fontagne et al.，2005；Frankel and Rose，2005；罗堃，2007；毕克新等，2011；杨国忠等，2017）。

7.2.3 对外贸易对企业技术创新的影响研究

多数研究表明对外贸易能够促使技术溢出。一方面，进口贸易可以通过产品的转移形成技术的转移，通过关联进口国上下游产业促使进口国技术提升（Grossman and Helpman，1991；Coe et al.，1997；叶灵莉等，2008；叶霖莉等，2015）。另一方面，出口贸易要求出口国企业进行创新产品开发，生产进口国所缺少的高技术产品，促进了出口国企业自主技术创新能力（李兵等，2016；Elena and Giovanni，2011；Fracasso and Vittucci，2015；王奇珍等，2016；王雄元，2018）。多数情况下，出口商需要按照海外客户的要求进行生产，会接受一定的技术培训和支持。在按需生产的过程中，海外企业有时会不自觉地将一些隐性技术知识或专利移交给出口商。而且，出口商在国际市场上较容易接触到最前沿的技术，通过不断地模仿来改良自由技术，提高创新产出。然而，少量研究表明国际贸易对技术创新的促进作用不明显（张杰等，2017），甚至存在一定的抑制作用（邢孝兵等，2018；岳文，2017）。

现有研究缺少对国际贸易与绿色技术创新两者间的作用机制的深入探讨，缺乏相应的机制分析。故本书选取 2010—2019 年全国 30 个省份的面板数据，从进出口贸易的研究视角，围绕对外贸易的规模、结构、方式三个方面，全面考察对外贸易对我国区域绿色技术创新的影响作用，以期为推动我国绿色技术进步、破解资源与环境困境、实现经济高质量发展提供理论和经验依据。

7.3 国际贸易对我国绿色技术创新的影响机制分析

7.3.1 贸易规模对绿色技术创新的影响机制分析

（1）进口贸易方面。

进口贸易主要通过技术溢出效应、竞争效应、创新成本降低效应影响绿色技术创新。

第一，技术溢出效应。Amiti 和 Konings（2007）指出进口贸易中存在明显的“进口中学”效应，通过从发达国家进口先进的生产和减排技术、机器设备及高技术含量的中间商品，帮助企业短时间内快速掌握先进的生产技术，提高生产效率，减少生产过程中的污染排放和能源消耗，进而缓解企业的环境成本负担。同时，进口规模扩大意味着进口商品的数量和种类更加丰富。一方面，清洁产品特别是生产机器和设备的进口有利于充分发挥“进口中学”效应，促使企业在消化吸收的基础上，尽可能多地通过进口获得绿色技术溢出，推动企业在生产模式方面加快绿色工艺创新，在产品设计和研发方面加快绿色产品创新，最终提升企业自身的绿色技术创新能力；另一方面，进口大量多样化的原材料及中间商品，有利于减轻中间品在国内生产而造成的污染排放，减轻企业的生产成本，进而促进企业绿色全要素生产率的提升。

第二，竞争效应。大量进口产品的涌入，一定程度上对国内市场造成冲击，国内企业的竞争压力进一步加大。在此背景下，为了在激烈的市场竞争中占据优势，国内企业会主动加大研发投入力度，加快绿色技术创新，以提升产品质量和企业生产效率，进而获得更多的市场份额，增强长期竞争优势。进口竞争效应是一把“双刃剑”，既可能促使企业主动进行技术创新，也可能抑制企业的技术创新。特别是当国外进口品的替代效应很强，或者国内企业的市场份额和经营利润下降时，进口竞争会进一步削弱企业进行创新的内在动力，抑制企业自身的绿色技术创新活动，从而产生负向“自我选择效应”。

第三，创新成本降低效应。由于创新活动具有高风险和不确定特征，因此降低创新成本对一个企业的长期发展来说显得尤为重要。贸易自由化提高了中间产品的可得性，国内企业通过进口国外先进的机器设备及中间品，在获得技术溢出的同时，有利于减少企业不必要的生产成本，使其优化生产决策，将自身有限的资金及其他创新资源汇集起来，进行核心技术研发，从而提升企业的绿色技术创新能力。

（2）出口贸易方面。

出口贸易主要通过“出口中学”效应、竞争引致效应、规模效应影响绿色技术创新。

第一，“出口中学”效应。与非出口企业相比，出口企业在出口过程中更易接触到国际社会在产品设计、产品质量、生产工艺及绿色环保等方面先进的生产理念和严格的国际标准。通过与国外客户或大型跨国公司的沟通交流，以及对竞争企业的模仿学习，促使出口企业在“边出口，边学习”过程中，更加注重引进偏清洁、环保的生产技术及生产模式，用高标准的国际生产及产品准则要求自己，进行绿色技术创新，从而提升企业的生产效率和产品质量。同时，外国企业可能会对出口企业提供技术培训、工艺指导等方面的帮助，有利于出口企业获得逆向技术溢出，使其在消化吸收、模仿创新的基础上，增强自身绿色技术创新能力，甚至可能带动国内非出口企业在生产工艺等方面的环保技术革新。

第二，竞争引致效应。异质性企业贸易理论认为，出口企业具有更高的生产率，只有高生产率的企业才能进入出口市场。因此，出口企业面临着世界范围内更加激烈的市场竞争。特别是近年来发达国家绿色需求兴起，国外消费者更偏好环境友好型产品，国际上绿色贸易壁垒等技术性壁垒也逐渐兴起，使大部分依靠价格优势，以“低质价廉”取胜的出口企业面临生存危机。为突破此类贸易壁垒，抢占更多的市场份额，国内出口企业在巨大的生存压力下将主动进行绿色技术创新，在生产过程中更加注重环保因素，改进传统的生产方式，采用绿色环保的生产工艺，以提高生产效率和资源利用率，减少生产过程中的污染物排放。

第三，规模效应。一方面，出口规模扩张，有利于国内企业发挥在生产方面的规模经济。规模经济在提高要素使用率、降低单位产出污染的同时，有助于增加企业利润，从而为企业的绿色技术研发提供雄厚的资金支持。特别是国际贸易的环境技术效应，意味着贸易自由化通过“贸易—收入—技术进步”路径间接对环境产生正外部性，即贸易规模扩大促进一国的经济增长，提高该国的居民收入，使居民的环境偏好增强，对绿色产品需求上升，进而加大绿色技术研发，推动绿色技术进步。另一方面，出口规模扩大，将导致国内的生产制造活动增多，可能引起污染加重，甚至使部分企业为了节约成本而采用落后的生产技术，这些负面影响一定程度上都会抑制企业的绿色技术创新动力。

7.3.2　贸易结构对绿色技术创新的影响机制分析

新贸易理论认为，内生贸易品中的技术动态溢出是影响一国或地区技术创新能力和经济增长的重要因素，而贸易技术溢出效果与贸易结构密切相关。不同类别的产品进口对技术创新的影响存在显著差异。Goldberg 和 Pavcnik（2007）发现高质量的中间品进口，可以使进口国获得更多核心技术。胡小娟等（2016）指出劳动资源密集型行业的中间品进口阻碍技术创新，而资本技术密集型行业的中间品进口才会促进技术创新。特别是在考虑环境约束情况下，增加低技术含量、仅用于简单加工组装的中间品进口并不能使国内企业获得绿色技术溢出，只会带来最终产品的生产扩张，进而对国内的生态环境产生不利影响。但随着进口贸易结构不断优化，国内企业会进口更多高技术含量的中间产品，其中包括引进清洁技术含量高的机器设备，有利于丰富国内中间投入品的种类，推动绿色技术溢出和扩散。同时，为了更好地掌握先进的生产及减排技术，充分利用技术复杂度高的中间投入品，提高生产效率，国内企业会主动增加研发投入，从而提高自身的吸收能力和技术创新水平。另外，大量高质量进口品的涌入会加剧国内市场的竞争，这可能迫使国内企业在巨大的生存压力下主动进行绿色技术创新，但也可能使国内企业因竞争和利润减少而降低自身的绿色创新动力，从而对国外高技术中间品、机器设备产生进口依赖，最终不利于自身绿色技术创新能力的提升。此外，当国内企业大量进口高质量的中间品，引进清洁生产的机器设备，特别是在国外企业拥有垄断技术及不对称索价能力时，会进一步增加企业的生产成本，使其陷入利润低端化危机，这可能会限制企业自身的绿色研发投入，抑制其绿色创新活动。

出口贸易结构主要从技术机会和创新资源两方面影响绿色技术创新。第一，技术机会。技术机会指来源于企业外部的构成企业技术创新基础的知识集合，某种意义上讲，企业技术创新的过程就是发现并利用技术机会的过程。Klevorick 等（1995）指出技术机会通常具有较为明显的行业特征，技术机会的差异对不同行业的技术进步差异具有重要影响。当一国生产并出口技术含量较低的产品时，相比之下，出口国企业面临的技术机会通常较小，进而不易引致创新活动。反过来看，当一国生产并出口技术含量较高的产品时，国内企业面临的技术机会则相对较大，从而有利于技术创新。随着一国的出口贸易结构不断升级，出口生产活动将逐渐由高污染、低附加值、低技术含量向低污染、高附加值、高技术含量转变，此时国内企业更容易接触到先进的清洁生产技术，获得更多的技术机会，进而引致出口企业绿色创新活动的发生，甚至带动相关非出口企业在生产工艺等方面的绿色技术革新。第二，创新资源。出口不同类别产品的企业相应地在创新资源方面也具有显著差异。熊彼特的创新理论指出，垄断一定程度上推动技术进步，大企业比小企业更有创新性。企业进行技术创新不可避免地需要投入大量的资金和研发人员，同时还要承担很高的风险和不确定性。与低技术行业相比，高技术行业的企业一般规模较大，利润率也相对较高，在风险承受和研发资金投入方面更具优势，能够为绿色创新活动提供更多支持。因此，出口贸易结构优化对推动绿色技术进步具有重要影响。

7.3.3 贸易方式对绿色技术创新的影响机制分析

我国目前的贸易方式主要有两种：加工贸易方式与一般贸易方式。其中一般贸易就是普遍意义上的对外贸易，而加工贸易则具有“两头在外”的典型特征，是我国企业参与全球价值链分工与贸易体系的主要方式，两种不同的贸易方式对绿色技术创新的影响存在显著差异。在全球价值链分工体系中，发达国家依靠在研发和技术方面的优势，主要生产资本密集型、技术密集型产品，牢牢占据着价值链的高端环节；而发展中国家大多依靠劳动力、资源等方面的要素优势，通过加工贸易方式切入发达国家主导的全球价值链，主要从事低技术含量、低附加值、劳动密集型的低端生产制造或组装环节，始终处于价值链的中低端。因此，在这样的分工体系下，加工贸易企业极易面临来自发达国家的“低端锁定”，迫使其维持在生产成本降低型的生产模式和技术路径，抑制“出口学习效应”，使其获得绿色技术溢出十分有限，不利于企业自主创新能力的提升。同时，发达国家利用代工企业间的可替代性，不断压低产品价格，通过全球价值链的“纵向压榨”效应，进一步压缩加工贸易企业的利润空间，使其无法得到足够的利润积累，抑制加工贸易企业的创新研发投入，进而阻碍加工贸易企业的绿色创新活动。此外，小型、低技术生产的加工贸易比重的增加，会加重工业污染排放的强度，在缺乏环境政策约束及节约成本的驱动下，显然不会引致加工贸易企业的绿色创新活动。

与加工贸易方式相比，一般贸易方式更有利于企业进行绿色技术创新。一般贸易企业在生产率、利润率及技术学习等方面均优于加工贸易企业，在研发资金和科技人员等创新投入方面具有优势，对国外企业的技术依赖相对较弱。相比之下，在改进生产工艺、提高能源使用率等方面具有较强的绿色技术研发动机。同时，一般贸易企业对非出口企业和上下游关联企业的技术溢出效应也优于加工贸易企业。一般来说，贸易方式的变化，尤其是加工贸易比重下降，相当程度上反映了制造业生产方式与技术的转型升级。随着贸易经验、资金规模等方面的不断积累，大多数企业会由生产简单、利润较低的加工贸易方式逐渐转为生产复杂但利润相对较高的一般贸易方式，这一转型过程体现了贸易企业在企业规模、经验实力、包括节能减排技术在内的研发投入等方面的提升。

7.4 国际贸易与我国绿色技术创新的现状分析

7.4.1 绿色技术创新现状分析

绿色发明数量是衡量绿色技术创新成果的重要指标。本部分参考国家知识产权局发布的《中国绿色发明统计报告》中的绿色发明数量，在国家知识产权局的专利检索平台统计收集了2010—2019年间我国31个省份的绿色发明数量，以此衡量绿色技术创新。下面通过一系列图表对我国目前的绿色技术创新成果数量进行分析。图7－1直观展示了2010—2019年，我国的绿色专利授权数量与增长变化情况。就其绝对数量而言，我国的绿色专利授权数量呈现出逐年递增的明显趋势，表明10年间我国的绿色技术创新发展迅速，创新成果不断增加。在增长变化方面，2010—2019 年同比增长率呈现出较大的波动幅度，其中 2016 年增长率最高，2012 年和 2018 年的增长率相对较低。

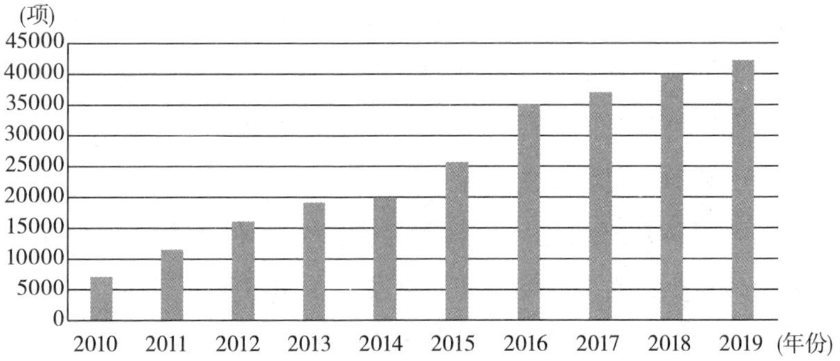

图 7 - 1　2010—2019 年国内绿色发明数量

资料来源：国家知识产权局专利检索平台，笔者统计整理而得。

为了更系统详细地分析我国东、中、西部三大不同区域在绿色技术创新成果方面的差异，本章利用其 2010—2019 年的绿色专利数据绘制图 7 - 2。可以明显直观地看出，我国东、中、西部不同区域在绿色技术创新成果数量方面存在明显差异。尽管三大区域的绿色技术创新成果数量在近 10 年间均基本呈现逐年递增的趋势，但东部地区的创新成果数量远大于中西部地区，占全国总成果数量的一半以上，中西部地区之间的成果数量较为接近，中部地区略优于西部地区。同时，三大区域间这种绝对数量上的差距正逐渐拉大。由此可见，我国的绿色发明数量呈现出非均衡的区域分布特征，其中我国的绿色专利大多集中在东部地区。需要注意的是，这种绿色专利授权量的分布区域不均衡与我国经济发展的区域不平衡相吻合。

以 2019 年为例，在全国绿色专利授权量排名中，北京位列第一，占全国绿色专利授权总量的 16.6%。排名前七的省份，大多数位于东部区域，中部和西部地区仅各有一个，除江苏省外，其余省份分别为广东、浙江、山东、北京、安徽、四川，这七省的绿色专利授权数量总和占比接近 62.4%。由此可见，我国的绿色专利授权数量分布存在明显的区域不平

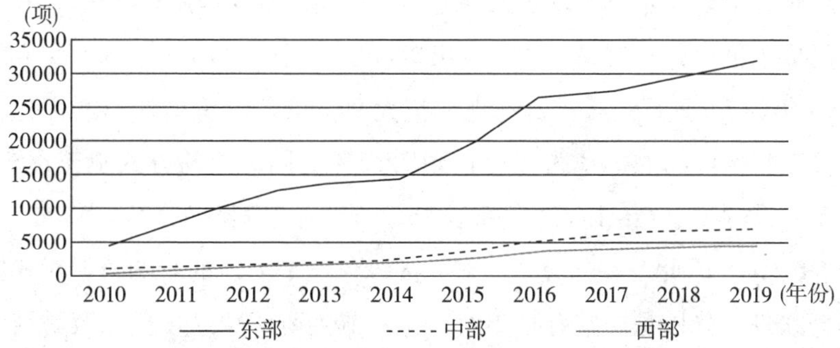

图 7-2　2010—2019 年三大区域的绿色发明数量

资料来源：国家知识产权局专利检索平台，笔者统计整理而得。

衡，主要集中在东部沿海地区，而中西部地区占比则相对较小[①]，如图 7-3所示。

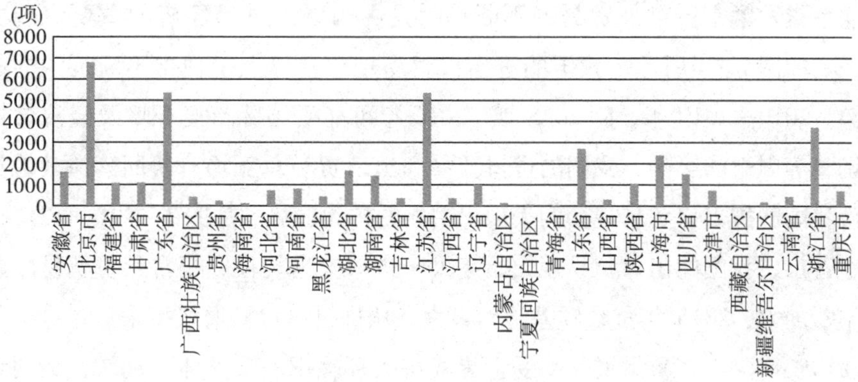

图 7-3　2019 年中国省级绿色专利获得数量

资料来源：国家知识产权局专利检索平台，笔者统计整理而得。

7.4.2　我国对外贸易现状分析

改革开放 40 多年来，我国的对外贸易持续快速发展，在促进我国的经

① 本书按照传统方法将中国 31 个省份划分为东部、中部、西部三大地区，东部地区包括北京、天津、辽宁、河北、上海、江苏、浙江、福建、山东、广东、海南 11 个省市；中部地区包括黑龙江、吉林、山西、安徽、江西、河南、湖北、湖南 8 个省；西部地区包括内蒙古、广西、重庆、四川、贵州、云南、陕西、甘肃、青海、宁夏、新疆、西藏 12 个省份。

济增长、推动技术进步、扩大就业等方面发挥重要作用。截至2020年，我国已成为世界第一贸易大国，进出口贸易总额从1978年的355亿元增长至2020年的32.2万亿元，贸易规模扩大907倍，贸易结构不断优化，特别是高新技术产品的出口占比已达到32.5%，同时贸易方式也正逐渐调整，加工贸易的比重由41.1%下降至26.3%，一般贸易的比重由48.2%上升至59.2%。因此，在探究贸易对我国绿色技术创新的影响时，对我国的贸易现状进行分析是非常有必要的。本章节主要从贸易规模、贸易结构、贸易方式三个方面对我国的贸易现状进行分析。

7.4.2.1 贸易规模现状

在充分发挥比较优势的条件下，我国已深深嵌入到全球价值链的分工体系中，成为连接发达国家和发展中国家价值链的枢纽国，同世界经济的联系越发紧密。对外贸易的不断扩大是中国融入世界经济的重要表现之一。如图7-4所示，我国的进出口贸易规模整体上呈现出不断扩大的趋势。2010—2019年，除2015年、2016年可能受国际市场环境及经济结构调整等因素的影响，我国的进口贸易和出口贸易总额均有所回落，其他年份我国的进出口贸易规模均表现出明显的扩大趋势。从图7-4中可以清晰地看出，我国的出口贸易规模始终大于进口贸易规模，正常年份贸易顺差不断加大，2015年贸易顺差达到最大。从进出口贸易增长率来看，进口贸易增长率、出口贸易增长率受世界经济大环境影响，整体波动较大，两者的变动趋势基本一致。综上可以看出，尽管目前出口贸易在我国的对外贸易中仍占据相当重要的地位，但我国经济正通过实施供给侧结构性改革、创新驱动战略等一系列措施，逐步从出口导向型转为消费驱动型，转变传统的经济增长模式向高质量发展推进。

为了更全面地把握我国的进出口贸易规模情况，进一步对比分析东、中、西部三大区域的贸易规模情况。如图7-5所示，我国不同区域的进出口贸易规模存在较大差异。10年间，东部地区的进口贸易总额远大于中西部地区，占全国进口贸易总额的90%左右，中西部地区进口贸易之和仅为全国贸易总额的10%左右。进口贸易规模的省域分布不均衡造成了不同区

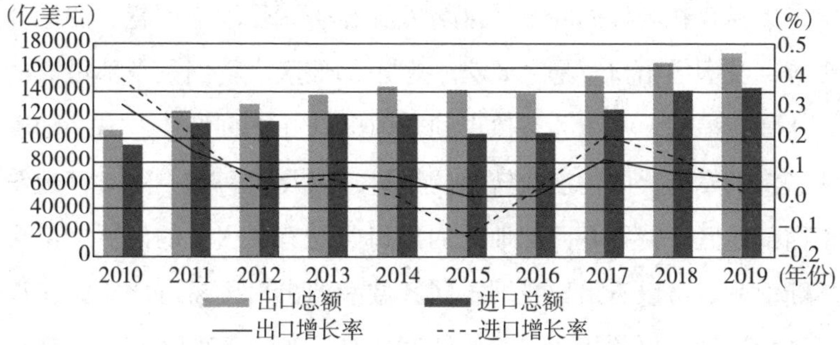

图 7-4 2010—2019 年我国进出口贸易规模现状

资料来源：《中国统计年鉴》、国家统计局，笔者整理而得。

域进口贸易总额的巨大差异。以 2010 年和 2019 年为例，2010 年广东、北京、江苏的进口贸易占比分别为 25.1%、19.2%、14.2%，仅这三省市的进口贸易额之和便已接近全国进口贸易总额的 50%。进口贸易规模排名最靠后的三个省份分别为青海、宁夏、贵州，其贸易占比之和仅为 0.2%。2019 年广东省的贸易占比下降至 21.2%、北京下降至 12.7%、江苏下降至 11.9%，尽管进口贸易规模最小的三个省份没有变化，但其贸易占比在逐渐上升。综上可以看出，我国的进口贸易主要集中在东部地区经济发达的少数省市，分布不均，中西部地区的进口贸易规模相对较小，增长缓慢。但这种省域间、不同区域间的贸易占比差距正逐步缩小，表明尽管变化缓慢，但全国进口贸易区域极不平衡的问题正逐渐得到改善。

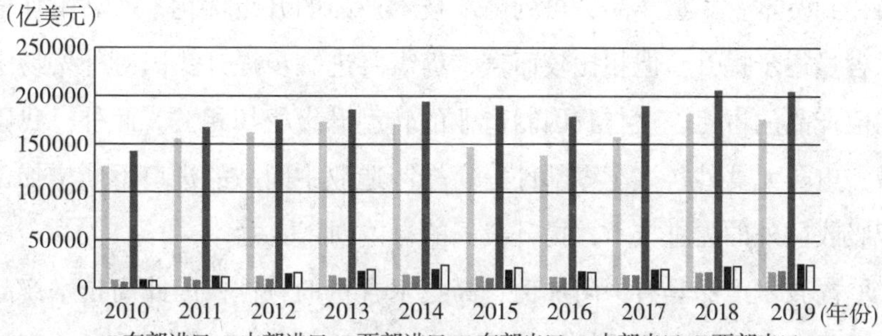

图 7-5 2010—2019 年我国各区域进出口贸易规模现状

资料来源：各省份统计年鉴，笔者整理而得。

出口贸易存在同样的问题，区域差异显著。受地理位置、国家政策等因素影响，我国的出口贸易主要集中在东部地区，特别是东部沿海的少数省市，比如，广东、上海，整体占到全国出口贸易的85%左右。随着中西部地区经济的发展、国内产业转移的推进，以及“一带一路”等政策的实施，中西部地区，特别是西部地区的出口贸易有了很大的发展，出口贸易占比不断上升。可以看出，我国不同区域间的出口贸易占比差距正逐渐缩小，区域发展格局更趋优化。需要注意的是，2010—2019年，各区域的出口贸易规模始终大于进口贸易规模，属于典型的出口导向贸易。

7.4.2.2 贸易结构现状

改革开放40多年来，除贸易规模外，我国的贸易结构也发生了巨大变化，主要表现为：初级产品的贸易总额不断下降，工业制成品，尤其是高技术产品的贸易总额不断上升。数据表明，2019年，我国高技术产品贸易总额为13685.05亿美元，同比增长10.3%，占全国贸易总额的28.2%。如图7-6所示，2010—2019年，我国的高技术产品和工业制成品贸易总额远大于初级产品，高技术产品的贸易占比呈逐年递增趋势，工业制成品的贸易占比基本稳定在80%以上，初级产品的贸易占比基本稳定在17%左右，并呈现出逐年下降的趋势。这表明我国的贸易结构正逐步升级，在全球价值链中的地位不断攀升。随着工业体系的不断完善、科技水平和制造业水平的不断提升，我国的出口商品实现了从初级产品到劳动密集型产品，到资本密集型产品，再到高新技术产品的升级优化，产品附加值和技术含量逐步提升。但相比较而言，仍需要进一步提升我国对外贸易中高附加值产品的占比。这与我国制造业的转型升级密切相关。此外，我国对机械、电子元器件、汽车零部件等高端制造业中间品的进口不断增加，有利于吸收国外的先进技术，提升我国的自主创新能力。

高技术产品具有高附加值、高技术含量的特性，因此高技术产品贸易占比反映了地区贸易结构的优化状况，我国东、中、西部地区的高技术品贸易额差距悬殊。2010年，东部地区的高技术产品贸易额为8001.8亿美元，占全国高技术产品贸易总额的97.1%，中西部地区仅占2.9%。高新

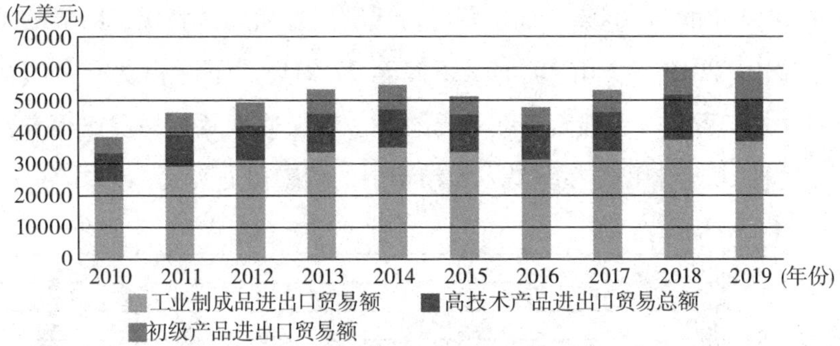

图 7－6　2010—2019 年我国的商品结构现状

资料来源：《中国对外经济贸易年鉴》《中国科技统计年鉴》，笔者整理而得。

技术产品的进出口贸易主要集中在经济发达、开放程度高的东部地区。随着中部崛起、西部大开发等政策的实施，差距逐步缩小。2010—2019 年，尽管东部地区高技术产品的贸易额不断增加，2019 年的增速仍保持在 8% 左右，但其在全国高技术产品贸易总额中的比重呈现出下降趋势，由 2010 年的 97.1% 下降至 2019 年的 78.2%。同时，中西部地区的高技术产品贸易迅速增长，贸易占比不断提升，2010—2019 年，中部地区的高技术产品贸易占比由 2.01% 上升至 9.39%，而西部地区的进步更为明显，略胜于中部地区，由 2.34% 上升至 12.07%。综上可以看出，各地区的贸易结构正逐步优化，贸易过程中产品的附加值和技术含量均有所提高。

7.4.2.3　贸易方式现状

目前，我国主要的贸易方式包括一般贸易和加工贸易，其中，加工贸易方式是我国企业参与全球价值链分工体系的主要方式。2010—2019 年，一般贸易进出口额始终大于加工贸易进出口额。尽管略有波动，但一般贸易总额整体表现出上升趋势，10 年间以 10% 左右的平均增速不断上涨。除个别年份受金融危机、经济波动等因素的影响，一般贸易规模增速为负外，其他年份均明显为正。考察期内，加工贸易的增长并不显著，在 2014 年后表现出明显的下降趋势，10 年间平均增长速度维持在 2% 左右，远低于一般贸易的平均增长速度，仅增长了 1537.56 亿美元。同时，一般贸易在我国贸易总额中的占比呈现出显著的上升趋势，由 2010 年的 50.32% 上升至2019年的58.34%。加工贸易占比则正好相反，表现出明显的下降趋势，2010—2019年，由40.65%下降至27.21%，下降幅度非常明显。通过对比加工贸易与一般贸易在贸易总额、增长速度及贸易占比等方面的区别，发现10年来我国在贸易方式结构上的调整初见实效（见图7-7）。

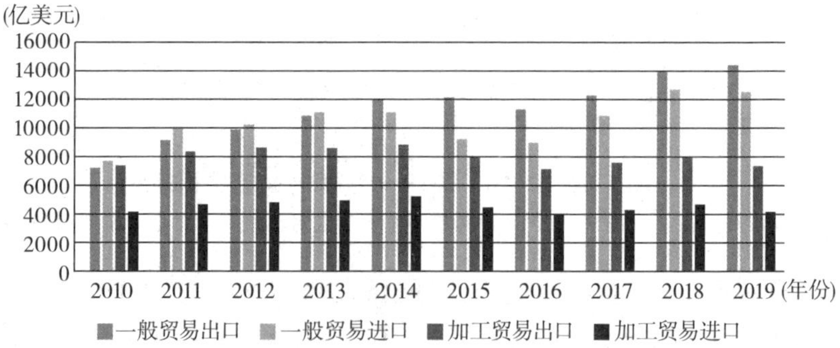

图7-7　2010—2019年我国的贸易方式现状

7.5　国际贸易影响绿色技术创新的实证检验

7.5.1　模型设定与变量选取

7.5.1.1　模型设定

本章节分别从进口、出口两方面考察国际贸易对绿色技术创新的影响，构建如下基础模型：

$$\ln TIG_{it} = \alpha_0 + \alpha_1 \ln EX_{it} + \alpha_2 \ln K_{it} + \alpha_3 \ln EG_{it} + \alpha_4 \ln PEE_{it} + \alpha_5 \ln IS_{it} + \alpha_6 \ln APP_{it} + \alpha_7 \ln MD_{it} + \varepsilon_{it} \quad (7-1)$$

$$\ln TIG_{it} = \alpha_0 + \alpha_1 \ln IM_{it} + \alpha_2 \ln K_{it} + \alpha_3 \ln EG_{it} + \alpha_4 \ln PEE_{it} + \alpha_5 \ln IS_{it} + \alpha_6 \ln APP_{it} + \alpha_7 \ln MD_{it} + \varepsilon_{it} \quad (7-2)$$

7.5.1.2　变量选取

围绕国际贸易如何影响绿色技术创新这一研究重点，本章节以绿色技术创新作为被解释变量，从贸易规模、贸易结构、贸易方式三个方面探讨国际贸易对绿色技术创新的影响，其中共涉及6个核心解释变量、6个控制变量。各变量所对应的具体指标如下：

（1）被解释变量。绿色技术创新（*TIG*）：参照技术创新的度量标准，绿色技术创新主要有以下三类衡量标准：R&D 投入、专利数据以及全要素生产率。但以 R&D 投入和全要素生产率衡量的绿色技术创新都存在一定不足。比如：大多数 R&D 投入不能细分到具体的环保技术领域，无法体现技术创新的绿色性；绿色全要素生产率只能判断技术创新是否趋向绿色发展，仍旧不能深入反映具体的绿色技术领域。鉴于此，本章选取绿色专利数据对绿色技术创新水平进行度量。但目前我国既没有针对绿色技术专利的明确分类、检索依据，也没有进行专门的统计，因此不同学者对绿色技术专利的分类收集标准不同。许晓燕等（2013）在中国知识产权网上利用 python 软件根据绿色技术专利分类收集绿色专利数据，主要包括生物燃料、燃料电池、风能、轨道车辆、能量供给路线、一般建筑物隔热、回收机械能七大类的绿色专利数据；岐洁等（2015）按照类似的绿色专利分类在相关平台上检索收集绿色专利数据；李国祥等（2016）根据 OECD 公布的《技术领域与 IPC 分类号对照表》，将绿色技术领域与 IPC 分类号对应起来，据此收集绿色专利数据；孙晓婷等（2018）参考国家统计局公布的《中国绿色专利统计报告（2014—2017）》中关于绿色专利的分类方式，将“污染控制、污染治理、环境材料、替代能源、节能减排、绿色农业、绿色林业、循环利用、新能源、绿色建筑、绿色管理”作为检索要素，在相关平台上进行专利检索并收集数据。经过综合考虑，本章借鉴孙晓婷等的方法，以绿色专利授权数量衡量绿色技术创新水平。

（2）核心解释变量。

①出口贸易规模（*GEX*）：国际贸易作为技术溢出的主要渠道之一，对推动一国的技术进步具有重要影响。贸易规模是一国（地区）对外贸易情况的直接反映，一般用绝对数值衡量。因此，本章以各省份的出口贸易总额衡量出口贸易规模，并利用国内居民消费者价格指数以 2000 年为基期进行平减。

②进口贸易规模（*GIM*）：同理采用各省份的进口贸易总额衡量进口规模，并利用国内居民消费者价格指数以 2000 年为基期进行平减。

③出口贸易结构（*JEX*）：新贸易理论指出，贸易结构是影响技术溢出效果的重要因素。不同学者对贸易结构的衡量存在显著差异。考虑到与传统贸易品相比，高新技术产品在技术含量、附加值、清洁生产等方面更具优势，高新技术产品在地区贸易中的占比增大，意味着该地区的贸易结构正逐渐优化升级，故本章选取高新技术产品出口额占出口总额的比重衡量地区出口贸易结构。

④进口贸易结构（*JIM*）：同理采用高新技术产品进口额占进口总额的比重衡量各省份的进口贸易结构。

⑤出口贸易方式（*FEX*）：我国目前的贸易方式主要包括一般贸易方式和加工贸易方式。加工贸易是国内企业参与全球价值链分工与贸易体系的主要方式，一直是国内关注的焦点。借鉴马光明等（2019）的做法，采用加工贸易出口额占出口总额的比重衡量各地区的出口贸易方式。

⑥进口贸易方式（*FIM*）：同理采用加工贸易进口额占进口总额的比重衡量各地区的进口贸易方式。

（3）控制变量。

①环境规制（*EG*）：通过梳理文献发现不同学者对环境规制指标的衡量表现出显著差异，常用指标主要包括排污费、工业污染治理投资、构建综合指数等。原毅军等（2016）基于治污成本和投入的视角分别选取排污费、工业污染治理投资衡量环境规制；李平等（2013）从产出角度出发以单位产值碳排放量衡量环境规制；李虹等（2018）选取工业烟（粉）尘去除率、工业SO_2去除率等多个单项指标构建综合指数以测算环境规制水平。考虑到工业污染是造成地区污染的主要原因，因此本章选取各地区工业污染治理投资完成额与工业行业增加值之比衡量各省份的环境规制水平。

②科研投入（*K*）：科研投入是影响技术创新的重要因素，本章以研发资本存量衡量各地区的科研投入。研发资本存量主要通过永续盘存法计算得来，借鉴郭艳、张群等（2013）的做法，计算公式如下：

$$K_{it} = (1-\delta)K_{it-1} + I_{it} \tag{7-3}$$

其中，I_{it} 为经固定资产价格指数折算后的第 i 省第 t 年的研发经费内部支出，δ 为第 t 年的研发资本折旧率，本章将其设定为15%。本章以2000年为基期，对基年研发资本存量进行估算，计算公式如下：$K_{2000}=I_{2000}/(g+\delta)$，$I_{2000}$为2000年各地区的研发经费内部支出，$g$ 为各地区历年研发支出的几何平均数。

③节能支出占比（*PEE*）：节能环保支出是政府在节能环保相关方面的财政投入，主要用于治污减排、能源节约利用等方面。目前衡量节能支出占比的指标主要有两种：一种是直接选用各地区节能环保支出的绝对数值作为衡量指标，另一种是以节能环保支出占地区财政总支出的比重进行衡量。本章借鉴高萍等（2018）的做法，选取节能环保支出占地区财政总支出的比重衡量各省份的节能支出占比。

④产权保护意识（*APP*）：产权保护意识是影响绿色技术创新的重要因素。健全的知识产权保护制度，有利于激发企业进行绿色技术创新的积极性和创造性。本章借鉴胡凯等（2012）的做法，选取技术市场成交额与GDP的比值进行衡量。

⑤市场化程度（*MD*）：地区市场化程度对区域创新能力具有重要影响。市场化程度高的地区，在资源配置、要素流动等方面更具优势，有利于创新效率的提升。本章借鉴秦国伟等（2017）的方法，选取非国有经济及非集体经济固定资产的投资总额与社会固定资产投资总额之比进行衡量。

⑥产业结构（*IS*）：本章借鉴岐洁等（2015）的做法，选取第二产业增加值占GDP的比重衡量地区产业结构。

7.5.2 数据的基本处理

7.5.2.1 资料来源及描述性统计

（1）资料来源。

本章节的研究样本为2010—2019年全国30个省份（西藏自治区及港澳台地区除外）的面板数据。绿色技术专利数据在国家知识产权局的专利检索平台收集而来，各省份加工贸易进出口数据来自各省海关、统计年鉴及当地统计局官网，其中少部分省份存在某些年份的数据缺失，本章使用插值法进行了补充。其余数据均来自《中国统计年鉴》《中国工业统计年鉴》《中国环境统计年鉴》《中国第三产业统计年鉴》《中国科技统计年鉴》，各省统计年鉴、中经网数据库、国家及地方统计局官网。

（2）变量描述性统计。

各变量描述性统计如表 7－1 所示。

表 7－1　各变量描述性统计

变量符号	样本量	平均值	标准差	最小值	最大值
ln*TIG*	300	4. 3087	1. 2109	0	7. 7564
ln*GEX*	300	15. 9832	1. 7543	11. 8001	20. 6453
ln*GIM*	300	16. 3627	1. 7001	10. 8634	20. 4526
ln*JEX*	300	－1. 9634	1. 2134	－5. 6243	－0. 3074
ln*FEX*	300	－1. 8012	1. 3864	－6. 7352	0. 4928
ln*FIM*	300	－1. 9752	1. 2653	－6. 5835	0. 2511
ln*K*	300	13. 6748	1. 3183	11. 5374	17. 0253
ln*EG*	300	－6. 0134	0. 8056	－8. 0035	－3. 0234
ln*PEE*	300	－3. 7098	0. 3833	－4. 7275	－3. 1153
ln*IS*	300	－0. 8056	0. 1973	－1. 7194	－0. 5482
ln*APP*	300	－5. 3652	1. 2939	－8. 6264	－1. 9143
ln*MD*	300	－0. 4092	0. 1744	－0. 9853	－0. 1582

被解释变量方面，绿色专利授权量的平均值为 4. 3087，标准差为 1. 2109，最大值和最小值分别为 7. 7564 和 0，由此可见，不同区域的绿色专利授权量存在明显差异。核心解释变量方面，进出口贸易规模、进出口贸易结构、进出口贸易方式的最大值与最小值之间均相差较大，表明我国不同省份的对外贸易同样存在显著差异。

7. 5. 2. 2　平稳性检验

经济生活中，一些非平稳的时间序列往往具有共同的变化趋势，但这些序列本身不一定存在直接关联，因此可能造成“虚假回归”或“伪回归”现象。为了避免这种虚假回归，面板数据模型在进行回归前需要对数据的平稳性进行检验，其中最经常用到的方法就是单位根检验。单位根检验的方法有很多，在这里我们采用两种具有代表性的单位根检验方法：相同根的单位根检验 LLC（Levin - Lin - Chu）检验方法和不同根的单位根检验 ADF 检验方法。如果某一面板序列在两种检验中均拒绝存在单位根的原假设，即可认为该序列是平稳的。具体检验结果如表 7 - 2 所示，其中，检验形式（*C*，*T*，*K*）中的 *C* 代表检验时包含常数项（*C* = 0 意味着不包含常数项），*T* 代表包含趋势项（*T* = 0 意味着不包含趋势项），*K* 代表滞后阶数。

表 7 - 2 平稳性检验结果

变量	LLC 检验			ADF 检验		
	结论	p 值	检验形式（*C*，*T*，*K*）	结论	p 值	检验形式（*C*，*T*，*K*）
ln*TIG*	0.0000	（*C*，*T*，1）	平稳	0.0013	（*C*，*T*，1）	平稳
ln*GEX*	0.0000	（*C*，*T*，1）	平稳	0.0068	（*C*，*T*，1）	平稳
ln*GIM*	0.0000	（*C*，*T*，1）	平稳	0.0054	（*C*，*T*，1）	平稳
ln*JEX*	0.0000	（*C*，*T*，1）	平稳	0.0004	（0，0，1）	平稳
ln*JIM*	0.0000	（*C*，*T*，1）	平稳	0.0005	（0，0，1）	平稳
ln*FEX*	0.0000	（*C*，*T*，1）	平稳	0.0074	（0，0，1）	平稳
ln*FIM*	0.0000	（*C*，*T*，1）	平稳	0.0635	（*C*，*T*，1）	平稳
ln*K*	0.0000	（*C*，0，1）	平稳	0.0076	（*C*，0，1）	平稳
ln*EG*	0.0000	（*C*，*T*，1）	平稳	0.0533	（*C*，0，1）	平稳
ln*PEE*	0.0000	（*C*，*T*，1）	平稳	0.0467	（*C*，*T*，1）	平稳
ln*IS*	0.0000	（*C*，*T*，1）	平稳	0.0021	（*C*，0，1）	平稳
ln*APP*	0.0000	（*C*，*T*，1）	平稳	0.0001	（*C*，*T*，1）	平稳
ln*MD*	0.0000	（*C*，*T*，1）	平稳	0.0365	（C，T，1）	平稳

由表 7 - 2 可知，在 LLC 和 ADF 两种检验方法中，被解释变量绿色技术创新（ln*TIG*），核心解释变量进出口贸易规模（ln*GEX*、ln*GIM*）、进出口贸易结构（ln*JEX*、ln*JIM*）、进出口贸易方式（ln*FEX*、ln*FIM*）及相关控制变量均拒绝存在单位根的原假设，均为平稳序列，可以进行回归估计。

7.5.3 实证结果及分析

利用我国 2010—2019 年的 30 个省份的面板数据，从贸易规模、贸易结构、贸易方式三个维度实证检验国际贸易对绿色技术创新的影响，并对实证结果进行分析，最后利用动态面板估计方法进行稳健性检验。本章选用面板数据进行实证，为设定适当的回归模型，通过 Hausman 检验和 F 检验来确定模型的具体形式，即通过 F 检验在固定效应模型和混合效应模型两者间进行选择，通过 Hausman 检验在固定效应模型和随机效应模型两者间进行选择。

7.5.3.1 贸易规模对绿色技术创新的影响

表 7－3 贸易规模对绿色技术创新影响的实证结果

	全国		东部		中西部	
	ln*TIG*	ln*TIG*	ln*TIG*	ln*TIG*	ln*TIG*	ln*TIG*
ln*GEX*	0.732*** (3.89)		0.243* (1.22)		0.481** (2.79)	
ln*GIM*		0.502*** (3.51)		0.436 (1.46)		0.512** (2.92)
ln*K*	0.612*** (2.77)	1.104*** (3.78)	5.673*** (3.98)	8.163*** (7.01)	0.764* (1.64)	0.691*** (2.89)
ln*EG*	−0.254** (−2.41)	−0.103 (−1.56)	−0.208** (−2.01)	−0.231** (−2.24)	−0.245* (−1.72)	−0.209 (−1.50)
ln*PEE*	−0.088 (−0.65)	−0.343** (−2.38)	0.368*** (3.11)	0.354** (2.62)	−0.123** (−2.36)	−1.431*** (−3.82)
ln*IS*	−2.064** (−3.64)	−1.57*** (−2.55)	0.275* (1.12)	1.354* (1.62)	−1.237*** (−2.75)	−1.127** (−1.92)
ln*APP*	0.543*** (2.91)	0.377*** (3.91)	0.208* (1.72)	0.109* (1.66)	0.367** (2.47)	0.366*** (2.91)
ln*MD*	1.836*** (2.81)	1.433** (2.23)	1.037** (2.33)	1.378** (2.21)	1.023* (1.33)	0.805 (1.12)
Cons	−18.634*** (−4.87)	−17.665*** (−4.11)	−18.735*** (−4.87)	−19.645*** (−7.67)	−16.082** (−3.92)	−16.453** (−3.55)
R^2	0.867	0.866	0.933	0.901	0.801	0.789

注：＊＊＊、＊＊、＊分别表示在 1%、5%、10% 的水平上显著，括号内为 t 统计量。

表 7－3 反映了全国及东部、中西部地区进出口贸易规模对绿色技术创新的影响。如表 7－3 前两列所示，全国层面的进出口贸易规模对绿色专利

授权量的回归系数分别为0.502和0.732，两者均通过了1%的显著性水平检验，即进口贸易规模每增加1%，我国的绿色技术创新能力提高0.502%，出口贸易规模每增加1%，我国的绿色技术创新能力提高0.732%。从全国整体来看，进口贸易规模和出口贸易规模均对我国的绿色技术创新发挥正向促进作用，并且出口贸易规模对绿色技术创新的促进作用大于进口贸易规模的作用。这表明扩大进出口贸易规模，有利于充分发挥贸易的规模效应、学习效应、技术溢出效应，使我国在贸易开放过程中学习国外先进的绿色生产技术和节能减排技术，获得绿色技术溢出，进而提升我国的绿色技术创新。中西部地区的回归结果与全国层面类似，进出口贸易规模的回归系数均在5%的显著性水平上为正，对中西部地区的绿色技术创新产生显著的促进作用。而东部地区的回归结果与预期不一致，尽管进出口贸易规模的弹性系数均为正，但进口贸易规模系数并未通过10%的显著性水平检验，对东部地区的绿色技术创新影响不显著。可能的原因是，东部地区作为我国最早进行改革开放的区域，经过多年发展在吸收能力、人力资本、研发投入等方面具有得天独厚的优势，东部地区的自主创新能力得到极大提高，与发达国家之间的技术势差相对较低，因此对东部地区来说，仅通过扩大进出口贸易规模所获得的技术溢出非常有限，已无法满足该地区在绿色技术方面高层次创新的需要，故进出口贸易规模扩大未能对东部地区的绿色技术创新能力表现出明显的促进作用。

控制变量方面，科研投入的回归系数均显著为正，对全国层面及东中西部地区的绿色技术创新表现出明显的促进作用。通过区域间的横向对比发现，科研投入对东部地区绿色技术创新的促进作用明显大于中西部地区。此结果与大多数学者的研究结论相一致。东部地区的经济发展水平和科技研发实力远大于中西部地区，一直以来都是我国最具创新活力的地区。2017年仅广东、江苏、山东、北京、浙江及上海这六个省市的研发投入就占到全国研发投入总额的60%左右。同时，可以看出在东部地区，科研投入的弹性系数远大于方程中其他影响东部地区绿色技术创新水平的因素的弹性系数，说明科研投入是促进东部地区绿色技术创新水平提升的重要因素，对其具有极强的推动作用。一直以来，科研投入都是影响技术创新的重要因素，增加科研投入既可以直接促进绿色技术创新，又可以通过增强企业的吸收能力间接促进绿色技术创新。

整体来看，环境规制对全国层面及不同地区绿色技术创新的回归系数均为负，在东部地区的两个方程中均通过显著性检验，对绿色技术创新表现出明显的抑制作用。但在全国及中西部地区，环境规制系数仅部分显著，一定程度上体现出其抑制作用。由此可见，目前环境规制的“遵循成本”效应占主导地位，尚未发挥其“创新补偿”作用，对我国及各地区的绿色技术创新尚未起到正向激励作用。一个合理的解释是，在其他条件不变时，提高环境规制一定程度上加重了企业的生产成本，可能挤占原本用于绿色技术研发的资金投入，产生“挤出效应”，进而对绿色技术创新产生抑制作用。这表明我国的环境规制尚未跨越拐点，仍需继续加大环境规制力度，以发挥其对绿色技术创新的积极作用。

节能支出占比对不同地区的绿色技术创新表现出明显的差异性。从全国整体及中西部地区来看，节能支出占比回归系数显著为负，抑制绿色技术创新，此结果与高萍等（2018）的研究结论一致。可能的原因是，全国范围内的节能支出占比未得到有效利用，在资金使用方面存在低效率和配置不合理等现象，比如主要将环保资金用于污染治理等事后活动，对节能减排技术、清洁生产等绿色技术创新活动资金分配较少，从而使节能环保投入未能对提升绿色技术创新发挥积极作用。中西部地区的节能支出占比可能在投入有限的情况下，同样存在此类问题。而在东部地区该变量的系数符号与预期相符，显著为正，说明增加政府节能环保支出显著促进东部地区的绿色技术创新。节能支出占比可以有效减轻企业治污减排的压力和环保技术创新的风险，有利于激发企业改进生产技术、进行绿色技术创新的积极性，从而推动绿色技术进步。

产业结构对绿色技术创新的影响同样呈现出显著的区域差异性。在全国层面及中西部地区，产业结构的弹性系数显著为负，对绿色技术创新表现出明显的抑制作用。这表明工业占比增加不利于全国整体和中西部地区的绿色技术创新，与郭进（2019）的研究结论一致。但是在东部地区，产业结构回归系数均显著为正，正向影响绿色技术创新。一个合理的解释是，这可能与东部地区的产业转型有关。随着东部地区产业结构的转型升级，部分高污染、高能耗的劳动密集型、资源密集型的工业企业逐渐向中西部地区和东南亚等国转移，传统制造业的比重逐渐降低，高端制造业和第三产业的占比不断上升。由此可见，东部地区的产业结构正朝着有利于区域绿色技术创新的方向转变。

产权保护意识对全国整体及各地区的绿色技术创新均表现出显著的促进作用，说明提高产权保护意识有利于我国绿色技术创新能力的提升。完善的知识产权保护制度从法律上确保了企业进行绿色技术创新的合法权益，使企业在一定时期内凭借先进的绿色技术获得高额利润，有助于激发企业的绿色技术创新动力，激发地区整体的创新活力，是实现创新驱动发展的制度保障。需要注意的是，中西部地区知识产权的弹性系数明显大于东部地区该变量的弹性系数，说明产权保护意识对中西部地区绿色技术创新的激励作用更大，是缩小区域间绿色技术差距的重要途径。这一结果与李佳珊（2019）的研究结论相吻合。

此外，市场化程度的回归系数在全国层面及东部地区均显著为正，对提升绿色技术创新能力具有积极的促进作用。市场化程度的提升意味着市场配置资源的效率不断提高，有利于加快绿色创新要素和技术信息的流动速度，有助于促进绿色技术的区域扩散和 R&D 溢出的正向效应。但在中西部地区，市场化程度的回归系数虽然为正却只有部分显著，表明中西部地区需要继续深化市场化改革，释放市场活力，以使其对绿色技术创新发挥显著的正向促进作用。

7.5.3.2 贸易结构对绿色技术创新的影响

表 7-4 贸易结构的实证结果

	全国		东部		中西部	
	lnTIG	lnTIG	lnTIG	lnTIG	lnTIG	lnTIG
lnJEX	0.301** (2.65)		0.245* (1.72)		0.312** (2.98)	
lnJIM		0.134 (1.54)		0.312** (1.62)		-0.156* (-1.89)
lnK	0.801*** (3.57)	1.133*** (3.65)	6.623*** (6.89)	6.321*** (6.12)	0.611* (1.87)	0.765** (2.43)
lnEG	-0.136 (-1.21)	-0.143** (-2.32)	-0.319* (-1.68)	-0.102* (-1.41)	-0.211 (-1.32)	-0.233* (-1.61)
lnPEE	-0.233 (-0.78)	-0.341* (-1.54)	0.355* (1.89)	0.337** (2.13)	-1.543*** (-3.65)	-1.207*** (-3.62)
lnIS	-1.118** (-2.32)	-1.434*** (-2.81)	0.543 (0.45)	1.21 (1.55)	-0.912* (-1.77)	-1.022* (-1.87)
lnAPP	0.411*** (3.77)	0.290*** (3.55)	0.243** (2.11)	0.254* (1.63)	0.431*** (3.32)	0.451*** (2.77)
lnMD	1.763*** (2.64)	1.638*** (2.72)	1.214* (1.62)	1.312** (2.22)	1.213* (1.72)	1.173* (1.68)
Cons	-9.552** (-2.42)	-14.872*** (-3.51)	-8.432*** (-8.01)	-11.522*** (-7.65)	-7.329*** (-7.12)	-13.086** (-2.82)
R^2	0.833	0.826	0.912	0.944	0.858	0.796

注：***、**、*分别表示在1%、5%、10%的水平上显著，括号内为t统计量。

本部分从贸易结构出发，考察国际贸易对我国整体及不同区域的绿色技术创新的影响。如表7-4所示，从全国层面看，出口贸易结构的回归系数显著为正，显著促进我国的绿色技术创新，即高新技术产品出口占比每提升1%，我国整体的绿色技术创新水平便提高0.301%。提高高新技术产品的出口比重，意味着该国的出口贸易结构正逐渐优化升级。出口贸易结构升级在为国内企业提供更多的技术机会和创新资源的同时，迫使国内企业主动进行绿色技术创新，利用绿色技术生产低污染、高附加值、高技术含量的出口产品，以满足国外客户的绿色消费需求，突破发达国家的绿色技术标准、绿色市场准入等环境壁垒，在国际竞争中获得长期竞争优势，进而提升我国在全球价值链分工中的地位。尽管进口贸易结构的弹性系数同样为正，但仍未通过10%的显著性水平检验，表明我国仍需继续优化进口贸易结构。

东部地区的回归结果基本与预期相吻合，如表7-4所示，进出口贸易结构升级的回归系数均显著为正，对东部地区的绿色技术创新表现出显著的促进作用，同时通过系数对比发现，出口贸易结构升级的促进作用略大于进口贸易结构升级。考察期内，东部地区高新技术产品贸易额占全国贸易总额的比重始终保持在85%以上，由此可以看出，东部地区是我国高新技术产品贸易的主力。相关研究表明，高技术产品进口对技术创新有较大的促进作用。高新技术产品在清洁生产和技术溢出方面更具优势。在地区吸收能力有所积累的前提下，优化进口贸易结构，有利于绿色技术的溢出及扩散。特别是近年来，东部地区积极进行产业转型，重点发展新能源、电子信息等高技术含量、高附加值的战略新兴产业和高端制造业，出口贸易结构不断升级优化，显著促进了地区的绿色技术创新能力的提高。

在中西部地区，出口贸易结构的回归系数显著为正，对绿色技术创新起促进作用。而进口贸易结构的回归系数则显著为负，意味着增加高新技术产品的进口比重会抑制中西部地区的绿色技术创新，这与邢孝兵等（2018）的研究结论一致。可能的原因是，一方面，可能受西部地区在人力资本、吸收能力等方面的限制，无法消化吸收高新技术进口品中的绿色技术溢出；另一方面，随着高新技术产品的大量流入，进口贸易的竞争效应越发明显，对国内产品产生了较强的替代与挤出作用，从而影响国内企业的市场份额和经营利润，降低企业本身的技术研发投入，可能使企业因沮丧效应而丧失自主的绿色创新能力，进而阻碍地区的绿色技术进步。

控制变量方面，研发投入、产权保护意识、市场化程度对绿色技术创新的促进作用，在全国层面及东、中西部地区均有体现。环境规制的回归系数为负，但仅在全国层面及东部地区部分显著，对绿色技术创新表现出抑制趋势。节能支出占比在全国层面及中西部地区对绿色技术创新表现出明显的负向作用，而在东部地区正向影响绿色技术创新。产业结构对绿色技术创新的影响表现出显著的区域异质性，在全国及中西部地区显著抑制绿色技术创新，在东部地区影响不显著。

7.5.3.3　贸易方式对绿色技术创新的影响

表 7-5　贸易方式对绿色技术创新影响的实证结果

	全国		东部		中西部	
	ln*TIG*	ln*TIG*	ln*TIG*	ln*TIG*	ln*TIG*	ln*TIG*
ln*FEX*	-0.122* (-1.67)		-0.143* (-1.65)		-0.103* (-1.81)	
ln*FIM*		0.054 (0.21)		0.301 (1.58)		0.112 (0.82)
ln*K*	1.231** (2.32)	1.116*** (3.92)	7.123*** (6.88)	6.215*** (6.18)	0.782** (2.34)	0.782** (2.411)
ln*EG*	-0.133* (-1.54)	-0.105 (-1.41)	-0.203* (-1.71)	-0.205* (-1.81)	-0.231* (-1.87)	-0.176 (-1.54)
ln*PEE*	-0.282** (-2.54)	-0.301** (-2.61)	0.401** (2.31)	0.476*** (2.67)	-1.121*** (-3.33)	-1.289*** (-3.51)
ln*IS*	-1.311*** (-2.89)	-1.298*** (-2.76)	0.431 (0.65)	0.512 (0.71)	-1.024* (-1.88)	-0.802** (-2.53)
ln*APP*	0.321*** (3.65)	0.301*** (3.56)	0.261* (1.92)	0.192*** (2.65)	0.215*** (2.76)	0.351*** (2.71)
ln*MD*	1.812*** (3.21)	1.612*** (2.71)	0.129* (1.65)	1.214** (2.34)	1.521** (2.13)	1.215* (1.59)
Cons	-14.154*** (-3.62)	-14.234*** (-3.21)	-12.743*** (-4.34)	-9.115*** (-7.21)	-11.763** (-2.78)	-13.135*** (-4.53)
R^2	0.866	0.901	0.891	0.908	0.803	0.798

注：***、**、*分别表示在1%、5%、10%的水平上显著，括号内为t统计量。

表7-5反映了贸易方式对全国及各地区绿色技术创新的影响。可以看

出，无论是全国层面还是分区域看，加工贸易出口方式的回归系数均显著为负，均对绿色技术创新表现出显著的抑制作用。这与岳文（2017）的研究结论一致。一个合理的解释是，这可能与加工贸易的自身特性相关。加工贸易具有“大进大出，两头在外”的特点，是我国企业参与全球价值链分工与贸易体系的主要方式。此类出口企业主要从事低技术含量、低附加值、劳动密集型的低端生产制造或组装，始终处于价值链的中低端环节。一方面，这种低端的全球价值链嵌入方式使加工贸易企业极易面临来自发达国家的“低端锁定”，迫使其维持在生产成本降低型的生产模式和技术路径，抑制“出口学习效应”，获得绿色技术溢出十分有限，不利于企业自主创新能力的提升。另一方面，加工贸易出口企业的生产率和利润率普遍低于非出口企业，经常面临发达国家通过全球价值链的“纵向压榨”效应，导致企业缺乏充足的资金去进行绿色研发，甚至可能对发达国家产生技术依赖，进而阻碍加工贸易企业的绿色创新活动。此外，部分加工贸易企业，在生产过程中存在大量的能源消耗和污染排放，一定程度上阻碍了绿色技术进步。

同样，无论在全国层面还是区域层面，加工贸易方式进口的系数均为正，但是并未通过10%的显著性水平检验，对绿色技术创新的影响并不显著。可能的原因是，加工贸易企业的进口活动大多是由出口需要而引致的进口，虽然从国外进口关键零配件、生产设备等技术含量相对较高的产品，但是加工贸易企业对国外进口具有极强的依赖性，同时还面临着发达国家对关键技术的严格限制和封锁，非常容易使国内企业陷入“进口依赖—微利化—自主创新能力缺失”的低端循环路径，限制了国内企业自我发展的空间，进而抑制企业进行高层次创新活动，比如绿色技术研发的能力。

7.5.4 稳健性检验

本小节主要运用系统GMM估计方法进行稳健性检验。考虑到技术创新具有持续性特征，故在基础模型中引入被解释变量的一阶滞后项。为了克服模型所存在的内生性问题，运用动态面板估计消除模型的内生偏误。本小节在基础回归中引入绿色技术创新的一阶滞后项，利用系统 GMM 估计对方程进行动态面板回归。虽然系统 GMM 能够很好地克服模型的内生性问题，但其使用要满足一定的前提条件，否则会产生偏误。因此使用系统 GMM 需要进行以下两个检验：①Arellano - Bond 检验，即差分方程扰动项自相关检验，要求扰动项不存在二阶序列自相关。②Sargan 检验，即过度识别检验，要求所使用的工具变量与扰动项不相关，工具变量必须有效。稳健性回归结果如表 7 - 6 所示，被解释变量滞后项系数均为正数且大部分显著，说明绿色技术创新受到上期技术创新的正向影响。核心解释变量的显著性有所变化，但系数符号均未发生改变，表明本章的结论基本稳健。

表 7 - 6　稳健性检验结果

	贸易规模		贸易结构		贸易方式	
	ln*TIG*	ln*TIG*	ln*TIG*	ln*TIG*	ln*TIG*	ln*TIG*
L. ln*TIG*	0. 103 *** (3. 42)	0. 121 *** (3. 76)	0. 014 (0. 41)	0. 121 *** (3. 07)	0. 151 *** (4. 44)	0. 243 *** (5. 78)
ln*EX*	0. 289 *** (3. 12)		0. 471 *** (4. 32)		-0. 312 ** (-4. 87)	
ln*IM*		0. 104 (0. 26)		0. 254 *** (4. 61)		0. 142 *** (3. 67)
ln*K*	0. 271 (0. 92)	0. 498 ** (3. 12)	0. 357 ** (2. 85)	0. 781 *** (7. 21)	0. 769 *** (7. 54)	0. 461 *** (4. 15)
ln*EG*	-0. 178 ** (-4. 53)	-0. 143 * (-1. 87)	-0. 122 *** (-2. 54)	-0. 107 * (-1. 73)	-0. 216 * (-1. 76)	-0. 243 *** (-3. 15)
ln*PEE*	-0. 113 (-0. 87)	0. 136 (0. 12)	0. 165 (0. 71)	-0. 265 (0. 635)	-0. 217 ** (-1. 82)	-0. 453 ** (-2. 31)
ln*IS*	-0. 793 ** (-2. 69)	-1. 527 ** (-4. 55)	-0. 815 ** (-2. 51)	-2. 437 *** (-3. 71)	-1. 653 * (-1. 98)	-1. 211 ** (-2. 67)
ln*APP*	0. 312 *** (5. 62)	0. 231 *** (6. 87)	0. 417 *** (6. 14)	0. 206 *** (5. 84)	0. 437 *** (5. 82)	0. 341 *** (4. 12)
ln*MD*	3. 126 *** (8. 54)	2. 974 *** (6. 83)	3. 35 *** (8. 20)	2. 881 ** (2. 38)	2. 24 *** (7. 81)	1. 92 *** (7. 53)

续表

	贸易规模		贸易结构		贸易方式	
	lnTIG	lnTIG	lnTIG	lnTIG	lnTIG	lnTIG
Cons	-2.054 (-2.17)	-2.65 *** (-4.75)	4.265 (2.01)	-5.419 *** (-4.65)	-7.532 *** (-5.01)	-2.553 (-1.41)
AR (1)	0.0045	0.0049	0.0071	0.0065	0.0059	0.0069
AR (2)	0.2645	0.5178	0.2104	0.4724	0.3287	0.8211
Sargan	0.9689	0.9316	0.9537	0.9164	0.9698	0.9782

注：***、**、*分别表示在1%、5%、10%的水平上显著，括号内为t统计量；AR (1)、AR (2) 检验及Sargan检验为相关统计量对应的p值。

7.6 结论及政策建议

7.6.1 主要结论

本章在梳理相关文献的基础上，从进出口的研究角度，围绕对外贸易的规模、结构、方式深入研究了我国对外贸易对绿色技术创新的影响。基于我国当前对外贸易与国内企业绿色技术创新的整体把握，充分利用2010—2019年省级面板数据进行实证研究，结合相关的稳健性检验，得出了以下主要结论：

首先，国内企业的绿色技术创新虽与对外贸易的规模、结构、方式紧密关联，但却存在显著的地理区域性差异。实证结果显示，从我国整体上来看，不论是进口还是出口的贸易规模均能促进企业的绿色技术创新；进口的贸易结构对绿色技术创新所表现出的促进作用不明显，而出口贸易结构的作用显著；加工贸易进口方式对绿色技术创新的抑制性不显著，加工贸易出口方式却能显著抑制绿色技术创新。其次，中西部地区的进出口贸易规模对绿色技术创新具有显著的促进作用，对东部地区作用不明显；中西部地区的进口贸易结构对绿色技术创新起抑制作用，出口贸易结构则发挥促进作用，但东部地区的进出口贸易结构均发挥促进作用；加工贸易进出口方式对东中西部绿色技术创新的作用不明显，而出口方式对东中西部却有抑制作用。最后，知识产权保护和科研投入对绿色技术创新不论是在全国层面还是区域层面均表现出显著的正向促进作用；环境规制则表现出抑制作用；市场化水平对中西部的绿色创新促进作用不显著，但能显著促进全国范围和东部地区的企业绿色技术创新；产业结构抑制了全国及中西部地区的企业绿色技术创新，而在东部地区有促进作用；财政节能环保支出在全国层面及中西部地区抑制了企业绿色技术创新，在东部地区则发挥出正向作用。

7.6.2 政策建议

综上所述，提出如下政策建议：

第一，坚持“引进来”和“走出去”，进一步扩大贸易规模、优化贸易结构、调整贸易方式。我国的对外开放已经到了由量变到质变的关键时期，应逐步减少出口贸易中低附加值、高污染、高能耗的生产。通过较强的环境规制执行标准引导出口贸易结构升级，进而转变出口贸易的发展方式。

第二，应大力加强与国际市场和机构关于绿色技术的研发合作，加大相关高技术设备及中间品的进口力度，吸纳国外先进的绿色创新技术，引导国内企业改革创新，推动高质量的绿色经济发展。

第三，各地区应因地制宜地制定环境规制政策。各地政府应充分发挥绿色补贴作用，综合运用一定程度的企业间碳排放权市场化交易和环境税等柔性环保规制手段，避免环保“一刀切”的硬性规制，激发企业自主绿色创新活力。

8　对外贸易对绿色全要素生产率的影响

8.1　引言与文献综述

8.1.1　引言

改革开放以来，中国对外贸易快速发展，带动我国经济飞速增长，使我国成为世界第二大经济体。尤其在加入 WTO 后，经济全球化和中国经济的逐渐成熟为出口贸易的迅猛发展提供了良好的契机与环境，中国出口贸易规模迅速扩大，2019 年出口贸易额达到 17.23 万亿元，位居全球第一，已经成为名副其实的世界出口大国。然而，这种以“高耗能、高污染、高排放”为特点的粗放型增长方式，在带来令人惊叹的发展速度的同时，也带来了资源浪费、环境污染等问题。目前，中国进出口贸易总额和二氧化碳排放量均居世界第一位，工业能源消费总量也逐年持续增多，我国部分地区面临资源约束趋紧、环境污染严重甚至生态系统退化等危机，国际社会上对此有颇多非议。针对此情况，党的十八届五中全会提出了“创新、协调、绿色、开放、共享”的新发展理念，并以此来引领和指导我国“十三五”和“十四五”时期的发展实践，其中，绿色发展理念处于突出位置，具有鲜明的时代特征，也可见政府对其重视程度。

绿色发展理念在对外贸易方面体现为贸易与环境间的协调发展，带来环境效益的提升。从环境效益角度来看，贸易与环境之间有着复杂的作用机制，但贸易并不是造成环境恶化的根本原因，相反，通过制定合理的贸易政策，能够实现资源环境的有效保护（曲如晓等，2006），促进经济社会、人与自然和谐发展。而一直以来，绿色全要素生产率都被作为衡量一国绿色发展的重要指标。因此，研究对外贸易与绿色全要素生产率之间的关系，对于实现我国贸易高质量发展和经济绿色发展有着重要意义。基于此，本章将通过理论和实证两方面的分析，论证对外贸易对我国绿色全要素生产率增长的影响作用，最后通过实证分析结果对提高我国绿色全要素生产率提出具有借鉴性的政策建议，以此推动我国对外贸易绿色发展。

8.1.2 文献综述

8.1.2.1 绿色全要素生产率的测算和影响因素

（1）绿色全要素生产率的测算。

现有文献对全要素生产率（TFP）的测算可分为参数化方法和非参数化方法两类。前者中最常使用的是索洛残差法，利用投入产出数据来计算生产函数，从而得到减去要素投入增长率的产出增长率，即 TFP 增长率（Garry Jefferson et al.，2000；胡鞍钢等，2004）；后者多用随机前沿生产函数估算出投入产出间的相对效率，再构建 Malmquist 指数来测度 TFP（Fare et al.，1994；郑京海等，2005）。

早期学者在研究 TFP 时并未纳入环境因素（Young，2003；张军等，2003；郭庆旺等，2005）。随着研究的进一步展开，一些学者考虑到生产与环境之间的矛盾，将能源消耗作为一种投入要素，把环境污染作为一种非期望产出，重新设计了 TFP 的测算方法（Jorgenson et al.，2000；Chen et al.，2014），并将其定位为绿色 TFP（李俊等，2009）。这些学者认为，未考虑生产活动对能源环境的影响而测算出的 TFP 会比世界情况偏高。因此，有必要在 TFP 测算框架中引入期望产出和非期望产出。

现有研究中关于非期望产出的处理方法主要有两种：第一种是从投入角度出发，在投入要素中纳入污染物等非期望投入，来计算整个生产过程的投入产出效率（陈诗一，2009）。但这种方法和“物质平衡理论”相矛盾（Murty and Russell，2002），无法正确评价实际的经济效益和社会福利水平。因此，更多学者采用的是第二种方法，即从产出角度切入，在产出要素中纳入污染物等非期望产出，来测算 Malmquist - Luenbergger（ML）指数（Kumar，2006；王兵等，2008；杨俊等，2009；杨文举等，2012）。ML 指数的优点在于，TFP 的测算框架能够同时纳入期望产出增加和非期望产出减少，并且不用考虑价格信息和生产函数形式，同时也可对绿色 TFP 进行分解，以找到其增长的源泉。各学者的研究表明，技术进步是绿色 TFP 增长的主要源泉（Kumar，2006；王兵等，2008；杨俊等，2009；杨文举等，2012）。

（2）绿色全要素生产率的影响因素。

目前关于绿色 TFP 影响因素的研究重点，主要可分为验证“污染天堂假说”和“波特假说”两方面。

一般而言，外商直接投资（FDI）可通过技术溢出效应和竞争效应推动东道国技术和经济增长（Blomstrom，1994；Alfaro et al.，2004）。但“污染天堂假说”（Copel et al.，1994）认为，较高的环境规制会使发达国家的生产成本上升，出于提高利润的目的，发达国家可能会将污染密集型产业向发展中国家转移。此时，FDI 对发展中国家绿色 TFP 的影响具有一定不确定性。立足于该假说，国内学者进一步研究了 FDI 对我国绿色 TFP 的影响，证实“污染天堂假说”的确可应用于中国（于峰等，2007；杨俊等，2009）。

新古典经济理论认为，政府提高对环境水平的规制会使企业成本增加，使研发门槛进一步提升形成挤出效应，难以带来企业生产率的提升。但“波特假说”（Porter，1995）认为，合理且严格的环境规则能够激励企业开展清洁技术创新活动，以此来补偿甚至抵消环境规制带来的成本，从而使企业利润增加。不少学者的研究也证明了这一假说（Alpay et al.，2002；Hamamoto，2006；Lanoie et al.，2008；Brouhle et al.，2013）。伴随着我国经济增长与环境恶化的不平衡现象的出现，国内学者也开始研究环境规制对绿色 TFP 的影响，结果表明，环境规制能优化生产效率，提高绿色 TFP（李玲等，2012），同时还会作用于经济发展方式转变，但存在环境规制强度的“门槛效应”（李斌等，2013）。

8.1.2.2 对外贸易的环境影响

近年来，对外贸易的环境影响已成为国际贸易领域的研究热点。Grossman 和 Krueger（1991）基于一般均衡模型进行分析，将对外贸易对环境的影响拆分为规模效应、结构效应和技术效应三部分，构成了对外贸易的环境影响的基本分析框架。之后的学者们大多从以上三个效应来切入分析对外贸易的环境影响，并以此来解释对外贸易影响环境的作用机制（Copeland et al.，1994；Antweiler et al.，2001；Liang，2008；徐圆，2010；盛斌等，2012）。

关于对外贸易对环境的影响，学术界尚未有统一的意见。综合来看，对外贸易对环境的影响可分为三类：一是贸易支持派，认为对外贸易对环境是有利的。Antweiler（2001）构建了污染供求模型来研究贸易对环境的影响，结果表明，贸易主要通过规模效应和技术效应来影响环境质量，总体而言其对环境的影响是正向的（Dean，2002；Bajona et al.，2012）。Bjagwati（1993）和 Selden（1994）研究表明，当一国的人均 GDP 达到一定水平时，对外贸易对环境的积极作用就会超过其消极作用，从而改善一国的环境，所以从长期角度来看，对外贸易能提升环境质量。李秀香等（2004）选取 CO_2 排放量作为环境污染的指标，研究了出口对中国环境的影响，结果表明，人均 CO_2 排放量随出口的增长而降低，出口会带来环境质量的提升。二是环境支持派，认为对外贸易加重了环境污染。Rock 等（1996）指出，开放型贸易政策的污染密集倾向更高，且发展中国家的环境污染速度会因贸易带来的产业转移而加快。Cole（2006）则从贸易与能源消耗间的关系入手进行研究，结果证实人均能耗会因对外贸易而增加，制约了环境质量的提升。Weber（2008）研究分析了对外贸易负面影响环境的主要途径。陈继勇等（2005）、党玉婷等（2007）研究表明，对外贸易并不能改善中国的环境质量，相反，会导致环境质量的恶化。三是认为贸易对环境的影响是不确定的。Tsigas 等（2002）指出，对外贸易对环境的影响是复杂的，其会通过生产区域的国际转移、行业间的资源争夺、产能与能耗的平衡以及影响消费者行为等途径对环境产生影响，贸易虽然可带来产出效率的提高，但对环境的影响是难以确定的。Cole 和 Elliott（2003）的研究则以贸易的结构效应为主，并认为其对环境的影响有两种不同的作用机制，结果表明，对外贸易引起的结构效应相对于规模效应和技术效应来说较小，而对外贸易对环境的整体影响会因研究指标的不同而存在差异。

8.1.2.3 对外贸易对绿色全要素生产率的影响

现有文献主要认为对外贸易能够通过学习效应、竞争效应和规模效应等路径来提升全要素生产率（Funk，2001；Alvarez and Ricardo，2005），全球价值链的形成与延伸也会显著影响环境污染（李斌等，2011）。在考虑了自然资源、能源消耗以及环境污染等因素后，国内学者重新研究了对外贸易对绿色 TFP 的影响。彭星等（2015）研究表明，出口贸易的低水平扩张并不能带来绿色 TFP 的提升，而进口贸易则更有利于生产过程的绿色转型。景维民等（2014）以有偏技术进步分析框架为基础，分析了绿色技术进步会如何受贸易和环境规制影响，研究结果证实，出口对绿色增长效率的提高有着负面影响。

随着研究的进一步展开，学者们提出绿色 TFP 存在空间相关性和空间依赖性，对外贸易会对绿色 TFP 产生空间溢出效应。关于该问题，当前文献可总结为三类：一是研究中国对外贸易的空间聚集效应及其影响因素（鲁齐等，2007；蒋满元，2008；魏浩等，2011；徐建军等，2013）；二是分析对外贸易对环境影响的空间溢出效应，如佟昕等（2014）研究了中国贸易开放影响省域碳排放的空间维度溢出效应，康雨（2016）验证了对外贸易加剧雾霾的结论；三是研究对外贸易对 TFP 的影响，如吕品等（2014）的研究验证了中国各省份 TFP 具有一定的空间集聚特征，且相比于进口，出口并不能显著带来 TFP 的提高。

8.1.2.4 现有文献评述

综合而言，国内外学者都在致力于绿色全要素生产率的测度以及对外贸易与绿色全要素生产率间关系的研究。对测度绿色全要素生产率进行研究可以发现，在 DEA 模型中引入非期望产出而测算出的 Malmquist 指数是衡量绿色全要素生产率的恰当方式之一，且绿色全要素生产率增长的主要源泉在于技术进步。关于对外贸易影响绿色全要素生产率的直接研究较少，但关于对外贸易的环境影响的研究已经形成了以规模效应、结构效应和技术效应为基础的理论分析框架。这些研究成果十分丰富并具有一定的现实意义，但是仍存在一定的局限性：第一，在测度绿色全要素生产率时，大多数文献仅考虑了非期望产出，未将其主要来源——能源因素纳入测算框架中；第二，在研究对外贸易影响绿色全要素生产率时，现有文献主要是对贸易与环境、绿色全要素生产率间的关系进行经验研究，较少对其进行理论机制分析；第三，在对外贸易影响绿色全要素生产率的实证研究中，多数文献是从单一角度进行静态或动态分析，较少从空间视角切入考察，但绿色全要素生产率与对外贸易都存在一定的空间依赖性和差异性，需从空间视角进行分析。针对上述不足，本章将做出以下改进：第一，在测度绿色全要素生产率时纳入能源作为投入要素；第二，运用理论与实证相结合的方法，对对外贸易影响绿色全要素生产率的机制进行分析检验，并从空间角度探讨两者间的关系。

8.2 中国对外贸易与工业绿色增长

8.2.1 中国工业绿色增长现状

8.2.1.1 中国工业增长现状

改革开放开启了中国经济发展的新篇章，中国经济自此快速发展，创造了举世瞩目的发展奇迹。作为国民经济主导产业的工业，更是在取得了许多令人称赞的成就的同时，带动了我国其他产业与整个国民经济的发展。如图 8－1 所示，进入 21 世纪时，我国的工业增加值仅 4 万亿元，之后快速提高，突破 10 万亿元（2007 年）、20 万亿元（2012 年），2020 年我国工业增加值达到 31.3 万亿元，相比于 2001 年增长了 6.1 倍，年均增长率超过了 10%。与此同时，中国工业的国际地位也在逐步上升。2011 年，我国工业增加值规模突破 3 万亿美元，超过美国成为世界第一工业大国，其后一直保持着世界第一。工业的快速发展在为我国经济和社会发展提供重要动力的同时，也为世界经济增长做出了重要贡献。

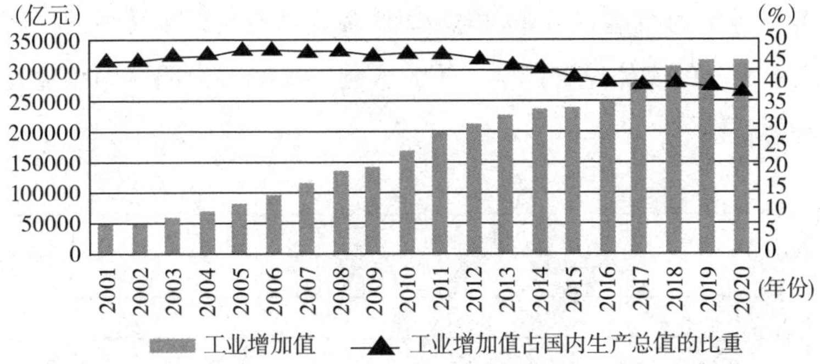

图 8－1　2001—2020 年工业增加值及其占比变化情况

资料来源：国家统计局。

从工业在国民经济中的地位来看，工业增加值在国内生产总值中的比重较为稳定，2001—2012 年主要保持在 40% 以上，2013 年起该比重有所下降。一部分原因在于近年来越发变幻莫测的国际经济形势，发达国家的“去空心化”政策、新兴经济体的不断崛起，都给我国工业发展带来了一定挑战。另一部分原因在于国内服务业的蓬勃发展，以及生产要素价格的上涨。2020 年的工业占比为 37.8%，相比于 2012 年的 45.4% 下降了 7.6 个百分点。这表明在我国的经济发展中，工业的拉动作用和贡献比率不断下降，工业必须进行转型才可以适应新经济形势。

从工业和国民经济的增长趋势来看（见图 8－2），二者的增长趋势几乎同步，2001—2019 年我国的工业增加值平均增速为 10.96%，同时期国内生产总值的平均增速则为 12.30%。具体来看，2001—2012 年，工业增加值增速基本均高于国内生产总值增速，表明工业发展对国民经济增长有着重要推动作用。2012—2020 年，这一趋势则发生了转变，国内生产总值增速基本均高于工业增加值增速，并且都呈下降趋势。2012 年以来，中国经济进入新常态，经济增长速度从高速转为中高速，受此影响，工业经济增速也逐渐放缓。同时，长期以来工业经济发展主要采取的是粗放型经济增长方式，随着时间的推移，该增长方式已不适应我国工业发展，国民经济和工业增长动能逐渐减弱，二者增速明显下滑。除此之外，国内消费结构升级、国际经济形势变幻莫测等也是致使我国工业增速放缓的原因。2020 年工业增速跳崖式下降则与新冠肺炎疫情有关，疫情对我国经济尤其是以工业为主的实体经济产生了较大影响。这些都说明我国工业发展亟须进行动力转换。

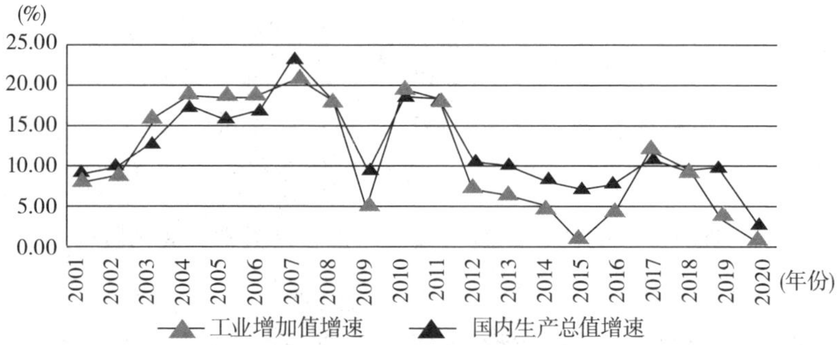

图 8－2　2001—2020 年工业增加值与国内生产总值增速变化情况

资料来源：国家统计局。

总体而言，我国工业经济总量一直呈增长趋势，且近年来均位居世界第一，但其增速在逐年减缓，尽管有世界经济形势变化的影响，但其根本原因在于我国工业发展动力机制亟须转换。

8.2.1.2　中国工业能源消费现状

（1）工业能源消费总量及其占比。

进入 21 世纪以来，随着工业化进程和城镇化进程的快速推进，中国的能源消费总量不断上升，工业作为能源消耗的主体，其能源消耗量在全国总量中的占比一直在 64% 以上，图 8－3 展现了 2001—2018 年我国工业能源消费总量及占比情况。

从能源消费总量上来看，工业能源消费量持续增加，从 2001 年的 10.71 亿吨标准煤，增长至 2018 年的 31.10 亿吨标准煤，增长了两倍，年均增速为 6.69%。从能源消费增速上来看，尽管工业能源消耗总量在不断增加，但其年均增速却在逐年减缓，2018 年的增长速度为 2.93%，远低于 2005 年的 23.22%，表明工业所使用的能源逐渐向清洁型能源转变。从能源消费占比来看，自 2010 年达到峰值后，工业能源消费占比逐年下降，2018 年我国工业能源消费占比已经降至 65. 93%，说明我国工业的确正在向绿色方向发展。

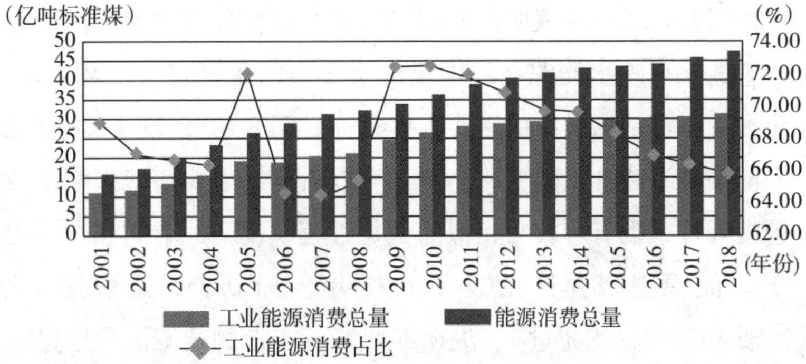

图 8 – 3　2001—2018 年我国工业能源消费总量及占比情况

资料来源：国家统计局。

（2）工业能源消费结构。

尽管近年来我国工业的能源消费增速与占比在逐渐下降，但现阶段工业能源消费结构仍以高排放、高污染的煤炭为主。如图 8 – 4 所示，工业能源消费中煤炭消费占比一直处于 80% 以上，而工业能源消费中排名第二的石油与其相比，比重一直不足 20%。造成这一现象的原因主要有两个：其一，中国自身能源资源禀赋是以煤炭为主的；其二，重化工业快速发展。虽然从“十一五”开始，政府提出了能源强度和碳强度下降的“双控”目

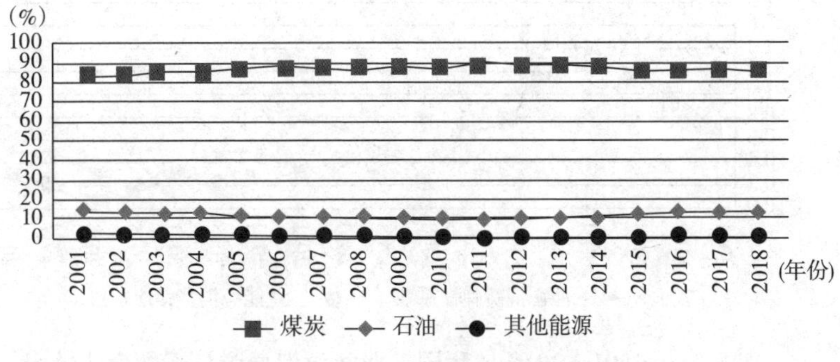

图 8 – 4　2001—2018 年工业能源消费结构情况

资料来源：国家统计局。

标，这一目标的提出带来煤炭消费比重的下降，但考虑到未来发展，亟须研发绿色清洁能源来促进工业绿色发展。

（3）工业能源消费弹性。

能源消费弹性是用于表明能源消费增速和国民经济增速之间关系的重要指标，它能够反映出能源在一国经济增长中的重要程度，该指标越大，表明能源在一国经济增长中的重要程度越高。图 8－5 展现了 21 世纪以来我国工业能源消费弹性系数变化趋势，可以看到，能源消费弹性系数与工业能源消费弹性系数有着较为相似的变化过程，说明二者间存在一定的同步性。工业能源消费弹性系数在 2001 年仅为 0. 75，之后逐年增加，2003—2005 年该指标均超过 1，说明在此阶段工业的能源消费增速大于工业增加值增速，并且能源消费弹性系数在该阶段的大小也超过 1，表明此阶段我国是以较高的能源消费为代价来发展工业和国民经济的。2006 年我国正式进入“十一五”阶段，政府提出能源强度和碳排放强度双下降目标，能源消费增速就此开始放缓，从 2006 年的 0. 80 下降至 2018 年的 0. 50，平均每年下降 2. 5%。工业能源消费弹性系数也逐渐降低，2006 年工业能源消费弹性系数为 0. 77，而到了 2018 年，该指标下降至 0. 30，平均每年下降 3. 92%。工业能源消费弹性系数的下降表明，我国工业发展对能源的依赖程度在不断降低，逐渐向依靠技术人力资本等非资源性要素投入和提高要素边际生产率的方向转变。

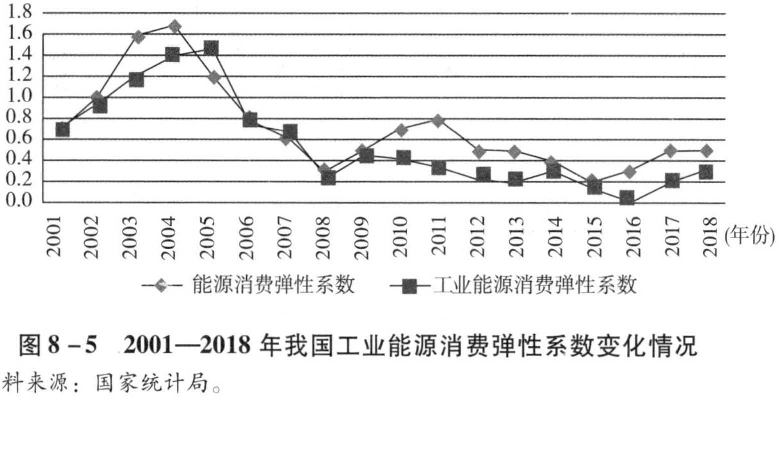

图 8－5　2001—2018 年我国工业能源消费弹性系数变化情况

资料来源：国家统计局。

（4）中国工业污染排放现状。

考虑到数据可得性，本章选取工业废气中的二氧化硫（SO_2）排放量和工业废水中的化学需氧量（COD）的排放总量和变化速度来分析工业增长的环境绩效，具体情况如图 8－6 所示。从污染物排放总量来看，SO_2 排放量总体呈下降趋势，从 2006 年的 2588.8 万吨下降至 2019 年的 457.3 万吨，平均每年下降 6.33%。相比之下，COD 排放量有着较大波动，但 2015 年后，该污染物排放总量逐年减少，2019 年 COD 排放量为 567.1 万吨，远低于 2004 年的 1339.18 万吨。从污染物排放量下降速度来看，2005—2019 年 COD 排放量和 SO_2 排放量除个别年份外均处于下降状态，其中，COD 排放量年均下降速度为 6.2%，SO_2 排放量年均下降速度为 8.5%。由此可以看出，工业增长对环境的负面影响正在减弱，我国已经逐渐形成了绿色工业发展模式。

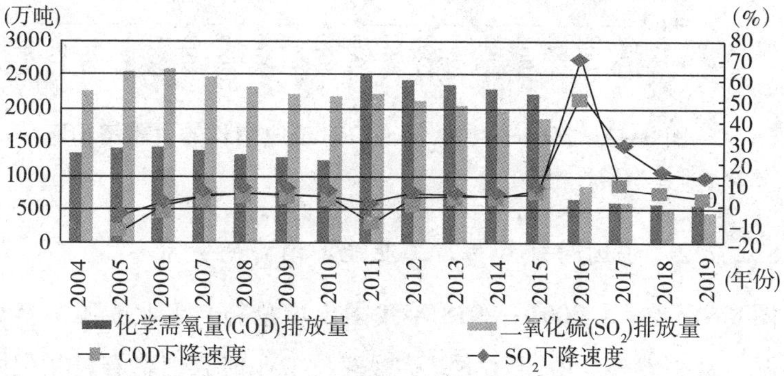

图 8－6　2004—2019 年工业主要污染物排放情况

资料来源：国家统计局。

8.2.2　中国对外贸易与工业绿色增长的关系

8.2.2.1　中国对外贸易与工业增长的关系

一直以来，对外贸易作为我国工业增长的重要源泉，其快速增长的出口规模在进入 21 世纪后的工业发展中有着举足轻重的作用。由于我国出口结构以工业制成品为主，因此，本章参考庞英（2004）的测算方法，计算出口对工业增长的贡献率来分析对外贸易与工业增长间的关系。计算公式为：出口对工业增长的贡献率 = （当年出口 - 上年出口）/（当年工业增加值 - 上年工业增加值），其结果如图 8 - 7 所示。2001 年出口对工业增长的贡献率仅为 36.4%，2002—2008 年该指标在 100% 左右浮动。受国际金融危机影响，2009 年该指标降为负值，其后又在政策引导下逐渐上升。2020 年出口对工业增长的贡献率达到新高，表明对外贸易对我国工业快速减小新冠肺炎疫情的负面影响、拉动工业经济增长有着举足轻重的作用。

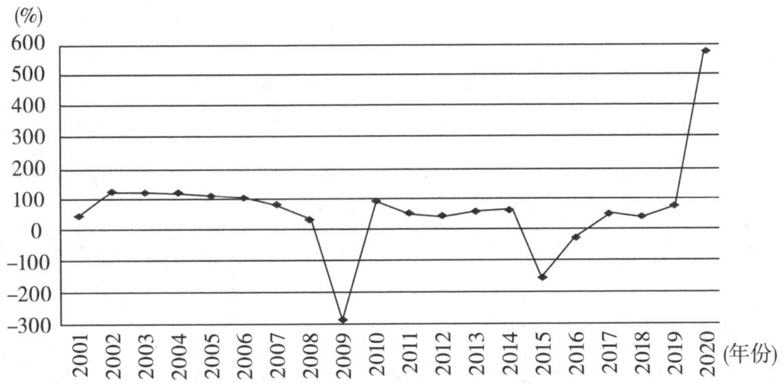

图 8 - 7　2001—2020 年出口对工业增长的贡献率情况

资料来源：国家统计局。

8.2.2.2　中国对外贸易与工业能源消费的关系

图 8 - 8 展示了 2001—2018 年我国出口总额与工业能源消费总量的变化情况。从中发现，中国对外贸易总额与工业能源消费有着相似的变化趋势，出口总额的增加也带来了工业能源消费总量的增加。2001 年，出口总额为 2.2 万亿元，工业能源消费总量为 10.7 亿吨标准煤，而到了 2018 年，出口总额增加至 16.4 万亿元，工业能源消费总量增加至 31.1 亿吨标准煤，表明我国对外贸易的快速发展带来了工业消费大量的能源。

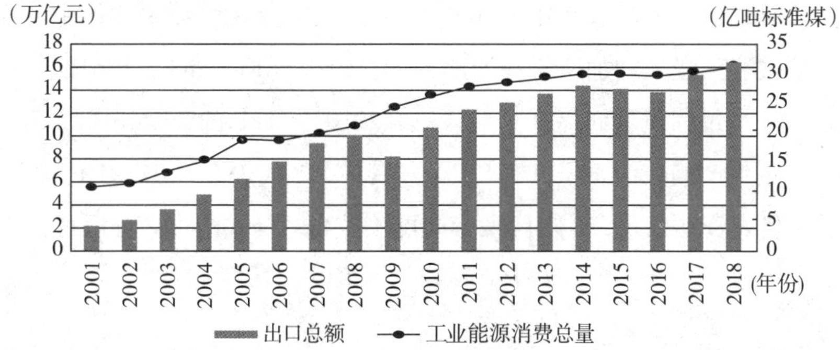

图 8-8 2001—2018 年我国出口总额与工业能源消费总量变化情况

资料来源：国家统计局。

8.2.2.3 中国对外贸易与工业污染排放的关系

如图 8-9 所示，随着出口总额的增加，COD 排放量和 SO_2 排放量呈现下降趋势，尤其是在 2016 年后，二者均大幅下降。这表明随着对外贸易的发展，我国工业的污染排放状况有所改善。

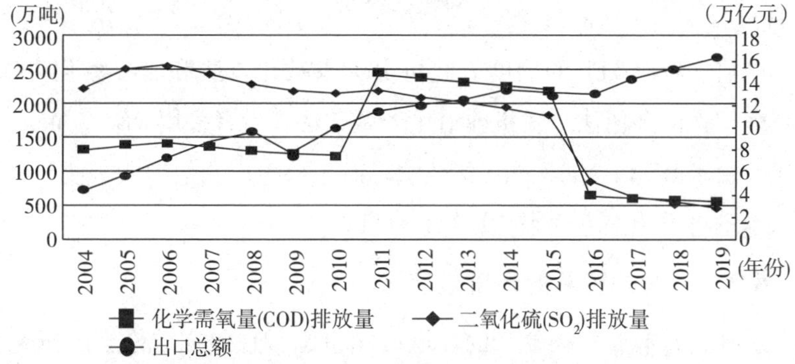

图 8-9 2004—2019 年出口总额和工业污染排放量变化情况

资料来源：国家统计局。

8.3 对外贸易影响绿色全要素生产率的机理分析

8.3.1 绿色全要素生产率的概念及测度

绿色全要素生产率（绿色 TFP）是从全要素生产率（TFP）中发展延伸出来的一个概念，所以在探讨绿色 TFP 之前，必须要对 TFP 的概念进行界定。TFP 是指生产过程中产出增长率比要素投入增长率多的那一部分，即不能被要素投入增加所解释的那一部分产出（Kendrick，1961），可用其来表示生产过程质量的提升（陈诗一，2010）。TFP 的数学公式如下：

假定生产函数为 $Y = AF(K,L)$ 。其中，Y 代表总产出，A 代表技术水平，K 代表资本投入，L 则代表劳动投入。当对等式两边微分后可得：

$$\frac{dTFP}{TFP} = \frac{dY}{Y} - \alpha\frac{dK}{K} - \beta\frac{dL}{L} \tag{8-1}$$

其中，α 和 β 分别代表产出对资本和劳动投入的弹性系数，当规模报酬不变时，$\alpha + \beta = 1$ 。由此，可将 TFP 定义为：扣除要素投入增长率后的产出增长率。生产的进步不仅带来了经济的快速增长，也带来了资源消耗与环境污染等问题，但这些问题并不能由传统的 TFP 凸显，需纳入资源与环境因素，重新界定 TFP，绿色 TFP 就此诞生。具体而言，在 TFP 核算框架中，加入能源消耗这一投入，并把产出分为期望产出与非期望产出两部分，其中非期望产出用污染排放来表示，从而计算得到的 TFP 即为绿色 TFP。

当前学者对 TFP 的测度方法可分为参数化方法和非参数化方法两种，前者多用索洛余值法、随机前沿生产函数法，后者多用 DEA－Malmquist 指数法。由于 DEA－Malmquist 指数法具有不限生产函数形式、便于分解等优点，本章将采用该方法来估算绿色 TFP。

8.3.2 对外贸易的环境效应

对外贸易有着较为复杂的环境影响机制，且研究结论会因研究视角和样本对象的不同而产生差异。本部分将对贸易的环境效应相关模型和理论进行梳理，为对外贸易影响绿色全要素生产率奠定理论基础。

8.3.2.1 Grossman－Kruger 模型

在研究北美自由贸易区的环境影响时，Grossman 和 Kruger（1991）构建了一个一般均衡模型，将贸易对环境的影响分解为规模效应、技术效应和结构效应三个部分。

假设工业的总污染排放量为 P，i 行业的污染排放量为 P_i，产出为 Y_i，则该行业的单位产出污染排放强度 Z_i 的表达式为 $Z_i = P_i / Y_i$。从而可得出：

$$P = \sum_{i=1}^{n} P_i = \sum_{i=1}^{n} Y_i Z_i = Y\sum_{i=1}^{n} \varphi_i Z_i = Y\varphi'Z \tag{8-2}$$

其中，φ_i 为 i 行业产业在工业总产业中的份额，由 Y_i/Y 得到，φ' 和 Z 为 $n \times 1$ 矩阵。进一步对式（8-2）两边进行全微分，可得：

$$\mathrm{d}P = \varphi'Z\mathrm{d}Y + YZ\mathrm{d}\varphi + Y\varphi'\mathrm{d}Z \tag{8-3}$$

其中，$\varphi'Z\mathrm{d}Y$ 代表贸易对环境的规模效应，即当产业结构和污染排放强度不变的情况下，工业规模提升对污染排放总量的影响；$YZ\mathrm{d}\varphi$ 代表贸易对环境的结构效应，即当产业规模和污染排放强度不变的情况下，工业结构调整对污染排放总量的影响；$Y\varphi'\mathrm{d}Z$ 代表贸易对环境的技术效应，即当产业规模和结构不变的情况下，贸易将如何改变污染排放强度从而影响污染排放总量。

规模效应。对外贸易在扩大经济规模的同时，不仅会带来资源过度开采使用、环境污染加剧等问题，而且受生产活动增加影响，污染排放量也会增加。因此，一般认为贸易对环境的规模效应影响为负面的，它会降低绿色全要素生产率。

结构效应。贸易对环境的结构效应影响为正面的还是负面的与贸易下的资源流动有关。比较优势理论认为，各国应出口本国具有比较优势的产品，则发展中国家会出口其具有比较优势的劳动密集型产品，而劳动密集型产品相比于资本密集型产品更为清洁，对发展中国家的环境质量的影响较小。但“污染天堂假说”认为，各国在环境管制上的差异会使污染产品产业转移至低收入国家，低收入国家为本国经济增长也会制定较为宽松的环境管制政策。因此，不同的基础理论下，贸易对环境的结构效应有差异，结论也有可能是相互冲突的（Antweiler et al.，2001；Dean and Lovely，2008）

技术效应。对外贸易在产生技术溢出效应的同时，也促进清洁生产技术的引进，从而提高生产过程中的环境效率，减少环境质量的恶化。

8.3.2.2 纳入环境效应的南北贸易模型

Copeland 和 Taylor（1994）在分析贸易对环境的影响时，对南北贸易模型进行修改，并添加假设条件：假设一，环境污染不会跨国传输，也不会全球扩散，仅在南方或北方发生；假设二，政府会以环境税的方式来进行环境管制，且北方的环境税率要比南方高。

在此模型下，南北双方内部会因对外贸易而产生变化。对于北方国家而言，贸易对环境的结构效应使国内的污染密集型产业规模不断缩小，规模效应虽然加重了经济扩张对环境质量的负面影响，但对于“清洁产品”的消费需求和支付能力会因经济扩张带来的收入提高而逐渐增加，政府可因此提高环境税率，从而刺激生产者研发与创新清洁能源技术和污染防治技术，由此产生的技术效应在一定程度上会抵消规模效应的负面影响。对于南方国家而言，贸易对环境的结构效应会使其污染密集型产业规模不断扩大，技术效应对环境的正向影响会被结构效应和规模效应的负面影响超过。因此，贸易会使北方国家的环境质量提高，但会降低南方国家的环境质量。

在此基础上，两人进一步放松了假设一，假设环境污染是全球性的，南北双方都可以用可交易的排放许可证来控制污染，对全球性环境污染问题进行了研究。贸易对环境的结构效应在缩小北方国家污染密集型产业的同时，扩大了其在南方国家内部的规模，致使污染许可证在北方国家的价格下降，在南方国家的价格上升。北方国家减少污染许可证的供给，而南方国家则提高了污染许可证数量，最终导致全球整体的环境质量恶化。

由此可见，在纳入环境效应的南北贸易模型中，各国间环境规制的差异造成了比较优势，贸易对发达国家环境质量的影响是正向的，对发展中国家环境质量的影响是负向的，并将使全球环境质量恶化。

8.3.2.3 纳入环境效应的一般均衡模型

以纳入环境效应的南北贸易模型为基础，Antweiler 等（2001）构造了一个一般均衡模型，对对外贸易影响环境的机制和动态变化过程展开了研究。其模型构建思路如下：

（1）基本假设。

假定在开放经济规模报酬不变条件下，生产要素有两种，即资本 K 和劳动力 L，产出有两种，分别是污染产品 X 和清洁产品 Y，且 X 为资本密集型产品。生产 X 时会产出污染排放物 Z，两者间的产品成正比。由于 Z 具有负外部性，所以企业在生产 X 时需缴纳一定的排污费 τ。为使自身利润最大化，企业会使用部分生产资料来控制 Z 的产生，假设企业的污染治理强度为 δ。当 $\delta = 0$ 时，企业在生产中投入所有生产要素，不进行污染治理，此时企业的产量为 Q；当 $0 < \delta \leqslant 1$ 时，企业的实际产量为 $X = (1 - \delta)Q$，污染排放量 $z = \frac{1}{A}(1 - \delta)^{1/\alpha} = \psi(\delta)Q$。其中，$A$ 为生产技术，α 为污染要素投入占比，$\alpha \in (0,1)$。

此时，厂商的生产函数为：

$$\begin{cases} X = (1 - \delta)Q(K_X, L_X) \\ Y = (1 - \delta)F(K_Y, L_Y) \\ Z = \psi(\delta)Q(K_X, L_X) \end{cases} \tag{8-4}$$

其中，生产 X 所需的要素投入用 K_X 和 L_X 来表示，生产 Y 所需的要素投入用 K_Y 和 L_Y 来表示，$Q(\cdot)$ 和 $F(\cdot)$ 均为一次齐次函数。

整理可得：

$$X = (AZ)^{\alpha}[Q(K_X, L_X)]^{1-\alpha} \tag{8-5}$$

从式（8-5）可看出，X 的生产函数为规模报酬不变的生产函数，并且可作为污染排放量 Z 和潜在产出 Q 两种要素投入的产出。

（2）生产最优决策。

根据式（8-5），可以确定 X 产品的生产最优决策。在资本价格 r 和工资水平 w 给定的前提下，可确定一个最优的资本劳动比使得潜在产出 Q 的单位产出成本 C^Q 最小；在此前提下，当污染排放成本 τ 给定时，确定污染排放量 Z 和潜在产出 Q 的最佳组合，使 X 的单位产出成本 C^X 最小。

$$C^Q(w, r) = \min\{r\,\alpha_{KQ} + w\,\alpha_{LQ}, Q(\alpha_{KQ}, \alpha_{LQ}) = 1\} \tag{8-6}$$

$$C^X(\tau,C^Q) = \min\{\tau AZ + C^Q Q,(AZ)^\alpha Q^{1-\alpha} = 1\} \tag{8-7}$$

其中，α_{KQ} 和 α_{LQ} 分别为潜在产出 Q 单位产出的资本和劳动的要素需求。

式（8-6）最优解的一阶条件为资本和劳动的边际技术替代率等于资本成本和工资水平的比值，即：

$$TRS_{K,L} = \left(\frac{\delta F}{\delta K_X}\right)/\left(\frac{\delta F}{\delta L_X}\right) = r/w \tag{8-8}$$

式（8-7）的一阶条件为：

$$\frac{(1-\alpha)AZ}{\alpha Q} = \frac{C^Q}{\tau} \tag{8-9}$$

（3）污染排放的选择。

假设为完全竞争市场，企业的净利润为零，即：

$$P^X X = C^Q Q + \tau Z^* \tag{8-10}$$

其中，P^X 为产品 X 的价格，Z^* 为有效污染排放，$Z^* = AZ$，结合式（8-9）和式（8-10），可求出单位产品的污染排放量，即污染排放强度 e，其表达式为：

$$e = \frac{Z}{X} = \frac{\alpha P^X}{A\tau} \tag{8-11}$$

由式（8-11）可看出，企业的污染排放强度 e 和产品价格 P^X 成正比，与技术水平 A 和污染排放成本 τ 成反比。在此基础上，企业的污染排放总量 Z 可进一步表示为：

$$Z = \frac{S\varphi_X e}{P^X} \tag{8-12}$$

其中，S 代表经济规模，即企业的生产总产值，$S = P^X X + P^Y Y$；φ_X 为产品 X 在总产值中的占比，即产业结构，其表达式为 $\varphi_X = P^X X/(P^X X + P^Y Y)$；$P^Y$ 为产品 Y 的价格。式（8-12）两边同时除以劳动投入 L 后，可得到人均污染排放量 z 的表达式为：

$$z = \frac{s\varphi_X e}{P^X} \tag{8-13}$$

其中，s 为人均产出，表达式为 $s = S/L$。由式（8－13）可知，人均污染排放量 z 由人均产出（经济规模）s、产业结构 φ_X 和污染排放强度（技术水平）e 三者共同决定。联动式（8－11）和式（8－13）进行对数化处理可得：

$$\ln z = \ln\alpha + \ln s + \ln\varphi_X - \ln A - \ln\tau \tag{8-14}$$

由式（8－14）可知，产业结构 φ_X 与资本价格 r、工资水平 w 和人均资本存量 k 有关（盛斌等，2012），则 φ_X 的表达式可变换为：

$$\varphi_X = \varphi_X(r,w,k) = exp(\gamma_0 + \gamma_1\ln r + \gamma_2\ln w + \gamma_3\ln k + \varepsilon) \tag{8-15}$$

其中，γ_0 为常数项，$\gamma_i(i = 1,2,3)$ 为各相应变量的影响系数，且 $\gamma_3 > 0$，表明 φ_X 与人均资本存量 k 正相关，ε 为随机误差项。

对于技术水平 A 而言，一国进行技术改进的渠道包括自主研发、学习模仿国外技术和技术外溢三种，因此可将技术水平 A 的表达式变换为：

$$A = exp(\lambda_0 + \lambda_1\ln open + \lambda_2\ln fdi + \lambda_3\ln rd + \lambda_4\ln edu + u) \tag{8-16}$$

其中，$open$ 为贸易开放水平，fdi 为外商直接投资，rd 为研发水平，edu 为人力资本水平，u 为企业的个体效应。

将式（8－15）和式（8－16）代入式（8－14）可得：

$$\ln z = \beta_0 + \ln s + \beta_1\ln k - \beta_2\ln open - \beta_3\ln fdi - \beta_4\ln rd - \beta_5\ln edu - \ln\tau + \nu + \varepsilon + u \tag{8-17}$$

其中，$\beta_0 = \ln\alpha - \lambda_0 + \gamma_0$，$\beta_1 = \gamma_3$，$\beta_2 = \gamma_1$，$\beta_3 = \lambda_2$，$\beta_4 = \lambda_3$，$\beta_5 = \lambda_4$，$\nu = \gamma_1\ln r + \gamma_2\ln w$。由此可得，人均污染排放量 z 和经济规模 s、人均资本存量 k 成正比，与贸易开放程度 $open$、外商直接投资 fdi、研发投入 rd、人力资本水平 edu 和污染排放成本 τ 成反比。

8.3.2.4 对外贸易的其他环境效应

Rurge（1993）、Stevens（1993）和 Panayotou（2000）等进一步研究了对外贸易影响环境的机制，在前人研究的基础上加入了收入效应、资源配置效应和竞争效应等。

对外贸易对环境的收入效应表现为人均收入水平的变化对环境的影响。从产品需求角度出发，可将环境看作一种产品。根据环境库兹涅茨曲线，人均收入水平与环境质量水平之间呈倒“U”形曲线关系，在人均收入水平超过临界点后，人们对环境质量水平的需求会随着人均收入提高而提高，一定程度上会推动政府加强环境规制管理，倒逼企业进行清洁化改造。另外，贸易在推动本国经济规模扩大的同时，也提高了本国在环境保护上的资金投入量，从而有利于提升本国的绿色全要素生产率。

对外贸易对环境的资源配置效应表现为要素分配对环境的影响。异质性贸易理论认为，对外贸易会促使生产资源流向生产率较高的企业，而这些企业往往也有着较低的污染排放强度（Cole and Elliott，2008；Mazzanti and Zobli，2009），生产率较低且污染排放强度高的企业会逐步退出市场，行业的整体污染强度将下降，从而有利于提升绿色全要素生产率。

对外贸易对环境的竞争效应表现为各国环保标准的提升对环境的影响。在开放型经济下，越来越多的企业进入世界市场，各国环保标准的提升促使企业使用清洁技术生产来提高自家竞争力，从而降低环境污染排放，有利于提升绿色全要素生产率。

8.3.3 对外贸易的绿色全要素生产率增长效应

通过上文整理可知，贸易对绿色全要素生产率的影响包括结构效应、规模效应、技术效应、收入效应、资源配置效应和竞争效应等，其中，收入效应可由规模效应和技术效应而引起，竞争效应可由技术效应引起，资源配置效应可由结构效应引起，所以对外贸易对绿色全要素生产率增长效应可归结为结构效应、规模效应和技术效应三种。由于规模效应需假定产业结构和技术水平不变，这与现实不符，并且一般而言规模效应对环境的影响为负面的，所以本章主要分析对外贸易的结构效应和技术效应。

本章以纳入环境效应的一般均衡模型为基础进行研究，由于绿色全要素生产率在受贸易和 FDI 影响的同时，还受到研发投入和人力资本的影响，因此本章构建的生产函数如下：

$$Y = A(open, fdi, rd, edu, x, t)F(K, L) \tag{8-18}$$

其中，Y 为行业总产值，A（·）为纳入了能源投入与非期望产出的绿色 TFP，$open$ 为贸易开放度，fdi 为外商直接投资，rd 为研发水平，edu

为人力资本水平，x 为其他影响因素，K 和 L 为资本和劳动力投入。

由上文关于贸易对环境的结构效应的分析可知，受技术水平与环境管制政策的影响，发达国家会选择出口相对污染的资本密集型产品至发展中国家，以保持自己的贸易比较优势和转移污染排放。同时，由于发展中国家的环境管制政策较为薄弱，生产污染密集型产品的成本相较于发达国家更低，该产业生产会逐渐转移至发展中国家，致使发展中国家的产品结构发生变化，其清洁技术发展也会被阻碍放缓，从而不利于该国的绿色全要素生产率的提高。因此可认为，对外贸易带来的结构效应会对发展中国家的绿色 TFP 产生负面影响。由此，可得出假设 1：

受自身技术水平和环境管制政策影响，贸易会对发展中国家的绿色 TFP 产生两方面影响：一是正向的技术溢出效应；二是负向的产品结构效应。这两个影响的相对大小，决定了贸易是正面还是负面影响绿色 TFP。

将贸易拆分为出口贸易和进口贸易，可在式（8－18）的基础上得出如下模型：

$$Y = A(exp, imp, fdi, rd, edu, x, t)F(K, L) \tag{8-19}$$

其中，exp 表示出口占比，即工业总产值中的出口贸易额占比；imp 表示进口占比，即工业总产值中的进口贸易额占比。借鉴 Hulten 等（2006）的方法，可得：

$$Y = A_0 e^{\lambda t} exp^{\beta_1} imp^{\beta_2} fdi^{\beta_3} rd^{\beta_4} edu^{\beta_5} x^{\beta_6} F(K, L) \tag{8-20}$$

其中，A_0 为初始生产效率水平，λ 为外生的技术变迁，$\beta_i(i = 1, \cdots, 6)$ 为各变量对绿色 TFP 的影响系数。

根据绿色 TFP 的概念，将式（8－20）两边同时除以 $F(K,L)$ 并进行对数变换可得：

$$\begin{aligned} \ln GTFP = {} & \ln A_0 + \lambda t + \beta_1 \ln exp + \beta_2 \ln imp + \beta_3 \ln fdi + \\ & \beta_4 \ln rd + \beta_5 \ln edu + \beta_6 \ln x \end{aligned} \tag{8-21}$$

有学者研究证明，出口贸易主要通过学习效应、规模效应和竞争效应提高全要素生产率（Funk，2001；Alvarez et al.，2005），但由于中国对外贸易产业链处于全球价值链的中低端，对外贸易的技术促进效应较不明显

（赵文军，2012）。进口贸易则在减少进口部门要素投入的同时，促进了内部竞争，也创造了新机遇，更有利于绿色 TFP 增长。

由此可推断出对外贸易对绿色全要素生产率的影响。受自身技术水平和环境管制政策影响，发展中国家的出口产品具有非绿色的生产技术倾向，同时，其“以出口为主来发展本国经济”的发展政策，导致本国出口企业往往受到的环境管制较轻。因此，对外贸易规模的扩大，会产生强烈的结构效应，对绿色技术研发创新的激励较小，从而不利于绿色全要素生产率的提高。由此，可得假设 2：

由于产品结构效应和技术溢出效应的相对程度的差异，出口贸易，即对外贸易不利于绿色全要素生产率的提高。

8.3.4 对外贸易的绿色全要素生产率空间溢出效应

由于中国各省份间的绿色全要素生产率存在一定的空间相关性，因此在研究对外贸易影响我国绿色全要素生产率时需构建空间计量模型来分析其空间溢出效应。

空间相关性的来源主要是相邻省份间经济联系的客观存在，以及各省份在同一经济变量上的测量误差。在考虑这两部分后，空间计量模型可分为空间滞后模型（SLM）和空间误差模型（SEM）两种。前者用因变量的滞后项来体现空间相关性，用于检测经济变量是否具有空间溢出效应；后者则用随机误差项来体现，用来解决地理位置差异对省份间的相互作用差异的影响。

因此，式（8－21）引入空间地理单位后，可推导出以下模型：

（1）空间滞后模型（SLM）。

$$GTFP_{it} = \rho W\, GTFP_{it} + \alpha_0 + \beta_1 EXP_{it} + \gamma X_{it} + \eta_{it}, \eta_{it} \sim (0, \sigma^2 I) \tag{8-22}$$

（2）空间误差模型（SEM）。

$$GTFP_{it} = \alpha_0 + \beta_1 EXP_{it} + \gamma X_{it} + \varepsilon_{it} \tag{8-23}$$

其中，$\varepsilon_{it} = \lambda W \varepsilon_{it} + u_{it}, u_{it} \sim (0, \sigma^2 I)$

在上述模型中，i 和 t 分别代表省份 i 和年份 t，α_0 为截距项，$GTFP$ 为绿色全要素生产率，EXP 为外贸依存度，ρ 和 λ 为空间自回归系数和空间自相关系数，X 为其他解释变量，η_{it} 为空间自回归的误差项，u_{it} 为随机误差项，均符合正态分布。

8.4 对外贸易影响绿色全要素生产率的实证检验

8.4.1 模型设定

根据上述分析，本章构建如下静态面板计量模型来分析对外贸易对绿色全要素生产率的影响：

$$GTFP_{it} = \beta_0 + \beta_1 EXP_{it} + \gamma X + \delta_t + \eta_i + \varepsilon_{it} \tag{8-24}$$

其中，i 和 t 分别代表省份 i 和年份 t，因变量为 $GTFP_{it}$，即绿色全要素生产率，关键自变量 EXP_{it} 为对外贸易发展程度，采用贸易开放度（*open*）和外贸依存度（*exp*）来体现。X 为一系列控制变量，δ_t 为年份固定效应，η_i 为省份固定效应，ε_{it} 为其他干扰项。

（1）绿色全要素生产率（$GTFP_{it}$）。本章利用 DEA－Malmquist 方法对绿色全要素生产率进行测算，实际应用中选择 DEAP2.1 软件进行测算，在测算 Malmquist 全要素生产率及其分解时选择传统的三投入、双产出方式来计算。其中，投入包括资本投入、劳动力投入和能源投入，产出分为期望产出和非期望产出。数据处理如下：①资本投入。本章采用永续盘存方法进行估算，以使全要素生产率的计算结果更加准确。具体计算公式为：$K_t = (1-\delta_t) K_{t-1} + I_t$，其中 K_t 表示第 t 年的资本存量，δ_t 为第 t 年的资本折旧率，I_t 为第 t 年的投资额。②劳动力投入。考虑到数据的可得性，本章以全部从业人员年平均人数来代表劳动投入。③能源投入。本章选取工业实际能源消耗量来表示能源投入，考虑到统计口径和单位一致性，该指标由主要的一次消费能源（原煤、焦炭、原油、汽油、煤油、柴油、燃料油和天然气）的消费量折算成标准煤加总后得到。④期望产出。本章采用行业总产出来代表期望产出。⑤非期望产出。本章以工业二氧化硫（SO_2）排放量、工业烟尘排放量和工业废水中的化学需氧量（COD）来代表非期望产出，三者均是我国环境管制中主要的减排物。基础资料来源于历年《中国统计年鉴》《中国劳动统计年鉴》《中国工业经济统计年鉴》《中国能源统计年鉴》和《中国环境统计年鉴》。

（2）对外贸易程度（EXP_{it}）。本章采用贸易开放度（*open*）和外贸依存度（*exp*）来衡量对外贸易发展程度。其中，贸易开放度（*open*）用贸易总额占工业总产出的比重来衡量，用于检验假设 1；外贸依存度（*exp*）则用出口额占行业总产出的比值来衡量，用于检验假设 2。根据假设 1，由于贸易对绿色全要素生产率的整体影响与其结构效应和技术溢出效应的相对大小有关，所以贸易依存度（*open*）的系数符号未知；根据假设 2，出口贸易将对绿色全要素生产率产生负面影响，所以预测其系数符号为负。基础资料来源于历年《中国统计年鉴》和《中国对外贸易统计年鉴》。

（3）控制变量（X）的选取：①外商直接投入（ln*FDI*）。外商直接投资会通过技术模仿示范效应、竞争效应和产品结构效应来影响绿色全要素生产率的增长。一方面，外商直接投资的进入会产生技术外溢，国内企业能够学习模仿国外先进的绿色技术，也会使国内企业产生危机感，倒逼企业进行绿色技术创新研发，从而促进绿色全要素生产率增长。另一方面，发达国家向发展中国家的外商投资，一般多是用于转移污染密集型产业，其带来的产品结构效应是不利于绿色全要素生产率的增长的。因此，外商直接投入（ln*FDI*）的系数是不确定的。②环境管制强度（*ER*）。考虑到数据获取途径和指标合理性，本部分参考 Berman 等（2001）和景维民等（2014）的做法，选取工业污染排放治理费用率来表示环境管制强度（*ER*）。③研发投入（*RD*）。研发投入会对绿色全要素生产率的增长产生长期影响，因此，本章研究也加入研发投入指标，采用研发投入内部经费与研发人员数之比来体现。④人力资本水平（*EDU*）。本部分采用就业人员的平均受教育年限来体现。⑤人均资本存量（k）。人均资本存量反映了资本深化程度，一般认为，资本深化程度越高的地区，其绿色技术发展越慢，因此，其对绿色全要素生产率增长的影响应是负面的。本部分采用工业固定资产净值年均余额与平均从业人员人数的比值来衡量。⑥进口依存度（*IMP*）。在检验假设2时，加入进口依存度（*IMP*）指标，用进口额占工业总产出的比值来衡量。

8.4.2 资料来源与描述性统计

本章的实证样本为中国2003—2017年的30个省份面板数据（考虑到西藏地区数据不完整，故予以剔除，并且不包括港澳台地区），数据主要来源于历年《中国统计年鉴》《中国对外贸易统计年鉴》《中国劳动统计年鉴》《中国工业经济统计年鉴》《中国能源统计年鉴》《中国环境统计年鉴》和各省份历年年鉴。数据的描述性统计见表8－1。

表8－1 描述性统计

变量类型	变量代码	单位	样本数	均值	标准差	最小值	最大值	预期符号
因变量	*GTFP*	—	450	0.395	0.379	0.035	1.389	—
关键自变量	*open*	—	450	0.278	0.411	0.032	1.842	不确定
	exp	—	450	0.134	0.128	0.015	0.573	负
控制变量	ln*FDI*	—	450	0.21	0.167	0.016	0.652	不确定
	ER	—	450	0.004	0.002	0.001	0.018	正
	RD	万元/人	450	1.936	1.012	0.372	6.905	正
	EDU	—	450	9.647	1.403	6.547	14.032	正
	k	万元/人	450	23.215	12.967	8.021	85.637	负
	IMP	—	450	0.146	0.253	0.012	1.503	正

8.4.3 实证分析

为了确定计量模型的类型，本章在实证分析前，进行了Hausman检验，分别估计了固定效应和随机效应，最终根据检验结果，决定使用固定效应模型。回归结果如表8－2所示。

表 8-2 回归结果

变量	全样本回归结果		分地区回归结果			
	全国		东部沿海地区		中西部内陆地区	
	(1)	(2)	(3)	(4)	(5)	(6)
open	-0.0253 *** (0.0174)		-0.2256 *** (0.0209)		-0.3371 *** (0.1197)	
exp		-0.0897 ** (0.0046)		-0.3205 ** (0.2160)		-0.0631 ** (0.0231)
ln*FDI*	0.1287 ** (0.0236)	0.1167 ** (0.0232)	0.2024 *** (0.0281)	0.4286 *** (0.1183)	0.4197 *** (0.0195)	0.2397 *** (0.0197)
ER	1.1548 *** (0.2843)	1.0904 *** (0.2753)	2.3553 *** (0.3006)	2.1559 *** (0.3627)	2.0691 *** (0.3242)	2.0327 *** (0.3046)
RD	0.2083 *** (0.0145)	0.1876 *** (0.0136)	0.2218 *** (0.0208)	0.3255 *** (0.0262)	0.2519 *** (0.0305)	0.2406 *** (0.0313)
EDU	0.3685 *** (0.2071)	0.3581 *** (0.1918)	0.3878 *** (0.2321)	-0.4830 *** (0.3310)	-0.3257 *** (0.2308)	-0.3073 *** (0.1913)
k	-0.2053 *** (0.0423)	-0.1968 *** (0.0405)	-0.1776 *** (0.0501)	-0.2432 *** (0.1845)	0.0864 *** (0.0623)	-0.0984 *** (0.0631)
IMP		0.1202 * (0.3227)		0.2402 (0.2825)		0.2346 * (0.4012)
省份效应	是	是	是	是	是	是
时间效应	是	是	是	是	是	是
p 值	0.0000	0.0000	0.0000	0.0000	0.0000	0.0000
模型	FE	FE	FE	FE	FE	FE
样本数	450	450	165	165	285	285
R^2	0.8019	0.8372	0.7359	0.7709	0.7140	0.7077

注：***、**、*分别表示 1%、5%、10% 的显著性水平，括号内为稳健标准误。下同。

表 8-2 中的第（1）列至第（2）列为全样本回归结果，其中，第（1）列为以贸易开放度（*open*）为关键自变量的回归结果，第（2）列为以外贸依存度（*exp*）为关键自变量的回归结果。可以看到，贸易开放度（*open*）与外贸依存度（*exp*）的系数均为负值。根据假设 1，贸易会对绿

色全要素生产率产生正向的技术溢出效应与负向的产品结构效应两方面影响，影响结果取决于二者的相对大小，回归结果表明，贸易所带来的负向的产品结构效应超过了正向的技术溢出效应，其结果为绿色全要素生产率会随贸易开放程度的提高而下降。外贸依存度（*exp*）每增加1%，绿色全要素生产率将下降0.0897%，表明对外贸易并不利于绿色全要素生产率的增长，证明了假设2。现有研究关于出口贸易对绿色全要素生产率的影响存在一定争议，部分学者认为出口贸易主要通过学习效应、规模效应和竞争效应来提高全要素生产率（Funk，2001；Alvarez et al.，2005），但也有学者提出，中国对外贸易的技术促进效应较不明显，对全要素生产率不存在正向影响（何元庆，2007；赵文军，2012）。本部分的回归结果与后者的研究结论相符，其原因可能在于我国长期以来采用粗放型经济发展方式，该方式导致了严重的资源浪费和环境污染，并且我国仍处于全球价值链中低端位置，工业发展较缺乏绿色技术支持。

考虑到我国地广物博，各地区的开放程度和工业经济发展程度存在一定区域性，对外贸易对绿色全要素生产率的影响可能会存在区域差异，因此本章将样本划分为东部沿海地区和中西部内陆地区①两个分样本分别进行实证分析，其回归结果如表8－2中的第（3）列至第（6）列所示。第（3）列和第（5）列是以贸易开放度（*open*）为关键自变量的回归结果，可以看到，不论省份处于何种地区，贸易开放度（*open*）的系数均在1%的水平上显著为负，说明贸易开放会抑制绿色全要素生产率的增长。并且可以发现，中西部内陆地区的系数明显大于东部沿海地区，表明中西部内陆地区的负向影响要强于东部沿海地区。第（4）列和第（6）列是以外贸依存度（*exp*）为关键自变量的回归结果，其与全样本回归结果也相同，表明不同地区的对外贸易均会抑制绿色全要素生产率的增长。同时可看到，对外贸易对绿色全要素生产率的负面影响在东部沿海地区更强，其原因可

① 东部沿海地区包括北京、天津、辽宁、河北、山东、江苏、上海、浙江、福建、广东和海南11个省份，其余省份划分进中西部内陆地区。

能在于东部沿海地区仍是我国重要的加工贸易聚集地，且该地区的出口总额要远大于中西部内陆地区，因此该地区反应更为敏感。

至于其他影响绿色全要素生产率的控制变量，外商直接投入（ln*FDI*）对绿色全要素生产率的影响显著为正，说明外商直接投资对绿色全要素生产率有着促进作用，这与“污染天堂假说”相悖。其原因可能在于外商直接投资在为我国造成绿色生产技术外溢的同时，也倒逼国内企业进行绿色技术进步，这些都缓冲了外商直接投资的污染避难所效应，从而促进了绿色全要素生产率的提升。环境管制强度（*ER*）对绿色全要素生产率的影响显著为正，表明较严的环境管制有利于绿色全要素生产率的提升，可以理解为严格的环境管制会使企业投入更多成本来处理生产产生的污染物，从而倒逼企业进行绿色生产技术改革。全国层面来看，研发投入（*RD*）和人力资本水平（*EDU*）对绿色全要素生产率的提升有着显著的促进作用，而人均资本存量（*k*）对绿色全要素生产率的增长有着显著的负面影响，这些均与理论预期相符，表明研发投入和人力资本是技术进步的重要来源，有利于绿色全要素生产率的提升，而资本深化程度与绿色全要素生产率之间为反向关系。进口依存度（*IMP*）对绿色全要素生产率的增长有着正向影响，表明进口贸易的技术溢出效应和竞争效应能带来绿色全要素生产率的提升。

8.4.4 稳健性检验与分析

（1）内生性问题讨论。

上文的全样本回归分析和分地区样本回归分析均控制了非观测的年份固定效应、省份固定效应等，在一定程度上可以缓解遗漏变量引起的内生性问题。为了进一步验证实证结果的可靠性，本部分选择解释变量的滞后一期作为工具变量，运用两阶段最小二乘法进行回归估计。为验证工具变量的有效性，本部分对工具变量分别进行识别不足（LM 检验）和弱工具变量检验（Cragg - Donald Wald F 检验），结果均在 1% 水平上拒绝了“工具变量识别不足”和“存在弱工具变量”的原假设，因此可以认为选用解释变量的滞后一期作为工具变量是合理的，估计结果如表 8 - 3 所示。从表

8-3中可以看出，在考虑模型潜在的内生性问题后，对外贸易对绿色全要素生产率的增长是有抑制作用的，并且控制变量的表现与表8-2基本一致，因此一定程度上可以说明表8-2的实证分析结果是稳健的。

表8-3 稳健性检验结果

变量	全样本回归结果		分地区回归结果			
	全国		东部沿海地区		中西部内陆地区	
	(1)	(2)	(3)	(4)	(5)	(6)
open	−0.0472*** (0.1028)		−0.3712*** (0.0572)		−0.2896*** (0.1452)	
exp		−0.0912** (0.0204)		−0.3503** (0.1984)		−0.0634** (0.0338)
ln*FDI*	0.3176** (0.0582)	0.1428*** (0.0482)	0.3916*** (0.0507)	0.3983*** (0.1274)	0.4325*** (0.0315)	0.3120*** (0.0356)
ER	1.0729*** (0.3017)	1.3012*** (0.2946)	3.0743*** (0.3287)	2.2775*** (0.4510)	2.6737*** (0.4012)	2.0618*** (0.3671)
RD	0.2372*** (0.0429)	0.2716*** (0.0336)	0.2568*** (0.1563)	0.3274*** (0.0629)	0.3027*** (0.0519)	0.3414*** (0.2437)
EDU	1.0232*** (0.2152)	0.4156*** (0.2734)	1.4073*** (0.3821)	1.2454*** (0.1747)	1.0232*** (0.2081)	−0.3127*** (0.1787)
k	−0.0417*** (0.0872)	−0.1358*** (0.0455)	0.1063*** (0.2481)	−0.2032*** (0.2075)	0.0942*** (0.1331)	0.0912*** (0.0811)
IMP		0.1304* (0.3168)		0.3164 (0.2436)		0.4802* (0.4523)
省份效应	是	是	是	是	是	是
时间效应	是	是	是	是	是	是
P值	0.0000	0.0000	0.0000	0.0000	0.0000	0.0000
模型	FE	FE	FE	FE	FE	FE
样本数	420	420	135	135	255	255
R^2	0.7893	0.8016	0.7703	0.7770	0.7976	0.7920

（2）对外贸易的绿色全要素生产率空间溢出效应。

根据上文空间相关性分析，本章构建以下空间计量模型来分析对外贸易的绿色全要素生产率空间溢出效应：

①空间滞后模型（SLM）。

$$GTFP_{it} = \rho W\, GTFP_{it} + \alpha_0 + \beta_1 EXP_{it} + \gamma X_{it} + \eta_{it}, \eta_{it} \sim (0, \sigma^2 I) \quad (8-25)$$

②空间误差模型（SEM）。

$$GTFP_{it} = \alpha_0 + \beta_1 EXP_{it} + \gamma X_{it} + \varepsilon_{it} \quad (8-26)$$

其中，$\varepsilon_{it} = \lambda W \varepsilon_{it} + \eta_{it}, \eta_{it} \sim (0, \sigma^2 I)$

在上述模型中，i 和 t 分别代表省份 i 和年份 t，α_0 为截距项，$GTFP$ 为绿色全要素生产率，EXP 为关键自变量，ρ 为空间自回归系数，用于观测省份绿色全要素生产率的空间相关性，W 为空间权重矩阵，λ 为空间自相关系数，用于表示样本观测值的空间依赖程度，X 为控制变量，η_{it} 为空间自回归的误差项，u_{it} 为随机误差项，均符合正态分布。

考虑到解释变量也可能存在空间自相关性，本章以空间滞后模型为基础，构建了空间杜宾模型（SDM），来解决解释变量的空间自相关问题，其模型设置如下：

$$GTFP_{it} = \rho W\, GTFP_{it} + \beta_1 X_{it} + \delta W X_{it} + \eta_{it}, \eta_{it} \sim (0, \sigma^2 I) \quad (8-27)$$

其中，δ 为解释变量的空间回归系数。

对外贸易的绿色全要素生产率空间溢出效应的估计回归结果如表 8－4 所示。可以看到，不论是 SDM 模型还是 SEM 模型，贸易开放度（*open*）与外贸依存度（*exp*）的系数均为负值，表明即使考虑空间自相关性，对外贸易对绿色全要素生产率的增长整体而言依旧具有抑制作用。控制变量方面，基本与理论预期一致。外商直接投入（ln*FDI*）在两个模型中的系数均为正，但仅在 SEM 模型中通过了显著性检验，一定程度上证明了外商直接投资对绿色全要素生产率的增长有着积极促进作用。这些结果均与传统面板模型的估计结果一致，并且空间面板模型相比于传统面板模型有着更优的回归结果，能更好地解释对外贸易影响绿色全要素生产率的效果和机制，也强化了本章结论的稳定性。

表8-4 空间计量模型估计结果

变量	FE		SDM		SEM	
	(1)	(2)	(3)	(4)	(5)	(6)
open	-0.0253*** (0.0174)		-0.0302*** (0.0311)		-0.2569*** (0.0328)	
exp		-0.0897** (0.0046)		-0.1673*** (0.0244)		-0.1276*** (0.0316)
ln*FDI*	0.1287** (0.0236)	0.1167** (0.0232)	0.0018 (0.0234)	0.0012 (0.0223)	0.0614* (0.0326)	0.0724** (0.0329)
ER	1.1548*** (0.2843)	1.0904*** (0.2753)	0.7032*** (0.1976)	0.5094*** (0.1813)	1.4256*** (0.3053)	1.0156*** (0.2702)
RD	0.2083*** (0.0145)	0.1876*** (0.0136)	0.4520*** (0.0445)	0.8245*** (0.0495)	0.4827*** (0.0793)	0.1034*** (0.0340)
EDU	0.3685*** (0.2071)	0.3581*** (0.1918)	-0.3219*** (0.2245)	-0.3548*** (0.3281)	1.3022*** (0.2152)	1.2056*** (0.4632)
k	-0.2053*** (0.0423)	-0.1968*** (0.0405)	-0.8016*** (0.0798)	-0.5342*** (0.0737)	-0.0718*** (0.0634)	-0.1365*** (0.0614)
IMP		0.1202* (0.3227)		0.0012 (0.0195)		0.3415* (0.3018)
样本数	450	450	450	450	450	450
Log L			243.4428	270.1834	140.1738	234.4275
R^2	0.8019	0.8372	0.9078	0.9234	0.8089	0.8423

8.5 结论与政策建议

8.5.1 主要结论

本章采用理论分析与实证分析相结合的方法研究了对外贸易对绿色全要素生产率的影响。首先，对21世纪以来我国工业绿色增长以及对外贸易与其的关系进行了现状分析和讨论；其次，基于贸易理论和绿色全要素生产率相关理论，梳理了绿色全要素生产率的测算方法、对外贸易的环境影响，并以此构建了对外贸易影响绿色全要素生产率的理论模型；最后，采用2003—2017年中国30个省份面板数据进行实证分析。以下为本章在研究过程中得出的结论：

关于中国工业绿色增长的特征事实。21世纪以来，我国工业经济快速增长，并在国民经济发展中发挥了重要的拉动作用，且近年来经济总量均位居世界第一，但增速在逐年减缓，工业在国民经济中的拉动作用和贡献比率也不断下降，尽管有世界经济形势变化的影响，但其根本原因在于我国工业发展动力机制亟待转换。从工业能源消费现状来看，我国工业能源使用量、能源消费弹性系数和污染排放总量等随着对外贸易发展均呈现下降态势，一定程度上表明对外贸易能对我国工业绿色增长产生影响。

关于对外贸易影响绿色全要素生产率的理论机制。本章以Grossman－Kruger模型、纳入环境效应的南北贸易模型和一般均衡模型为基础，构建了对外贸易影响绿色全要素生产率的理论框架。通过理论模型发现：受自身技术水平和环境管制政策影响，贸易会对发展中国家的绿色全要素生产率产生两方面影响：一是正向的技术溢出效应；二是负向的产品结构效应。这两个影响的相对大小，决定了贸易是正面还是负面影响绿色全要素生产率。由于产品结构效应和技术溢出效应的相对程度的差异，出口贸易即对外贸易不利于绿色全要素生产率的提高。

关于对外贸易对绿色全要素生产率的影响。本章的实证结果表明，贸易开放度和外贸依存度的提高均对我国工业绿色全要素生产率增长有着显著的负面影响，说明对外贸易并不促进绿色全要素生产率的增长。在考虑区域差异性，将实证样本划分为东部沿海地区和中西部内陆地区后进一步研究发现，相比于东部沿海地区，中西部内陆地区对外贸易对绿色全要素生产率的负面影响更强。该研究结论在考虑空间自相关性后也依旧成立。此外，对外贸易发展和外商直接投入、环境管制强度、研发投入、人力资本水平、人均资本存量和进口依存度共同影响绿色全要素生产率。

8.5.2 政策建议

基于本章所得研究结论，结合我国工业绿色增长以及外贸发展的实践，提出以下几点建议，以期通过对外贸易发展，进一步提高我国绿色全要素生产率，推动我国工业绿色发展：

第一，打造环境友好型对外贸易发展方式。改革开放以来，我国对外贸易一直采用的是依靠低廉劳动力为比较优势的粗放型增长方式，该发展方式虽然带来了对外贸易的快速增长，但不利于绿色全要素生产率的提高，反而阻碍它的提高。因此要加速调整对外贸易发展方式，使其从数量增长型发展转变为质量增长型发展。一方面，要稳健提高一般贸易与现代化服务贸易总量，降低加工贸易占比；另一方面，要构建加工贸易产业集群创新体系，加大我国绿色产业的支持力度，绿色产品有着极大的需求潜力，但其对技术和资金也有着极高的门槛，政府应对相关产业进行扶持，鼓励企业开展环境友好型绿色贸易模式。

第二，优化对外贸易结构。我国作为出口大国，要坚持贯彻可持续发展为主导的工业化模式，一方面，要严格限制高污染、高能耗、高浪费商品的生产与进出口；另一方面，要完善国内基础设施建设，通过新兴技术与设备升级提高东部地区绿色全要素生产率，并利用东部地区过剩产能转移，推动中西部地区工业产业绿色增长，实现我国区域产业链的均衡绿色发展。同时，也要鼓励进口竞争，并与国内技术研发相配合，发挥二者间的互补效应，利用进口贸易的技术溢出，来推动我国绿色全要素生产率增长。

第三，合理引导外资流向。本章研究表明，外商直接投资对绿色全要素生产率有着显著的促进作用，因此在持续引进外资的基础上，合理引导外资流向，使其更多流入高新技术产业，以提高我国高新技术研发和创造能力。同时，也要注重学习引进国外先进的生产技术与环保标准，通过模仿、创新与消耗来提高国内企业的绿色生产技术水平，充分发挥外商直接投资带来的技术外溢效应，从而推动我国工业经济绿色发展。

第四，加强政府环境管制力度。绿水青山就是金山银山。我国应进一步加大环境管制力度，制定合理的环境规制政策，在优化改善环境质量的同时，利用优惠政策来鼓励企业开展绿色技术创新与研发活动。同时，通过建立区域生态补偿机制，对现有遭到破坏的生态环境进行补偿修复，并带动其他地区合理实施环境保护政策，从而形成良性互动的全国环保格局。另外，应加大环保重要性的宣传力度，提高工业企业的环保意识，让绿色理念深入人心。

9　对外贸易对绿色发展效率的影响

9.1　引言

自提出“一带一路”倡议以来，我国政府积极推进国际多边贸易进程，国内各企业也在积极响应号召，中国的对外贸易也因这一系列举措取得了显著成就。中国海关总署发布的数据显示，在新冠肺炎疫情冲击下，2020 年我国进出口总值达到 32.16 万亿元，同比增长 1.9%，我国经济保持稳定的中高速增长，货物贸易第一大国地位稳固，是全球唯一实现货物贸易正增长的主要经济体。

然而，伴随着中国经济的持续高速增长，能源消耗和污染排放给环境造成难以逆转的破坏，中国面临雾霾笼罩、水质污染、碳排放量居高不下等问题，环境治理刻不容缓，节能减排作为约束性指标被纳入国民经济和社会发展的中长期规划。党的十九大报告中明确提出要坚持节约资源和保护环境的基本国策，国家经济发展重点也已经转向绿色经济的发展，而不仅仅是只考虑期望产出的经济增长效率。要实现经济发展与环境保护的统一，关键是提高经济活动的绿色发展效率，即在增加经济产出的同时能够实现资源节约（特别是能源节约）与污染减排，推动经济增长向低投入、低排放和高产出的集约型方式转变。

国际贸易作为技术进步的发动机，是绿色发展效率提高的重要动力之一：一方面，进口企业通过进口中间产品，直接分享贸易伙伴国的技术成果，通过学习和模仿进口品所包含的先进清洁生产技术，获得绿色技术进步；另一方面，现实中可能存在所谓的“环境污染避难所”，经济发展的同时环境污染增加，非期望产出增加，对外贸易究竟对绿色发展效率的影响如何，难以根据表面现象下结论，从而实证研究必不可少。

绿色发展效率是一种同时考虑经济增长、环境污染与能源消耗的有效经济效率。2017 年，习近平总书记强调中国发展在注重经济建设的同时，也必须统筹经济建设和环境保护的关系。因此，在新时代，加速建设和巩固生态文明迫在眉睫。目前，探究中国“绿色发展”的影响因素及程度成为一个重要的学术探究方向，研究进出口贸易对绿色发展效率的影响有利于合理评价地区经济发展的可持续性，为我国经济增长方式转型、可持续发展提供有力支持，具有一定的现实意义。

9.2 文献综述

对外贸易作为一国经济的重要来源，是推动经济增长的“三驾马车”之一，是一国经济发展中不可或缺的一部分，而对外贸易的发展同时也会对环境造成污染，消耗已有能源。现有文献主要集中于：一是单方面考察对外贸易对经济的影响；二是单方面研究对外贸易与环境污染和能源消耗之间的关系；三是研究其他因素对绿色经济效率的影响。而随着我国绿色发展观的提出，同时考虑环境污染和经济效率增长的研究显得尤为重要。

9.2.1 对外贸易与经济效率的相关研究

经济效率是指在综合考虑了一定经济成本如劳动力和投入资源的基础上所获得的经济收益，具体可以反映为考虑了部分投入成本的经济增长。到目前为止，学界热衷于使用不同方法测算我国全要素生产率，试图解释我国生产率的变化和演进状况，从而说明我国经济持续增长的源泉。研究突破点在于测算方法的不断进步，已经从参数法转为非参数法、从宏观深入中观和微观，并开始考虑经济增长过程中非期望产出的“环境污染效应”。在测算过程中引入非期望产出，已经成为效率测算的主流做法。

传统测算方法仅仅考虑资本和劳动投入，而没有考虑环境因素的影响。改革开放以来，我国经济呈现高增长、高能耗和高污染的“三高”特点，因此对我国经济增长效率进行测算必须要考虑环境成本和生态成本，否则可能会造成其估计值偏高。近年来，引入环境因素的测算方法得到不断发展，已经被国内学者引进并用于研究我国经济效率的变化情况。

采用传统 DEA 方法评价相对效率时，要求尽可能地减少投入和扩大产出。这与实际经济活动过程不一致，因为在一些生产过程中会产生副产品，即非期望产出，而传统 DEA 方法无法处理该类问题。为了处理非期望产出问题，许多学者进行了探索。Hailu 和 Veeman（2001）把污染排放作为一项投入要素来处理，而 Scheel（2001）把非期望产出变换为原值的倒数，再将其当作期望产出进行处理。这两种方法都违背了实际生产过程，因而效率评价结果可能是有偏误的。Chung 等（1997）将环境污染看作具有负外部性的非期望产出，并提出基于方向性距离函数的 Malmquist - Luenbeiger 生产率指数，用来测算存在“坏产出”时的全要素生产率。该方法已经得到推广和广泛应用（Fare et al.，2001；Kumar，2006）。

在我国经济效率测算研究方面，许多学者已经开始引入环境污染因素。胡晓珍、杨龙（2011）利用熵值法拟合环境污染综合指数，并将其作为非理想产出纳入非参数 DEA - Malmquist 指数模型，测算我国 1995—2008 年各省份的“绿色 TFP”。正如上文所述，该方法不符合生产过程，测算结果可能产生偏误。王兵等（2008）介绍了基于方向性距离函数的 Malmquist - Luenberger 生产率指数（ML 指数）方法，并采用该方法测算 APEC 地区 17 个经济体 1980—2004 年环境管制下的 TFP。此后，许多学者都将该方法用于我国 TFP 测算研究。陈诗一（2009）利用 38 个行业面板数据测算我国工业 TFP，发现引入环境资源约束的 TFP 估计值低于传统 TFP，说明我国环境管制存在一定压力。杨文举（2011）选取 31 个省份全部国有及规模以上非国有工业为样本，基于省级面板数据测算我国各省份 ML 指数。吴军（2009）发现，我国环境约束下的 TFP 增长主要来源于技术进步，东部是推动技术进步的主要地区；收敛性分析则表明东部和西部均存在俱乐部收敛，而中部仅存在条件收敛。这些研究都发现，考虑环境污染的 TFP 测算值与不考虑环境污染的 TFP 测算值有较大差异，这说明基于传统方法测算我国经济增长效率确实存在缺陷。

就我国的对外贸易而言，黄庆波、范厚明（2010）研究表明，格兰杰因果关系不存在于我国对外贸易与经济增长之间，但是出口和全要素生产率之间、全要素生产率与经济增长之间均存在正向互相影响的关系，这几个传递过程同时也可以间接地说明，正向互相影响关系是存在于中国对外贸易与经济增长之间的；Chen J.（2012）分析我国对外贸易与经济增长的关系，结果表明进出口贸易与经济增长之间的影响关系呈“U”形曲线状，进口贸易对 GDP 增长是有正向影响的；姬宇、王成新（2017）研究表明，改革开放后，长期的稳定的关系存在于我国对外贸易与经济增长之间，其中出口贸易比进口贸易对经济增长的正向影响更为显著。

从时间上来分析对外贸易与经济效率，郭雁、田飞（2016）采用 VAR 模型，研究了经济增长与我国对外贸易的互动关系，研究结果表明，对外贸易与经济增长无论是短期还是长期都存在稳定的协整关系。励利、田荣富（2020）研究认为，分区域而言无论是进口贸易还是出口贸易，都会拉动经济增长，分区域而言，虽然沿海地区经济水平高，但进出口贸易对经济增长的正面影响不显著，内陆地区进出口贸易对经济增长存在明显的正面影响。

关于我国对外贸易对经济效率的影响因素，顾国达、郭爱美（2013）认为我国同时存在贸易开放的技术溢出和技术收敛“双效应”，但当科技发展到一定水平时，技术溢出效应对东部地区便不再显著，明显增长效应将不存在，中部地区的贸易开放在提升地区经济效率方面仍具有很大的增长潜力，西部地区总体上尚不具备吸收技术外溢的能力；张同斌、刘俸奇（2018）研究表明，对外贸易通过产能利用率和资本深化可以对经济效率的提高起到间接作用；李敬子（2010）认为“出口中学”效应对经济增长也起到间接作用。

9.2.2 经济效率与绿色发展效率的相关研究

绿色发展效率的提高是我国绿色经济发展的关键，基于我国发展现状的绿色经济效率被引入学术研究，绿色经济效率（GEE）是一种同时考虑了经济增长、环境污染、能源消耗的效率。魏楚（2010）、陈诗一（2012）等通过对经济效率的测量认为，节能减排是中国推动转变传统高能耗高污染经济增长方式的突破口和关键点，相对于经济效率，其考虑的投入因素更为完善，更加能反映地区健康发展的经济效率。钱龙（2018）指出将非期望产出（坏产出）纳入生产率分析非常有必要，他将治理污染成本作为非期望产出引入企业生产率测算。钱龙（2018）认为我国城市绿色效率与经济效率均偏低，经济效率是明显大于绿色经济效率的。Grossman（1995）提到经济发展水平与绿色经济效率存在环境库兹涅茨曲线效应，表现为“U”形关系，即人均收入越低，社会对重点经济建设、环境问题的关注越少，将间接导致绿色经济效率偏低；收入越高，对环境问题越重视，较高的技术水平可以同时保证资源的有效利用和新能源的开发，从而得出较高的经济效率是有利于绿色经济效率的提高的结论。

分区域来看，钱龙（2018）指出东部是我国绿色效率与经济效率高的地区，大城市相对小城市具有更高的绿色效率与经济效率；王兵（2011）使用方向性距离函数测度我国各省份绿色经济效率，发现存在东部高、西部低、中部地区居中的绿色效率空间分布格局；朱承亮等（2012）以西部省份为研究对象，表明在考虑了节约能源和减少污染的条件下，西部地区的绿色经济效率结果并不如意。

9.2.3 对外贸易与绿色发展效率的相关研究

文献中对外贸易对绿色发展效率的研究较少，主要集中于单方面研究产出时的环境污染和能源消耗问题，或经济增长与环境污染的问题。

张赛、梁曙霞（2020）通过对我国 30 个省份对外贸易、经济增长与污染物排放的关系进行分析，表明经济增长与环境污染之间是确定存在相互作用的，污染物排放量与经济增长有是存在相互作用的。在经济发展水平较低时，环境污染的程度随着人均收入的增加而增加；在经济发展达到一定水平后（临界点或者说“拐点”），环境污染的程度随着人均收入的增加而减轻。表明了我国经济增长与环境污染符合“环境库茨涅茨曲线”的倒“U”形关系。

付鑫、张云（2019）对我国内地30个省份对外贸易的环境效应进行计量分析，通过构建贸易规模与贸易质量模型，设定对外贸易区域差异与环境污染间的固定效应模型，结果表明，对外贸易会显著地影响地区环境污染程度，环境污染程度会随着贸易规模的增加而增加，并且对外贸易的环境效应在不同区域存在异质性，随着贸易规模的增加，东、中、西部地区污染排放均会上升，但东部地区最为明显。随着人口密集度的增加，东部地区环境显著改善，中部地区变化不明显，西部地区环境更加恶化，即东部地区“知识溢出”效应最为明显。李艳军（2013）实证研究表明，贸易开放对我国西部地区具有长期负面的影响，贸易开放有利于东部地区绿色经济效率的增长。

9.2.4 文献评述

通过之前的文献综述我们可以看出：

第一，我国对外贸易对绿色经济效率影响的研究中，大多数文献都是单方面地研究我国对外贸易对经济效率、环境污染、能源消耗的影响，少有研究者将环境污染和能源消耗等因素综合考虑到经济效率的测评中。

第二，多数研究者对绿色经济效率的测算集中于某一个行业，若以单个行业的结果分析全国的绿色经济效率过于宏观，虽然李江龙、徐斌（2018）计算了市级的绿色经济效率，但其仅有2003—2012年的数据，故本章将研究集中于近10年全国30个省份的数据进行研究。

第三，现有研究绿色经济效率的影响因素的文献分析中多是基于文化产业聚集①、对外直接投资OFDI②、经济集聚③、贸易开放④等角度，故本章将在前人研究的基础上，将研究视角聚焦于对外贸易，研究对外贸易对绿色经济效率的影响作用。

---

① 刘耀彬，袁华锡，王喆．文化产业集聚对绿色经济效率的影响——基于动态面板模型的实证分析[J]．资源科学，2017，39(4)：747－755.

② 彭继增，邓千千，徐丽．OFDI对绿色经济效率的影响研究：助力抑或阻力？[J]．金融与经济，2019(4)：49－54.

③ 林伯强，谭睿鹏．中国经济集聚与绿色经济效率[J]．经济研究，2019，54(2)：119－132.

④ 李艳军，华民．中国城市经济的绿色效率及其影响因素研究[J]．城市与环境研究，2014，1(2)：36－52.

综合以上因素，本章的主要研究点有：综合考虑经济增长、环境保护和能源消耗三个方面，构建评价中国30个省份绿色经济效率的指标，并且将30个省份划分为东部、中部、西部，基于近十年的面板数据进行实证分析，最后分析我国东部、中部、西部对外贸易对绿色经济效率的长期和短期影响情况。

9.3 对外贸易对绿色发展效率影响的理论分析

9.3.1 关于绿色经济效率的理论

理论上的传统经济效率最优即帕累托最优，对于某种既定的资源配置状态存在帕累托改进，即任意改变当前的资源配置，使得至少有一方的状态变好，而没有其他任何一方的状态变坏。

然而传统经济效率的高速增长付出了环境污染、能源消耗的代价，生态问题逐渐浮出水面，党的十八届五中全会提出绿色发展理念，“绿色经济”由此得到国家重视。经济、环境和能源利用的共同均衡增长才是一国经济的可持续发展。绿色经济效率 GEE 综合纳入了期望产出即经济增长和非期望产出即在生产过程中不可避免地产生的对资源的消耗和环境的污染。所以除了经济增长外，环境条件的变化和能源利用技术等的变化都能影响绿色经济效率。

一般用总产出、总量的增长或者是人均产量的增长来衡量经济增长。经济增长的方式有两种：集约型和粗放型增长。经济增长的相关理论中的新古典经济增长模型又称为索罗模型，假定劳动增长率、技术进步率和储蓄率都是外生变量，索罗模型将得出结论：当经济达到均衡时，资本和总产出的增长率将等于劳动力增长率和技术进步率之和，人均产出和人均资本的增长率将等于外生的技术进步率。以索罗模型为基础，索罗还开创了经济增长核算研究，分析经济增长过程中不同因素的贡献程度。在索罗模型中，索罗剩余便是全要素生产率，体现了技术进步对经济增长的贡献。

索罗模型假定技术进步是外生的、希克斯中性的，经济学家对此进行改进，试图将技术进步内生化，内生经济增长理论应运而生。在索罗模型的基础上，对内生增长理论进行两个方向的拓展：一个方向是引入知识生产部门，由 Romer（1986）开创。罗默模型假设经济中存在一个专门的知识生产部门，对该部门的投入会增加知识产出，推动技术进步，从而将技术进步内生化。罗默模型强调，知识是一种独立的生产要素，具有很强的外部性。在不存在外生增长动力的假设下，生产效率的提高来自知识的积累，即干中学。一些国家经济增长缓慢，原因就在于对知识部门的投入不足，导致技术进步率低下。另一个方向是引入人力资本，该工作由 Lucas（1988）开创。人力资本依附在人身上，主要通过学习和接受教育获取。根据人力资本模型，一些国家经济增长率低，主要是因为对人力资本投入不足。

其他因素的影响方面，环境规制的恰当利用能有效地倒逼企业提升绿色技术，同时绿色技术提升所带来的经济效益反过来可以有效抵消环境规制过程中增加的成本①。李红龙、徐斌（2018）研究表明，资源丰富程度会阻碍该地区的绿色经济增长。

9.3.2 对外贸易对绿色经济效率影响的相关理论

对外贸易对经济增长的研究中，学术界已存在诸多理论。以亚当·斯密为代表的许多经济学家都相信对外贸易会对该国家的经济增长产生正向影响，李嘉图提出的比较优势理论细致地介绍了国际贸易为何影响经济增长，赫克歇尔—俄林提出“H－O”理论认为国际贸易有利于发挥各国的资源优势，从而加快经济增长速度。

对外贸易对经济效率的影响的理论包括：①“出口中学”效应；②竞争效应；③知识溢出效应；④技术溢出效应；⑤规模经济效应；⑥异质性企业贸易理论。

“出口中学”效应是指外贸企业在出口贸易时对国外先进的技术进行学习、吸收，学会了将先进的技术引入国内，得到技术外溢，企业进入国际后，会迫使其不断学习新知识、获得技术外溢等，这些因素都有助于企

① 黄德春，刘志彪．环境规制与企业自主创新——基于波特假设的企业竞争优势构建［J］．中国工业经济，2006(3)：100－106.

业提高生产率，进而提高本国经济水平。

贸易的竞争效应指由企业参与国际贸易后竞争带来的改进。外贸企业进入国际贸易市场，竞争对手增多，竞争加剧，原本生产效率低、产能落后的企业无法长期稳定地参与国际贸易，竞争会倒逼企业科技进步，降低生产成本，提高生产率，所以对外贸易的发展可以一定程度上提高国内企业竞争程度，提高经济效率。

知识的一种散播途径就是知识溢出效应：新经济增长理论认为，知识溢出和经济增长之间有密切的联系，在企业对外贸易中，企业对外部知识的吸收可以促进经济效率的增长，是有利于经济效率增长的。

异质性企业贸易理论认为，有一定的固定成本是出口贸易的前提，高生产率的企业才能通过出口收益抵消高额的成本最终获取贸易利润，所以企业只有在生产率较高时才会选择出口贸易。对外贸易的发展与能源环境效率之间存在正向反馈作用，即对外贸易通过进口产品的技术溢出效应和“出口中学”两种途径都能对能源环境效率起到显著的促进作用，提高能源利用率，从而提高绿色经济效率①。

除此之外，研究我国对外贸易对经济效率的影响，对外贸易与环境污染之间的关系必不能忽略。环境库兹涅茨曲线理论中指出，经济的发展水平与环境质量状况之间存在倒“U”形关系，当一个国家经济发展水平较低的时候，环境污染的程度较轻，随着人均收入的增加，环境污染由低趋高，环境恶化程度随经济的增长而加剧；当经济发展达到一定程度后，也就是说，到达倒“U”形的顶端时，随着人均收入的增加，环境污染逐渐降低，污染的程度减缓，环境质量得到改善。

一般情况下，对外贸易对一国环境的影响理论有：一是要素禀赋假说，不同的商品需要不同的生产要素，出口的是本国充裕生产要素所产生的产品，进口的是本国相对稀缺要素所产生的产品，进出口贸易与各国的

① 林伯强，刘泓汛．对外贸易是否有利于提高能源环境效率——以中国工业行业为例[J]．经济研究，2015，50(9)：127－141.

环境资源相关，一国环境的自动恢复能力和该国特有的环境条件在该国对外贸易中是有利的，因此对外贸易不会使环境恶化；二是“环境污染避难所”假说，该假说更常见，指在开放经济条件下，各区域自由贸易的结果将导致高污染产业不断地从发达地区迁入次发达地区，导致欠发达国家或地区以环境污染来换取高产出量，即以环境为代价提高经济效率，这种做法不利于长久和谐发展。但也有学者的研究表示“环境污染避难所”在我国不是完全显著的①。同时对我国是否是“污染天堂”进行了实证研究，研究表明，我国对外贸易对能源消耗和污染排放已经产生显著的负面影响②。因此，提出如下假说：

假说1：在短期内，我国国际贸易存在“污染天堂”效应，对外贸易对绿色发展效率呈负向影响。

假说2：长期来看，对外贸易对绿色发展效率呈正向影响。

综上所述，对外贸易对我国经济效率、能源效率、环境污染等产生重要影响，本章研究的绿色效率是以总量生产函数为基础。不过本章采用DEA－SBM模型测算绿色发展效率，与全要素生产率属于不同概念。全要素生产率属于动态概念，而本章的测算结果是经济增长的“静态效率”。本章研究考虑了环境变量和能源消耗等非期望产出因素的绿色经济效益效率，更加准确地研究我国区域对外贸易对经济效率的“纯”影响；同时采用基于面板数据的协整检验和误差修正模型，更为合理、科学。

9.4 数据说明

9.4.1 对外贸易依存度

本章按照一般方法，采用外贸依存度即进出口额与地方GDP之比来表示各省份对外贸易程度。对外贸易依存度是指某一地区的经济发展依赖对

---

① 李小平，卢现祥．国际贸易、污染产业转移和中国工业 CO_2 排放[J]．经济研究，2010，45(1)：15－26.

② 张友国．中国贸易增长的能源环境代价[J]．数量经济技术经济研究，2009，26(1)：16－30.

外贸易的程度，可以用来衡量该地区对外贸易对经济发展贡献的程度，衡量该指标的计算公式为：

$$TRADE_{it} = [(EX_{it} + IM_{it})/GDP_{it}] \times 100\% \quad (9-1)$$

其中，$TRADE_{it}$ 衡量省份 i 在 t 时期的外贸依存度，EX_{it} 和 IM_{it} 分别表示省份 i 在 t 时期出口额和进口额，GDP_{it} 为地区生产总值。贸易数据来源为历年《中国统计年鉴》，采用当年汇率转换为同一单位进行对外依存度的计算。

9.4.2 考虑非期望产出的 DEA – SBM 模型

本章采用 Tone（2003）提出的可以处理非期望产出的 DEA – SBM 模型测算我国各省份经济增长的绿色发展效率。假设存在 n 个独立决策单元（$DMUs$），每个 DMU 分别对应投入要素、好产出和坏产出三个向量：$x \in R^m$，$y^g \in R^{s_1}$ 和 $y^b \in R^{s_2}$。所以可以定义三个矩阵：$X = [x_1, \cdots, x_n] \in R^{m \times n}$ 表示投入矩阵，$Y^g = [y_1^g, \cdots, y_n^g] \in R^{s_1 \times n}$ 表示好产出矩阵，$Y^b = [y_1^b, \cdots, y_n^b] \in R^{s_2 \times n}$ 表示坏产出矩阵。假设 $X, Y^g, Y^b > 0$。

假设规模报酬不变，生产可能集可以表示为：

$$P = \{(x, y^g, y^b) \mid x \geqslant X\lambda, y^g \leqslant Y^g\lambda, y^b \leqslant Y^b\lambda, \lambda \geqslant 0\} \quad (9-2)$$

其中，λ 表示权重向量。因此对于 $DMU_0(x_0, y_0^g, y_0^b)$，如果不存在向量 $(x, y^g, y^b) \in P$ 使得 $x_0 \geqslant x$，$y_0^g \leqslant y^g$，$y_0^b \geqslant y^b$ 且至少一个严格不等号成立，则 $DMU_0(x_0, y_0^g, y_0^b)$ 处于前沿面上，即为有效率的。

按照 Tone（2003）的做法，处理非期望产出的 SBM 模型可以表示为：

$$\rho^* = \min \frac{1 - \frac{1}{m}\sum_{i=1}^{m}\frac{s_i^-}{x_{i0}}}{1 + \frac{1}{s_1 + s_2}\left(\sum_{r=1}^{s_1}\frac{s_r^g}{y_{r_0}^g} + \sum_{r=1}^{s_2}\frac{s_r^b}{y_{r_0}^b}\right)} \quad (9-3)$$

$$\text{s.t. } x_0 = X\lambda + s^-; \; y_0^g = Y^g\lambda - s^g; \; y_0^b = Y^b\lambda + s^b; \; s^-, s^g, s^b, \lambda \geqslant 0 \quad (9-4)$$

其中，s 表示投入和产出的松弛变量。目标函数 $\rho^* \in [0,1]$，而且是关于 s^-、s^g 和 s^b 的严格递减函数。若 $\rho^* = 1$，即 s^-、s^g 和 s^b 都为 0 时，该

DMU 是有效率的。若 $\rho^* < 1$，则该 DMU 是无效率的。

以上问题是个分式规划，可以通过 C^2 转换（Charnes and Cooper，1962）转化为线性规划。根据 Cooper 等（2007）的处理，转化后的线性规划问题为：

$$r^* = \min\left(t - \frac{1}{m}\sum_{i=1}^{m}\frac{s_i^-}{x_{i0}}\right) \tag{9-5}$$

$$\text{s. t. } 1 = t + \frac{1}{s_1 + s_2}\left(\sum_{r=1}^{s_1}\frac{s_r^g}{y_{r0}^g} + \sum_{r=1}^{s_2}\frac{s_r^b}{y_{r0}^b}\right) \tag{9-6}$$

$$x_0 t = X\Lambda + S^- \tag{9-7}$$

$$y_0^g t = Y^g\Lambda - S^g \tag{9-8}$$

$$y_0^b t = Y^b\Lambda + S^b \tag{9-9}$$

$$S^-, S^g, S^b, \Lambda, t > 0$$

如果上述规划的最优解为 $(t^*, \Lambda^*, S^{-*}, S^{g*}, S^{b*})$，那么对应原分式规划的最优解为：$\rho^* = \tau^*$，$\lambda^* = \dfrac{\Lambda^*}{t^*}$，$s^{-*} = \dfrac{s^{-*}}{t^*}$，$s^{g*} = \dfrac{S^{g*}}{t^*}$，$s^{b*} = \dfrac{S^{b*}}{t^*}$。

以上模型假设规模报酬不变，如果放松该假设，需要对模型和生产函数引入以下约束条件：$L \leqslant e\lambda \leqslant U$。其中，$e = (0, \cdots, 1) \in R^n$，$L(\leqslant 1)$ 和 $U(\geqslant 1)$ 分别是权重向量 λ 的上界和下界。$(L = 1, U = 1)$、$(L = 0, U = 1)$ 和 $(L = 1, U = \infty)$ 分别对应规模报酬可变、递增和递减三种情形。

如果对好产出和坏产出设置偏好权重，可以对模型进行修改。赋予权重之后的规划为：

$$\rho^* = \min\frac{1 - \dfrac{1}{m}\displaystyle\sum_{i=1}^{m}\frac{w_i^- s_i^-}{x_{i0}}}{1 + \dfrac{1}{s_1 + s_2}\left(\displaystyle\sum_{r=1}^{s_1}\frac{w_r^g s_r^g}{y_{r0}^g} + \sum_{r=1}^{s_2}\frac{w_r^b s_r^b}{y_{r0}^b}\right)} \tag{9-10}$$

其中，w_i、w_r^g 和 w_r^b 分别表示投入要素 i、好产出 r 和坏产出 r 的权重。因此可以推断，$\sum_{\mathrm{i}}^{\mathrm{m}} w^- = m, w_i^- \geqslant 0(V_i)$，$\sum_{r=1}^{s_1} w_r^g + \sum_{r=1}^{s_2} w_r^b = s_1 + s_2, w_r^g \geqslant 0(V_r), w_r^b \geqslant 0(V_r)$。

本章构建绿色发展效率所需投入与产出的指标体系如表9－1所示。绿色发展效率是包含了社会经济效益与生态环境效益的一种区别于原经济效率的纯效率，需要对获取期望产出的能力做出考量，即需要计算生产运营中利用投入要素的效率，同时又要对获取期望产出而产生的资源消耗和环境污染程度做出考量，也就是企业生产中附加的非期望产出。

表9－1 绿色发展效率测度指标体系

指标	指标分类	指标构成
产出指标	非期望产出	工业废气排放量
		工业废水排放量
		工业固体废弃物排放量
	期望产出	各地区 GDP
投入指标	能源投入	能源消耗总量
	劳动力投入	各地区就业人口
	资本投入	资本存量

本章运用DEAP软件，将数据代入得到测算结果，如表9－2所示。同时为了综合考虑我国30个省份绿色经济效率的状况，将测算结果也按东、中、西部三个区域划分，分区域来看，辽宁、山西、甘肃、青海、宁夏、贵州及新疆的绿色发展效率测量值基本都在0.5以下，这些省份绿色效率较低，测量值较低的这7个省份中有5个在西部地区，说明绿色经济效率较低的省份大部分分布在西部地区。而北京、上海、广东的绿色发展效率数值较高，都在0.9以上，而这三个地区都在我国的东部地区。从表9－2中可以看出，各省份绿色经济效率值绝大部分都分布在0.5～0.8，说明绿色经济效率在不同省份之间是存在异质性的，但在各区域内各省份数值差距较小。

表 9-2　2008—2019 年中国区域绿色发展效率测算结果

地区		2008 年	2009 年	2010 年	2011 年	2012 年	2013 年	2014 年	2015 年	2016 年	2017 年	2018 年	2019 年	均值
东部	北京	3. 248	3. 327	3. 253	3. 412	3. 597	3. 585	3. 601	3. 677	3. 782	3. 745	3. 821	3. 835	3. 573
	天津	1. 105	1. 113	1. 117	1. 132	1. 135	1. 178	1. 212	1. 217	1. 258	1. 292	1. 243	1. 251	1. 188
	河北	0. 549	0. 502	0. 469	0. 525	0. 527	0. 539	0. 547	0. 572	0. 577	0. 594	0. 611	0. 613	0. 552
	辽宁	0. 499	0. 424	0. 417	0. 392	0. 388	0. 372	0. 369	0. 382	0. 415	0. 423	0. 431	0. 435	0. 412
	上海	3. 305	3. 325	3. 147	3. 428	2. 953	3. 025	2. 948	2. 959	2. 952	2. 846	3. 051	3. 132	3. 089
	江苏	0. 932	0. 921	0. 846	0. 877	0. 832	0. 846	0. 852	0. 816	0. 824	0. 913	0. 922	0. 935	0. 876
	浙江	0. 941	0. 935	0. 941	0. 943	0. 925	0. 853	0. 812	0. 811	0. 834	0. 813	0. 832	0. 825	0. 872
	福建	0. 794	0. 755	0. 717	0. 735	0. 732	0. 749	0. 759	0. 717	0. 729	0. 743	0. 722	0. 726	0. 740
	山东	0. 583	0. 612	0. 603	0. 601	0. 583	0. 592	0. 582	0. 587	0. 555	0. 571	0. 591	0. 561	0. 585
	广东	1. 112	1. 102	0. 954	0. 962	0. 911	0. 947	0. 916	0. 945	0. 977	0. 935	0. 957	0. 944	0. 972
	海南	0. 966	0. 916	0. 853	0. 844	0. 847	0. 855	0. 847	0. 851	0. 857	0. 855	0. 841	0. 853	0. 867
中部	山西	0. 477	0. 461	0. 458	0. 473	0. 499	0. 461	0. 462	0. 472	0. 468	0. 479	0. 461	0. 492	0. 472
	吉林	0. 636	0. 548	0. 518	0. 540	0. 543	0. 566	0. 543	0. 547	0. 588	0. 586	0. 582	0. 593	0. 566
	黑龙江	0. 648	0. 638	0. 642	0. 645	0. 666	0. 692	0. 673	0. 683	0. 685	0. 655	0. 653	0. 657	0. 661
	安徽	0. 759	0. 775	0. 791	0. 782	0. 763	0. 746	0. 748	0. 759	0. 792	0. 801	0. 842	0. 835	0. 783
	江西	0. 921	0. 882	0. 891	0. 852	0. 857	0. 865	0. 873	0. 868	0. 890	0. 868	0. 891	0. 886	0. 879
	河南	0. 622	0. 589	0. 591	0. 593	0. 585	0. 584	0. 584	0. 593	0. 592	0. 583	0. 579	0. 570	0. 588
	湖北	0. 617	0. 621	0. 552	0. 548	0. 551	0. 559	0. 582	0. 579	0. 574	0. 574	0. 581	0. 572	0. 576
	湖南	0. 803	0. 715	0. 738	0. 727	0. 743	0. 756	0. 755	0. 782	0. 784	0. 791	0. 765	0. 766	0. 760

续表

地区		2008 年	2009 年	2010 年	2011 年	2012 年	2013 年	2014 年	2015 年	2016 年	2017 年	2018 年	2019 年	均值
西部	内蒙古	0.660	0.649	0.654	0.657	0.618	0.619	0.628	0.643	0.651	0.622	0.646	0.649	0.641
	广西	0.680	0.714	0.702	0.699	0.640	0.635	0.638	0.648	0.642	0.670	0.663	0.637	0.664
	重庆	0.612	0.601	0.579	0.591	0.593	0.587	0.582	0.584	0.588	0.584	0.585	0.591	0.589
	四川	0.673	0.589	0.591	0.583	0.585	0.591	0.599	0.587	0.591	0.592	0.590	0.593	0.597
	贵州	0.441	0.432	0.361	0.358	0.341	0.439	0.340	0.342	0.387	0.351	0.369	0.366	0.377
	云南	0.616	0.536	0.537	0.541	0.544	0.560	0.561	0.538	0.541	0.544	0.547	0.538	0.550
	陕西	0.606	0.538	0.549	0.543	0.561	0.562	0.570	0.571	0.577	0.547	0.549	0.551	0.560
	甘肃	0.414	0.442	0.418	0.417	0.417	0.423	0.425	0.422	0.456	0.458	0.459	0.432	0.431
	青海	0.436	0.386	0.374	0.389	0.380	0.400	0.397	0.402	0.395	0.396	0.393	0.397	0.395
	宁夏	0.304	0.256	0.267	0.272	0.270	0.225	0.237	0.244	0.243	0.247	0.247	0.251	0.255
	新疆	0.441	0.397	0.395	0.395	0.398	0.388	0.392	0.394	0.395	0.395	0.399	0.392	0.398

9.4.3 资本存量

关于资本存量的估算，国内外已有许多研究，其中，永续盘存法（PMI）应用最为广泛。假设 K_t 为第 t 期实际资本存量，P_t 为价格调整指数，I_t 为名义投资，折旧率为 δ，则资本的估算公式为：$K_t = \frac{I_t}{P_t} + (1 - \delta_t)K_{t-1}$。可见，该方法的难点在于基期资本存量、当期投资、价格调整指数、资本折旧率等四个关键指标的估算。

9.5 对外贸易对绿色发展效率影响的实证检验

为了更方便地研究我国整体以及各区域对外贸易对绿色发展效率的影响，本章在整体分析的基础上将全国分为东部、中部和西部，东部区域是指经济发展水平较高的沿海省市，中部区域是指经济次发达地区，而西部区域则是指经济相对落后的地区。

通过协整检验可知，若两变量之间存在协整关系，则我国对外贸易与绿色经济增长存在长期稳定的均衡关系，然后就可以进行回归分析。短期影响的分析是建立动态面板误差修正模型，本章综合、全面地分析我国对外贸易对绿色经济效率长期和短期的影响。

首先，对面板数据进行单位根检验，本章选取了 4 种方法，即 LLC 检验、IPS 检验、ADF - Fisher 检验和 PP - Fisher 检验，若结果中各变量单整阶数相同，则表明两个变量之间可能存在协整关系，可以进行协整检验。其次，本章采用 KAO 检验进行协整检验。若结果显示变量之间存在协整关系，就可以建立面板误差修正模型进行短期影响分析，综合分析我国对外贸易对绿色发展效率影响的长期和短期关系。

9.5.1 单位根检验

面板单位根的检验方法一般可以分为两种：一种是相同根单位根检验，包括 LLC 检验、Breitung 检验等；另一种是不同根单位根检验，包括 IPS 检验、ADF - Fisher 检验和 PP - Fisher 检验等。这些检验模型中 ADF 检验是时间序列模型中数据单位根检验的有效检验方法，但该检验不适用于面板数据的单位根检验。面板单位根检验通常使用 ADF - Fisher 和 PP - Fisher 检验方法。在这些检验方法中，IPS 检验和 Fisher 检验将同质性的假定放宽了。LLC 假定所有面板具有共同的单位根。

为了保证单位根检验结果的稳健性，本章将同时使用 4 种方法，即 LLC 检验、IPS 检验、ADF - Fisher 检验和 PP - Fisher 检验。全国及东、中、西部地区面板单位根检验结果如表 9 - 3 所示。

表 9 - 3　全国及东、中、西部地区面板单位根检验

	变量	LLC	IPS	ADF - Fisher	PP - Fisher	平稳性
全国	*GDE*	7. 4381	7. 1513	23. 1523	43. 95	不平稳
	TRADE	- 2. 87949 ***	- 28667 ***	116. 3510 ***	140. 0486 ***	平稳
	DGDE	- 7. 30244 ***	- 7. 5621 ***	168. 632 ***	192. 199 ***	平稳
	DTRADE	- 18. 2759 ***	- 12. 6712 ***	248. 271 ***	335. 769 ***	平稳
东部	*GDE*	0. 1672	2. 8571	6. 9889	16. 461	不平稳
	TRADE	- 3. 55562	- 0. 26785	31. 2508	36. 3682 **	不平稳
	DGDE	- 12. 534 ***	- 5. 1662 ***	68. 6453 ***	77. 5731 ***	平稳
	DTRADE	- 13. 00251 ***	- 8. 36819 ***	110. 357 ***	130. 699 ***	平稳
中部	*GDE*	2. 9771	4. 9967	3. 9965	6. 89323	不平稳
	TRADE	- 6. 10322 ***	- 3. 67342 ***	44. 4682 ***	58. 5582 ***	平稳
	DGDE	- 6. 94672 ***	- 2. 7832 ***	36. 7282 ***	52. 6673 ***	平稳
	DTRADE	- 17. 6723 ***	- 7. 5671 ***	82. 3897 ***	110. 6992 ***	平稳
西部	*GDE*	0. 7538	4. 03561	10. 0501	23. 738	不平稳
	TRADE	- 4. 10987 ***	- 1. 17823	46. 77833 ***	45. 781 ***	平稳
	DGDE	- 14. 2688 ***	- 4. 6781	66. 7829 ***	73. 3978 ***	平稳
	DTRADE	- 8. 5891 ***	- 3. 94123	58. 3781 ***	88. 6729 ***	平稳

注：* * *、* * 分别代表该统计量在 1%、5% 的置信水平下显著。

表 9 - 3 中的 *GDE* 和 *TRADE* 分别代表绿色发展效率和外贸依存度，*DGDE* 和 *DTRADE* 分别代表经济效率和外贸依存度的一阶差分。

从全国数据的检验结果来看，绿色发展效率 *GDE* 的数据检验结果在各检验方法中均不能拒绝原假设，数据是不平稳的。对于全国的对外贸易依存度 *TRADE*，在所有单位根检验中均在 1% 的置信水平下拒绝了原假设，即数据平稳。经过一阶差分之后，*DGDE* 和 *DTRADE* 均在 1% 的显著性水平下通过了平稳性检验。绿色发展效率一阶差分之后平稳，原序列不平稳。由表 9－3 中检验结果可知，东部检验结果中对外贸易依存度 *TRADE* 在 IPS 和 ADF－Fisher 检验下均不能拒绝原假设，平稳性检验结果中，中部地区和西部地区的数据与全国结果基本一致，对外贸易依存度均是平稳序列。

9.5.2 协整检验

根据残差的平稳性检验来判断变量间是否存在长期均衡的协整关系，这是 Engle 和 Granger（1987）提出的基于残差的面板协整检验思想。本部分采用 KAO 检验，即原假设为不存在协整关系，由表 9－4 的检验结果可知，ADF 的 p 值均小于 0.05，说明全国和东部、中部、西部地区均在 5% 的置信水平下拒绝原假设，由此可见，我国进出口贸易和绿色经济效率存在长期稳定的均衡关系。

表 9－4 协整检验结果

	t－Statistic	p 值	协整性
全国	2.567703	0.0079	存在协整
东部	1.689901	0.0431	存在协整
中部	－2.03572	0.0068	存在协整
西部	3.078542	0.0007	存在协整

9.5.3 误差修正模型

面板误差修正模型（Panel Error Correction Model，PECM）是面板协整关系的一种重要表示形式，能克服伪回归问题，并有效地描述经济变量之间的短期动态特征①。在存在协整关系的变量之间建立误差修正模型，可以同时观测到变量之间的长期均衡关系和短期动态关系。在协整关系存在的基础上，将误差修正项看作一个解释变量，建立短期模型。

① 陈海燕. 面板数据模型的检验方法研究[D]. 天津大学，2010.

故可以建立误差修正模型分析我国对外贸易对绿色经济效率长期和短期影响的分析。设它们之间的长期关系为：

$$GDE_{it} = \alpha_{0i} + \alpha_{1i}TRADE_{it} + \mu_i + \varepsilon_{it} \quad (9-11)$$

接下来构建分布滞后自回归模型 ARDL（1，1，1），其回归方程如下：

$$\Delta GDE_{it} = \varphi_i(GDE_{it} - \alpha_{1i}TRADE_{it}) + \theta_i\Delta TRADE_{it} + \mu_i + \varepsilon_{it} \quad (9-12)$$

其中，α_{1i} 表示 $TRADE_{it}$ 和 GDE_{it}之间的长期关系，φ_i 表示误差修正速度，表示短期关系。若结果中 $\varphi_i<0$，表示是存在误差修正机制；$\varphi_i=0$ 表示长期关系不存在。用 Stata 软件对其进行回归，实证结果即各参数的估计值。α_{1i} 、φ_i、θ_i 三个参数描述了对外贸易和绿色发展效率的长期和短期关系，是重点关注参数。

进一步地，可以建立误差修正模型，如下式：

$$GDE_{i,t} = \sigma_{0i}GDE_{i,t-1} + \beta_{1i}TRADE_{it} + \beta_{2i}TRADE_{i,t-1} + \mu_i + \varepsilon_{it} \quad (9-13)$$

模型中，$TRADE_{i,t-1}$表示 $TRADE_{i,t}$的一阶滞后，同理 $GDE_{i,t}$和 $GDE_{i,t-1}$分别表示我国对外贸易程度即外贸依存度的当期和一期滞后项。

9.5.4 误差修正模型结果与分析

表 9-5 误差修正模型估计结果

	变量	全国	东部	中部	西部
长期关系	$TRADE_{it}$	0.172473***	0.255140***	0.147529***	-0.001572*
		(0.0000)	(0.0000)	(0.0005)	(0.04137)
	c	0.478221	1.366191	0.499101	0.475219
	ec	-0.017344***	-0.153030**	-0.000435	-0.121875*
		(0.0019)	(0.0001)	(0.8032)	(0.0731)
短期关系	$\Delta TRADE$	-0.001842***	-0.000732***	0.003562*	0.022171
		(0.0001)	(0.0041)	(0.0461)	(0.0442)
	c	0.007916	0.017734	0.007431	0.007625

注：***、**、*分别代表该统计量在1%、5%、10%的置信水平下显著。

表 9-5 是误差修正模型的估计结果，由回归结果可以看出，对全国 30 个省份而言，我国对外贸易 *TRADE* 对我国绿色经济效率 *GDE* 具有影响，

并且长期和短期回归的 p 值都为 0，即统计结果非常显著，长期系数为 0.172473，即对外贸易的发展在长期是对绿色发展效率产生正向影响的，这表示，在其他条件不变的情况下，如果我国对外贸易依存度 *TRADE* 提高 1 个百分点，绿色经济效率的值同向提高 0.172473 个百分点。但是短期来看，对外贸易依存度的一阶差分项回归系数为 -0.001842，在 1% 的置信水平下显著，说明对外贸易的发展在短期对绿色经济效率产生负面影响，长期正面影响、短期负面影响表示了对外贸易对绿色经济效率的反应具有滞后性。误差修正项系数为 0.017344，是误差修正的速度。

由此可见，学者所言的“污染天堂效应”短期内在我国对外贸易中确实存在。但长期而言，正面效应是持久的，规模报酬效益，即我国对外贸易规模增大，所付出的边际成本逐渐递减，而经济增长率不断提高。同时也说明了我国对外贸易的发展对绿色经济效率的长期和短期影响方式和影响程度不同，短期影响是直接影响经济带来环境污染能源消耗，而长期影响则需要通过规模经济竞争效应、溢出效应等逐渐提高绿色经济效率，所以滞后效应存在于我国对外贸易对绿色经济效率的影响中。

从长期来看，东部和中部的回归结果和全国类似，回归系数显著，即中长期区域对外贸易的发展有利于绿色经济效率的提高，并且东部的回归系数大于全国的长期回归系数，说明在东部地区经济效率增长和环境污染、能源消耗同时产生时，经济效率的增长更快，由于东部沿海地区科技较为发达，由外贸产生的“出口中学”效应更为明显，即通过出口过程中的学习、吸收过程，接收国外研发的技术外溢，在知识积累、技术转移的作用下提高企业生产率，进而促进经济增长的提升。但中部地区该种正向影响统计上相较于东部而言较弱。以中部地区为例，尽管对外贸易可以提高经济效率，但同时会造成环境污染、对能源的使用产生压力。短期而言，区域对外贸易都对绿色经济效率提高具有负向影响。西部地区则与东部和中部地区不同，由实证结果可以看出，无论是在长期还是短期，西部地区对外贸易的发展对绿色发展效率的提高都具有负向影响，即回归系数为负，这说明贸易开放对传统效率的提升效应被能源消耗和环境污染互相抵消，在长期内西部地区对外贸易的发展不利于提高西部地区的绿色效率。

9.6 结论及政策建议

9.6.1 研究结论

我国经济发展的绿色效率相对较低，说明改善我国经济增长效率具有紧迫性，近年来我国的绿色发展效率也在持续保持缓慢增长，东部地区绿色发展效率是我国最高的，西部地区是增长最缓慢并且数值最低的，还有较大进步空间。

从实证研究结果来看，对全国而言，对外贸易对绿色发展效率长期呈正向影响，但短期呈负向影响，说明短期内我国国际贸易确实存在某些学者所言的“污染天堂”效应。全国东部和中部地区似乎已经开始逐渐改善绿色发展效率，将环境污染和能源消耗等考虑到经济发展中，东部地区尤为明显，但对外贸易对绿色发展增长的正向影响仍然存在滞后性。而西部地区情况令人担忧，实证结果表明，西部地区无论长期还是短期，对外贸易对绿色发展效率的回归系数都为负，呈负面影响。说明西部地区采用以环境污染、能源消耗为代价的不可持续发展方式。然而生态和环境一旦遭到破坏，就难以恢复，能源的肆意浪费无法复原，环境修复带来的金钱、时间和人力成本都是巨大的。因此政府应该不断鼓励绿色经济的发展，提高能源使用效率，重视环境污染问题，增加期望产出的同时对非期望产出进行合理严格的调整控制。

9.6.2 政策建议

9.6.2.1 贸易政策

第一，加强各地区间的交通建设。从前文的理论和数据分析看出，我国的对外贸易和绿色发展效率存在明显的区域性特征，其中中部和西部地区的贸易明显低于东部地区，部分原因是东部地区经济发达、交通便利，所以我们可以从地理上打破区域壁垒，交通的发展无疑是最有利于对外贸易发展的，同时减少运输过程中的能源浪费。

第二，合理调整贸易结构。提高技术密集型的出口贸易，减少会消耗能源的资源密集型产品的出口，同时鼓励企业发展清洁产业。

第三，鼓励对外贸易企业积极学习国内外先进技术。由本章的理论分析可知，由于东部沿海地区科技较为发达，由外贸产生的“出口中学”效应更为明显，即通过出口过程中的学习、吸收过程，接收国外研发的技术外溢。说明技术的发达对贸易及环境有一定的影响，故企业应该充分发挥国际贸易中的竞争效应和溢出效应，提高我国企业竞争力，特别是中西部地区可充分利用先进的生产技术、生产效率和人力资源，多生产清洁产品，鼓励企业在创新的同时更多地使用新能源等新兴技术进行生产。

9.6.2.2 其他政策

第一，区别性环境政策。从前文的理论和数据检验分析中能够看出，我国的对外贸易和绿色经济效率存在明显的区域性特征，东部的数据明显优于我国中部和西部，所以环境政策的制定需要根据当地不同的经济条件和环境条件进行，不能模糊地使用全国范围统一标准。由于我国各地区环境现状不同，在制定具体的环境政策时，应该仔细研究，对于污染重灾区需要制定更严格的政策标准，加大污染惩处力度。

第二，由前文可知，目前我国的中东部地区污染相对严重，国家应当加强对中东部地区的环境治理：经济政策上，降低高污染地区的排污费用起征点，充分利用税收来监督企业，提高效率，强化减排力度；在产业结构升级过程中，严格筛选高污染企业，舍弃高污染的落后产能，积极推动绿色产业发展。

第三，打破区域壁垒，促进资源和技术在各地区间更加充分地流动。这样既可以提高西部地区的技术水平，同时也提高了资源的利用率，从而提高绿色经济效率。

第四，坚持重视长期的环境指标变化。由上一章的实证分析我们知道，短期对外贸易对绿色发展效率的影响存在时滞效应，所以短期内可能看不到绿色经济效率明显的改善，需要坚持实施环境政策，坚定信心，重视长期环境指标的变化情况。

10 对外贸易对绿色发展潜力的影响

10.1 引言

自“一带一路”倡议提出以来，我国政府积极推进国际多边贸易进程，国内各企业也在积极响应号召，成效显著。中国海关总署发布的数据显示，2018 年我国进出口总额首次超过 30 万亿元，外贸进出口总额比 2017 年的历史高位多出 2.7 万亿元，同比增长 9.7%。然而，经济持续增长的同时环境污染和能源过度消耗问题也日益严重。中国在 2009 年已经超过美国成为世界第一大能源消费国。中国目前以二氧化硫为主的空气污染物、污水排放量和固体废弃物排放量都居于世界首位。党的十九大明确提出，国家经济发展重点已经转向绿色经济的发展，而不仅仅是只考虑期望产出的经济增长效率。200 多年前，英国开始第一次工业革命，促进了国家钢铁、煤炭、化工的繁荣，推动了经济社会的发展，但废料处理和运营管理的疏失，导致了化学废料流入土壤或者直接排入地下，带来非常严重的土壤及地下水污染问题。从 20 世纪中叶开始，英国开始逐渐制定相关的污染管控的法律法规，同时进行土壤改良和场地污染等修复，花费了极大的代价去处理生态问题。

2017 年，习近平总书记提到实现绿色经济增长转型对我国而言迫在眉睫，即中国需要在尽可能实现资源节约和环境改善最大化的基础上兼顾经济增长。当前，中国经济发展已由高速增长阶段转向高质量发展阶段，转变发展方式，优化经济结构，转换增长动力，推进供给侧结构性改革，推动经济发展质量、效率、动力变革，提高全要素生产率，是我国经济发展新常态的必然要求。在进入中国特色社会主义新时代之际，以习近平同志为核心的党中央提出了“创新、协调、绿色、开放、共享”五大发展理念。新发展理念指明了未来中国的发展方向、发展思路和发展着力点，是关系中国社会发展全局的一场深刻变革。与此同时，国家发展改革委、商务部、外交部、生态环境部四部委近日也联合发布了《关于推进绿色“一带一路”建设的指导意见》（以下简称《指导意见》）。《指导意见》将绿色贸易作为一项重要任务单独陈列，第一次在重要的政策文件中阐述了绿色贸易的具体举措，并将其作为推进绿色“一带一路”建设的主要任务之一，显示出其重要地位。新发展理念和《指导意见》都将绿色发展视为中国社会经济发展的重要理念，是应对当前全球经济低迷、中国经济发展进入新常态的客观需要，它反映了我们党对经济社会发展规律认识的深化，将指导我们更好地实现国家富强、民族振兴、人民富裕以及人与自然和谐的发展目标。

走出一条“创新、协调、绿色、开放、共享”的发展道路，推进绿色可持续发展，为更美的中国而奋斗①。这样的和谐道路下中国经济发展必须综合考虑经济增长、环境和能源节约的增长方式，可称之为“绿色发展”，在新时代，中国“绿色发展”的影响因素及程度成为一个重要的学术探究方向。

绿色发展潜力是以区域可持续发展为基础，通过优化生产要素的配置引起绿色发展水平提升的空间。一方面，绿色发展潜力主要体现为经济发展、社会进步、资源保障、生态环境美化等方面的综合水平提升，因此绿色发展潜力指标有利于合理评价地区经济发展的可持续性，为我国经济增长方式转型、可持续发展和产业结构优化升级提供有力支持，同时有利于贯彻上文中提到的五大发展理念，实现我国经济增长的可持续性。另一方

① 习近平．习近平谈治国理政(第二卷)[M]．北京:外文出版社,2017.

面，绿色发展的实现主要依赖于绿色发展潜力的有效挖掘，但由于绿色发展涉及方方面面的因素和影响因子，且交互影响，从这一视角看，目前尚未建立较为成熟的研究方法体系。现有文献中少有对加入绿色发展潜力影响因素的绿色发展指数进行的研究，而对外贸易可以通过资源配置、环境保护、经济产出等对绿色发展产生多方面积极的影响；但现实中可能存在所谓的“环境污染避难所”等因素，经济发展的同时环境污染增加，非期望产出增加，对外贸易究竟对绿色发展潜力的影响如何，难以感性判断，从而实证研究显得必不可少。所以本章重点研究我国各区域对外贸易对绿色发展潜力的影响，实证部分分析了近10年各省份对外贸易依存度对引入发展潜力的绿色发展的长期和短期的影响。

10.2 文献综述

对外贸易作为一国经济的重要来源，是推动经济增长的“三驾马车”之一，是一国经济发展中不可缺少的一部分，而对外贸易的发展同时也会对环境造成污染，消耗已有能源。关于对外贸易对绿色发展潜力影响的现有文献主要集中于：一是单方面考察对外贸易与绿色发展及其影响因素的关系；二是单方面对发展潜力包括绿色发展潜力进行研究；三是关于对外贸易对绿色发展潜力的影响研究。而随着我国绿色发展观的提出，同时考虑了绿色发展和经济效率增长的研究显得尤为需要。

10.2.1 关于绿色发展的相关研究

绿色发展是一个历史过程，其基本思想可以追溯至20世纪80年代末。1989年，David Pierce出版了《绿色经济蓝图》一书，倡导建立“可承受的经济”。2005年，绿色增长概念最早由联合国亚洲及太平洋经济社会委员会（UNESCAP）提出，在当时第五届亚洲及太平洋环境与发展问题部长级会议上通过的《绿色增长首尔倡议》中，绿色增长被定义为环境可持续的经济增长。这之后，OECD、全球绿色增长研究所（Global Green Growth Institute，GGGI）、韩国、世界银行（WB）等国际组织和国家纷纷对绿色增长有关的概念及内涵不断进行完善。相对于环境保护、可持续发展、绿色经济、绿色增长等概念，绿色发展这个名词是一个更具有中国色彩、更易被国人接受和理解的概念。尽管随着“五大发展理念”被确立为指导国民经济和社会发展的核心理念并广泛宣传，绿色发展这个概念在中国可谓广为人知，但在学术界，对绿色发展这个概念还没有一个精确统一的定义（Huberty et al.，2011）。侯伟丽（2004）认为，绿色发展即在资源环境之承载潜力的基础上，依靠高科技来提高生产效率，使经济逐步向低消耗、低能耗方向转变。胡鞍钢（2005）认为，绿色发展这一概念强调经济发展与环境保护的统一协调，是以人为本的可持续发展之路。杨多贵（2006）认为，绿色发展是通过科技进步和绿色改革实现可持续的发展。马洪波（2011）认为，绿色发展是包括循环经济、绿色经济、低碳经济与可持续发展四者的综合体。王玲玲、张艳国（2012）从环境、经济、政治、文化四个子系统的关系角度揭示了绿色发展的内涵。刘小琳、罗秀豪（2012）将绿色发展的基本内涵概括为四个方面，分别是保持自然生态系统健康，按自然法则办事以建立“绿色经济形态”，坚持以人为本来建立公平、公正、利益均衡的社会环境，以人民幸福为核心要义。世界银行、国务院发展研究中心联合课题组（2012）将绿色发展定义为，摆脱了对资源使用、环境破坏和碳排放的过度依赖，通过绿色技术、绿色投资、绿色产品的市场创造，以及改变环保和消费行为，从而实现的经济增长。

由于是近年来兴起的理念，目前可见的对于绿色发展的有关研究，更多地集中于经济发展总体上，或从产业角度，或从区域及城镇化角度来进行探讨研究。如北京师范大学课题组（2010，2011，2012，2013）分别从三次产业和绿色增长效率四个方面构建起“经济增长绿化度”，以此对中国30个省区市与100个重点城市绿色经济增长效率予以评价。全国经济综合竞争力研究中心（2010）、中国科学院（2012，2013）等也开展了类似的研究。还有的研究在环境、能源、生态等约束下，对经济绿色增长效率加以测算，如Michio和Katsuya（2007），Zheng等（2009），涂正革（2008），陈诗一（2010），庞瑞芝、李鹏（2011）等。就研究绿色增长行业情况来看，既有刘瑞翔、安同良（2012）等全行业研究，又有李玲、陶锋（2012）与李静、沈伟（2012）等的工业研究，还有王兵、杨华、朱宁（2011）与支燕（2012）等的农业、第三产业研究。有些学者还专门对绿色发展与城镇化方面的问题进行了研究，如魏后凯、张燕（2011），杨晓优（2011），赵峥、倪鹏飞（2012）等，认为绿色发展是新型城镇化的发展方向。对经济发展产生重要影响的对外贸易，其与绿色发展的关系，或者说贸易的绿色发展问题，相关的研究目前还非常少。

10.2.2　发展潜力与绿色发展潜力的相关研究

潜力指潜在的尚未发挥出来的能力。郭亚军等认为，发展潜力就是指区域复合系统在维持可持续发展的前提下，其支撑体系所具有的潜在能力。孙启宏等（2010）将清洁生产潜力定义为通过采用清洁生产技术引起的污染物产生量的削减量。吕萍（2012）提出经济发展潜力就是通过改善地区内部现有生产要素利用情况，以及引进稀缺生产要素所带来地区的未来经济可持续发展的能力。

鉴于绿色发展的内涵更具有系统性与综合性，不能简单地以经济增长或环境污染控制水平来衡量。本章结合前人的研究成果，将绿色发展潜力定义如下：绿色发展潜力是以区域可持续发展为基础，通过优化生产要素的配置引起绿色发展水平提升的空间。可见，绿色发展潜力主要体现为经济发展、社会进步、资源保障、生态环境美化等方面的综合水平提升。绿色发展的实现主要依赖于绿色发展潜力的有效挖掘，但由于绿色发展涉及方方面面的因素和影响因子，且交互影响，从这一视角看，目前尚未建立较为成熟的研究方法体系。部分学者从特定角度出发对绿色发展潜力研究进行了探索：廖筠等（2018）在进行绿色发展评价时将区域发展潜力纳入指标体系中；江秀龙等（2018）从结构优化和技术提升两个方面对钢铁行业的绿色发展潜力进行了分析研究；张海琪等（2018）利用 SWOT 模型分析了绿色发展视角下德清县的渔业发展潜力；向俊霖等（2018）通过构建经济发展潜能评价指标体系，对成渝城市群的经济发展、资源环境支持、科技创新等进行量化和评价。也有部分学者从更为全面的区域发展潜力角度进行了研究，如陆大道等（2003）认为，区域发展潜力可系统地反映地区未来可持续发展能力，由科技生产、区际交换能力和管理决策能力三部分组成；秦静波（2017）构建了城市发展潜力指标体系，从时间和空间的角度对“晋陕豫”黄河金三角区域城市发展潜力进行分析。整体上看，尽管绿色发展已成为学术界研究的热点，但学者们对绿色发展潜力的挖掘远远不够，导致对区域绿色发展的实现路径难以有效把握，采用合理的方法对区域绿色发展潜力予以量化分析是当前需要重点关注的研究方向之一。

10.2.3 对外贸易与绿色经济发展的相关研究

现有文献更多的是对二者进行单独研究，将绿色发展与对外贸易相结合的双维度研究并不多。为数不多的研究主要集中于绿色产业对出口的影响维度和视角。如世界银行（2011）认为，绿色新兴产业能为中国的出口和就业创造新的机会。估计到2030年，同可再生能源和清洁能源（主要是电动汽车）相关的绿色技术及服务的出口额将增加到2290亿~3950亿美元，并创造440万~780万个就业岗位。这些出口值大约占到中国总预计出口量的6%~10%，或占到GDP的2%~3%。当然，这种大规模比例的提高取决于全球需求的驱动，以及世界各国政府是否采取解决气候变化的果敢行动。

关于对外开放对绿色经济发展的影响，由于绿色指标计算不同，研究结论也存在较大差异。孙瑾等（2014）发现对外开放显著抑制了我国东中部地区人均绿色GDP，而对西部地区人均绿色GDP的影响不显著。卢飞等（2018）发现在对外开放初期，对外开放水平的提升将促进人均绿色GDP的增长，而当对外开放水平发展到一定程度后，继续增加对外开放则会对绿色经济产生抑制作用。刘传哲、任懿（2020）采用熵权法计算绿色经济发展水平，并使用省级面板数据进行分析发现，虽然对外开放程度发展到一定程度后会在一段时期内抑制绿色经济发展，但随着更高水平的对外开放，最终又会继续促进绿色经济发展。

从研究层面来看，关注国内外对绿色经济发展的测算多集中于3个方面：①绿色GDP的度量（Wu and Heberling，2016；彭涛、吴文良，2010；窦瑞音等，2016；王永瑜、郭立平，2010）。②在环境、能源、资源等约束下测算绿色经济效率（Hailu，2001；钱争鸣、刘晓晨，2013）。③选取经济增长、资源环境、科技创新等多维的绿色经济相关指标，采用多种赋权方法建立绿色经济发展指数（Shi et al.，2012；李晓西、潘建成，2011；薛珑，2012）。进一步地，关于对外开放与绿色经济发展的研究主要集中在绿色经济效率和绿色经济增长两方面：①对外开放与绿色经济增长。孙瑾等（2014）研究表明，对外开放指数对东部和中部地区人均绿色 GDP 的影响为负，对西部地区的影响不显著；卢飞等（2018）研究发现，进口依存度和进出口依存度对绿色经济呈现倒“U”形影响，出口依存度对绿色经济呈现正向促进作用。②对外开放与绿色经济效率。学者们以不同指标度量对外开放，所得结论不尽相同。具体来说，周杰文等（2018）研究表明，R&D 经费投入对绿色经济效率具有抑制作用，R&D 人员投入对绿色经济效率具有促进作用；齐红倩、徐苗（2018）采用面板平滑门限回归模型研究了贸易开放度与绿色经济效率的非线性关系，指出对外开放对绿色经济效率的影响在越过环境规制强度门槛值后由正变成负；冯严超等（2018）在空间视角下实证得到因引进 FDI 的质量良莠不齐，对外开放对绿色经济效率的影响以抑制为主；景维民、张璐（2018）在偏向性技术进步框架下进行面板数据回归，得到出口率对绿色全要素生产率影响为负，而进口率对其影响为正的结论。

10.3 对外贸易与绿色发展潜力现状分析

10.3.1 对外贸易现状分析

10.3.1.1 对外贸易总量和结构分析

图 10-1 显示了 2011—2020 年我国进出口总额和进出口总额的增长率，从整体的变化趋势可以看出，进口和出口总额虽有差距，但相差不大并且持续保持上升趋势，2016 年以前进口额和出口额增长平缓，增长速度较慢，尤其是 2015 年，中国对外贸易进出口总额出现了负增长。这主要是汇率波动和国际市场大宗商品价格下降造成的。2008 年国际金融危机以

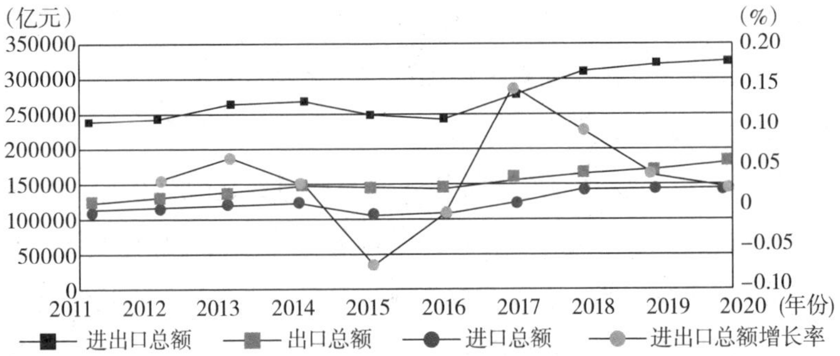

图 10-1 2011—2020 年我国对外贸易发展趋势

后，全球经济持续不振，国际市场需求低迷，全球贸易更是明显低于世界经济的增速。新兴国家向发达国家的出口额也逐渐减少。中国此前作为发挥低成本优势的“世界工厂”扩大了贸易额，但随着工人人工费上涨和地价暴涨齐头并进，不仅是外资企业，中国企业也出现了向越南等海外转移工厂的动向。中国海关总署分析称，中国产品在发达国家的市场占有率正在降低。同时，人民币兑美元汇率 2016 年前后贬值了约一成，这也拉低了按美元换算的贸易额。由于从外资组装工厂出口的产品比例较高，出口容易受外资企业经营战略的影响，人民币贬值带来的出口扩大效果有限。

2015 年 12 月，中央提出推进结构性改革，保持经济持续健康发展。因此 2016 年商务部着力推进我国经济供给侧结构性改革，进出口额明显降低，但这个降低是乐观的，我国开始重视生产的高能耗、高污染等问题，并加以管制，减少低产能、低效率产业，到 2017 年贸易额开始缓慢上升。

按地区将我国划分为东、中、西部三个区域，其中东部地区总体而言多为经济发展水平相对较高的省份，中部地区主要包括经济次发达省份，而西部地区则多为经济相对落后地区。东部地区包括北京、天津、河北、辽宁、上海、江苏、浙江、福建、山东、广东、海南 11 个省份。中部地区包括山西、吉林、黑龙江、安徽、江西、河南、湖北、湖南 8 个省份。西部地区包括内蒙古、广西、四川、重庆、贵州、云南、陕西、甘肃、宁夏、青海、新疆 11 个省份。

各区域对外贸易规模统计结果如图 10-2 所示，可以明显看出，不同

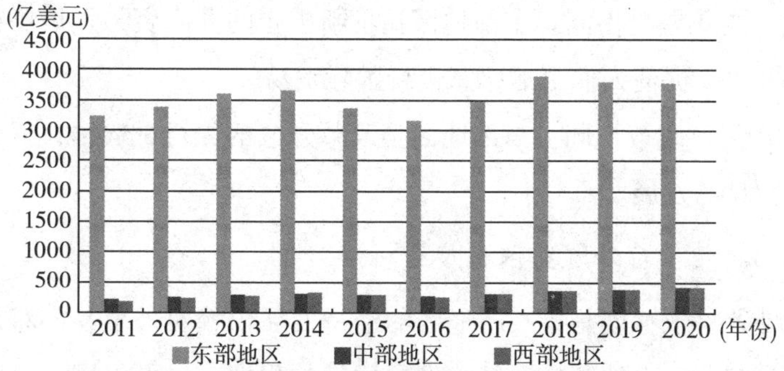

图 10－2　东、中、西部地区对外贸易规模

区域的对外贸易存在很大的差别，东部地区对外贸易规模明显高于中部地区和西部地区，2000 年提出“西部大开发”政策，2006 年通过《西部大开发“十一五”》规划，可以明显看出，自 2006 年开始，西部对外贸易逐年上升，直到 2017 年，其已经只是略微低于中部地区，但总体来说中西部地区对外贸易规模明显偏小。

无论是 2011 年还是 2020 年，从对外贸易的空间分位图情况来看，虽然中国整体的对外贸易量发生了巨大的变化，但东部、中部、西部三地区之间的外贸发展上仍然是东部沿海地区对外贸易程度最高，西部最低。2011 年和 2020 年区域对外贸易发展上存在一定的相似性，其中广东、福建、浙江、江苏、天津、北京等沿海城市对外贸依存度最高，东部的其他地区如湖南、湖北等地有明显的提高，其次是河北、湖北、重庆、安徽等地区的对外贸易发展程度都是中等水平，主要分布在中部地区，可能的原因是中部地区海上交通次于东部，经济上优于西部。西部地区的城市仍然是对外贸依存度最低的，主要包括贵州、云南、陕西、甘肃、宁夏等地。可以明显看出，对外贸易存在空间差异性，不同区域的不同省份对外贸易程度间存在差别，有区域性特征。原因主要总结为以下几点：

（1）海运方便程度不同。国际贸易以海运为主，东部沿海地区交通便利，运输成本较低，有利于对外贸易，并因此产生了上海港等知名港口。

（2）经济发展程度不同。外贸的发展离不开货币的支持，完善的经济体系，有利于解决国际贸易中产生的国际收支问题。

(3) 文化差异不同。东部地区在不断扩张的国际贸易发展中接触的观念更为开放，促使人们更加愿意进行国际贸易。

(4) 国家政策不同。东部地区是改革开放的先行试验区，优先一步进行对外贸易的发展。

10.3.1.2 对外贸易依存度分析

对外贸易依存度是指某一地区的经济发展依赖对外贸易的程度，可以用来衡量该地区对外贸易对经济发展贡献的程度，也可以用于反映地区对外贸易的相对程度，本章即用该指标表示全国及区域对外贸易程度。定量表现为地区进出口总额与该地区 GDP 的比值，由对外贸易依存度的变化趋势（见图 10－3）可以看出，我国外贸依存度平均水平正在逐年下降，从 2011 年的约 0.5 下降到 2020 年的约 0.3，表明我国对外依存度正逐步缓释，但仍处于较高水平，说明中国经济的发展离不开双边投资和进出口贸易。

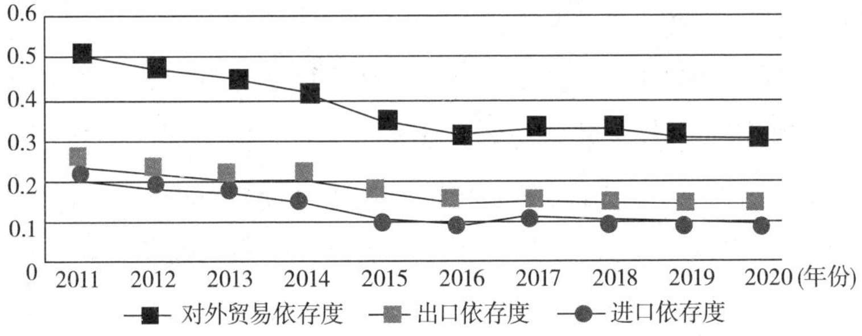

图 10－3　2011—2020 年中国外贸依存度

10.3.2 绿色发展潜力现状分析

10.3.2.1 绿色发展潜力指标的构建

一方面，绿色发展理念强调协调性和可持续性，也是我国“创新、协调、绿色、开放、共享”五大发展理念的重要组成部分。基于此，本章认为绿色发展是经济、资源、环境和社会的和谐发展，是兼顾质量和效率的发展。因此在选取指标时，要注重将绿色和发展结合起来，体现绿色的主要是衡量资源和环境的指标，如资源利用效率、环境污染情况等；而发展指数不仅要考虑到现有的经济发展状况，也要将未来的绿色经济增长潜力（如受教育情况、科技教育投入情况、城市基础设施建设情况等）考虑在内。另一方面，中国作为一个国土面积居世界第三位国家，各省份之间绿色发展水平的差异不仅体现在经济发展水平上，资源和环境更是有禀赋上的长短，各省份的绿色发展各有特色，既可以促进经验交流，也可为各省份在制定本地区绿色发展战略时提供借鉴。

绿色发展潜力为本章的被解释变量。单一指标很难诠释绿色发展潜力的内容，因此，笔者借鉴廖筠、黄灵霞（2018）的做法①，通过构建绿色发展潜力指标体系，并通过因子分析法对绿色发展潜力进行综合评价。基于前人的研究以及数据的可得性，本章从科技教育投入、基础设施建设以及政府环境治理三个维度对未来的绿色发展潜力进行测度。表 10－1 披露了具体的细分指标选取情况。

表 10－1　绿色发展潜力指标体系构建

目标层	准则层	指标层	指标属性
绿色发展潜力	科技教育投入	科技支出占 GDP 比重	正向
		企业 R&D 经费占 GDP 比重	正向
		企业 R&D 人员折合全时当量（人年）	正向
		大专以上学历人口比重	正向
	基础设施建设	燃气普及率	正向
		人均公园绿地面积（平方米）	正向
		城市客运总量	正向
	政府环境治理	环境保护支出占财政支出比重	正向
		工业污染治理投资额占 GDP 比重	正向

10. 3. 2. 2　绿色发展潜力的现状分析

如表 10－1 所示，本章共选取了 9 个分项指标对绿色发展潜力得分进行测度，借助 Stata15. 1 软件进行因子分析。Bartlett 球形检验拒绝了变量

① 廖筠，黄灵霞．引入绿色增长潜力的绿色发展指数构建与区域差异研究[J]．南京财经大学学报，2018(2)：25－33.

不相关的原假设，KMO 检验的值为 0.60，说明上述变量适宜进行因子分析。表 10－2 为采用主成分分析法依据特征根大于 1 提取的公因子进行因子旋转后的方差总解释结果。

表 10－2　旋转后的方差总解释结果

公因子	特征根	方差贡献	累计方差贡献
F1	2.1342	0.2371	0.2371
F2	1.8148	0.2016	0.4388
F3	1.7607	0.1956	0.6344
F4	1.2667	0.1407	0.7752

结果表明，共选取了 4 个公因子，累计方差贡献率为 77.52%，说明 4 个公因子包含了原始变量 77.5% 的信息，因子分析只会损失少量的信息。得到公因子后即可对各因子的得分进行估算，并根据式（10－1）对绿色发展潜力得分进行计算：

$$GFDP = (0.2371F1 + 0.2016F2 + 0.1956F3 + 0.1407F4)/0.775 \quad (10-1)$$

图 10－4 为 2009—2019 年中国 31 个省份绿色发展潜力得分均值的雷达图，按各省份的绿色发展潜力得分进行了分层，由内到外得分依次升高，同一层级意味着绿色发展潜力水平相当。不难发现，广东、北京、江苏三个地区绿色发展潜力水平排名前三，明显领先于次外层的浙江、上海、山东等地区。西部地区西藏、广西、云南等地区的绿色发展潜力的上升空间最大。图 10－4 表明不同地区绿色发展潜力呈现较大差异，绿色发展潜力靠前的多为东部地区，靠后的多为西部地区。

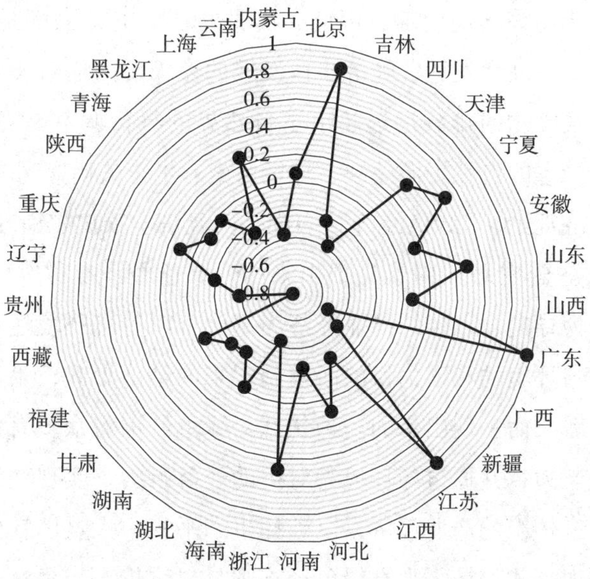

图 10－4　2009—2019 年中国 31 个省份绿色发展潜力得分均值的雷达图

10.4　对外贸易对绿色发展潜力影响的理论分析

10.4.1　对外贸易对绿色发展潜力影响的理论基础

环境价值理论、绿色经济理论以及国际贸易理论是研究对外贸易与绿色发展潜力之间关系的三大基础理论。

环境价值理论。从文化的视角看，环境的价值指它对人类生存具有意义，能满足人类生存、享受和发展的需要，这是环境对人的价值；从自然的视角看，指环境对支持生命生存具有意义，能满足其他生命生存和发展的需要，这是环境对人以外的其他生命的价值。所谓环境的价值，有两层含义：一是显价值，即环境能够满足人类生存和发展的需要；二是潜价值，即环境能够满足其他生命生存和发展的需要，维持地球健全发展。环境价值是以上两层价值的统一。

环境资源的价值在人类发展的不同时期表现是不同的。100 多年前，由于受生产力发展水平的限制，人类在社会经济活动中，对于自然资源的开发、使用以及废物的排放都是有限的，并且自然界本身能够自行调节和自净，没有劳动等其他消耗，因此，当时的环境资源大都是没有价值的。但是，在生产力高度发达、经济快速发展的今天，人们对于自然资源的开发、使用以及废物的排放远远超出了自然界的自行调节能力、自净能力，引发了日益严重的自然资源短缺、环境污染、生态失衡等问题。

绿色经济理论。“绿色经济”一词是由经济学家皮尔斯在1989年出版的《绿色经济蓝皮书》中首先提出来的。绿色经济也称为“生态经济”，它是以市场为导向、以传统产业经济为基础、以生态环境建设为基本产业链、以经济与环境的和谐为目的而发展起来的经济形式，是产业经济为适应人类新的需要而表现出来的一种状态。绿色经济将众多有益于环境的技术转化为生产力，并通过与环境无对抗的经济行为，实现经济的长期稳定增长。如果说传统的产业经济是以破坏生态平衡、大量消耗能源与资源为特征的一种损耗式经济，那么绿色经济则是以维护人类生存环境、合理使用能源与资源为特征的一种平衡式经济。

国际贸易理论。自亚当·斯密的绝对优势理论开始，到李嘉图的比较优势理论和赫克歇尔—俄林提出的“H－O”理论，再到20世纪80年代的新兴古典贸易理论，依托新兴古典经济学的新框架，将贸易的起因归结为分工带来的专业化经济与交易费用两难冲突相互作用的结果，从而对贸易的原因给出了新的解释思路，使贸易理论归纳为是一种内生动态优势模型，是贸易理论和贸易政策统一的模型，是国内贸易和国际贸易统一的模型，能够整合各种贸易理论，是贸易理论的新发展。以杨小凯为代表的一批经济学家用超边际分析法将古典经济学中关于分工和专业化的经济思想形式化，将消费者和生产者合二为一，发展成新兴古典贸易理论。该理论使研究对象由给定经济组织结构下的最优资源配置问题，转向技术与经济组织的互动关系及其演进过程，力图将外生的比较利益因素引入基于规模报酬递增的新兴古典经济学的贸易理论模型中，把传统贸易理论和新贸易理论统一在新兴古典贸易理论框架之内。此理论的内生分工和专业化新兴古典贸易模型表明，随着交易效率从一个很低的水平上升到一个很高的水平，均衡的国际和国内分工水平从两国都完全自给自足增加到两国均完全分工，在转型阶段，两种类型的二元结构可能出现。经济发展、贸易和市场结构变化等现象都是劳动分工演进过程的不同侧面，贸易在交易效率的改进过程中产生并从国内贸易发展到国际贸易，两者之间有一个内在一致的核心。本章结合绿色经济发展理论和环境价值理论，对绿色发展做内生化处理，分析对外贸易与绿色发展潜力二者之间的关系。

10.4.2 对外贸易对绿色发展潜力影响的理论模型

根据封闭经济下的索洛模型，经济产出（Y）与资本要素（K）、劳动力要素（L）相关，因本章研究对外开放对绿色发展潜力的影响，考虑将模型推广至开放经济中。以两部门柯布—道格拉斯生产函数为基础，引入对外开放因素（$OPEN$），构建开放经济下经济产出影响因素模型：

$$Y = F(K, L, OPEN) = Y_{green} + Y_{no-green} = F(K_g, L_g, OPEN, C) + F(K_g, L_g, OPEN) \quad (10-2)$$

其中，K_g、L_g分别表示绿色经济产出过程中资本投入和劳动力投入，K_n、L_n分别表示非绿色经济产出过程中资本投入和劳动力投入，定义 C 为非绿色经济产出对绿色经济产出产生的影响。绿色经济产出与非绿色经济产出投入要素之和等于总要素投入，显然：

$$K = K_g + K_n \quad (10-3)$$

$$L = L_g + L_n \quad (10-4)$$

对外开放对国外先进技术存在模型效应与学习效应，可以在一定程度上反映技术水平（陶新宇等，2017）。因此，得到绿色技术水平 A_{green} 和非绿色经济水平 $A_{no-green}$ 与对外开放的关系式为：

$$A_{green} = A'_g e^{open} \quad (10-5)$$

$$A_{no-green} = A'_n e^{open} \quad (10-6)$$

其中，A'为常数，表示除对外开放因素以外影响绿色技术水平的因素，且 $A' > 0$。因此，得到绿色经济产出的具体函数形式：

$$Y_{green} = A'_g K_g^{\alpha} L_g^{\beta} e^{open} C \quad (10-7)$$

$$Y_{no-green} = A'_n K_n^{\alpha} L_n^{\beta} e^{open} \quad (10-8)$$

其中，α、β 为大于 0 小于 1 的弹性系数。

进一步地，求偏导数考察绿色经济产出与非绿色经济产出的劳动边际生产力和资本边际生产力，得到劳动与资本边际生产力的比值：

$$\frac{Y_{K-g}}{Y_{K-n}}=\frac{Y_{L-g}}{Y_{L-n}}=\frac{\alpha A'_{g}K_{g}^{\alpha-1}L_{g}^{\beta}e^{open}}{\alpha A'_{n}K_{n}^{\alpha-1}L_{n}^{\beta}e^{open}}=\frac{\beta A'_{g}K_{g}^{\alpha}L_{g}^{\beta-1}e^{open}}{\beta A'_{n}K_{n}^{\alpha}L_{n}^{\beta-1}e^{open}} \quad (10-9)$$

其中，Y_{K-g}、Y_{K-n}分别表示绿色经济产出与非绿色经济产出的资本边际生产力，Y_{L-g}、Y_{L-n}分别表示绿色经济产出与非绿色经济产出的劳动边际生产力。化简推导可得：

$$\frac{L_g}{L_n}=\frac{K_g}{K_n}=1+\theta \quad (10-10)$$

其中，θ表示绿色经济产出与非绿色经济产出要素投入的边际产出差异，当$\theta>0$，产出要素投入的边际生产力低于非绿色经济产出。定义非绿色经济产出对绿色经济产出的弹性为λ，可得：

$$\lambda=\frac{dY_{no-green}/Y_{no-green}}{dY_{green}/Y_{green}}=\frac{\partial Y_{no-green}}{\partial Y_{green}}\cdot\frac{Y_{green}}{Y_{no-green}} \quad (10-11)$$

对式（10－1）两边求微分并代入式（10－2）至式（10－8），并根据式（10－9）、式（10－10）整理得式（10－11）：

$$\frac{dY}{Y}=\left(\frac{\theta}{1+\lambda}-\lambda\right)\frac{Y_{green}}{Y}\cdot\frac{dY_{green}}{Y_{green}}+\lambda\frac{dY_{green}}{Y_{green}}+\frac{Y_{n-K}}{Y/K}\cdot\frac{dK}{K}+\frac{Y_{n-L}}{Y/L}\cdot\frac{dL}{L} \quad (10-12)$$

令$\omega_1=Y_n-L(Y/L)$表示非绿色经济产出的劳动弹性，$\omega_2=Y_n-K(Y/K)$表示非绿色经济产出的劳动弹性，$z_2=\frac{dY_{green}}{Y_{green}}\cdot\frac{Y_{green}}{Y}$表示绿色经济产出增长率$\frac{dY_{green}}{Y_{green}}$和绿色经济产出的规模$\frac{Y_{green}}{Y}$的乘积效应。可以得到：

$$\frac{dY}{Y}=\omega_1\frac{dL}{L}+\omega_2\frac{dK}{K}+\lambda z_1+\left(\frac{\theta}{1+\theta}-\lambda\right)z_2 \quad (10-13)$$

可以看到，绿色经济产出是多方博弈的结果，影响因素是多方面的，包括绿色经济产出增长率、非绿色经济产出对绿色经济产出的影响、边际产出的差异以及劳动弹性，因此存在可能的非线性关系。

进一步地，考虑调节效应。综观现有文献，学者们大多关注产业结构、城镇化水平对对外开放与绿色经济发展的影响[①][②][③]。因此，本章考察产业结构和城镇化水平的调节效应。

10.5 对外贸易对绿色发展潜力影响的实证分析

在前人研究的基础上，本部分以2009—2019年中国31个省份的面板数据为研究样本，运用面板数据回归对对外开放与绿色发展潜力的关系进行实证研究，并进一步对产业结构和城市化进程的调节效应进行检验，最后通过半参数回归法和工具变量法对基础模型的稳健性进行验证。

10.5.1 研究设计

10.5.1.1 变量测度与指标选取

（1）绿色发展潜力的测度。

绿色发展潜力为本部分的被解释变量。关于其具体测度和分析在第10.3.2.1节中已做了详细介绍。

（2）对外开放的度量。

对外开放为本部分的核心解释变量，基于数据的可得性，并借鉴励利等（2020）的做法[④]，采用出口依存度（*EXR*）和进口依存度（*IMR*）共同对对外开放进行测度。出口依存度通过出口贸易总额占GDP的比重得到，进口依存度通过进口贸易总额占GDP的比重刻画。

（3）调节变量的选取。

刘传哲等（2020）研究表明，产业结构高级化、城市化进程对对外开放与绿色经济发展的关系存在非线性调节效应，而绿色发展潜力是绿色经

---

① 景维民，张璐．环境管制、对外开放与中国工业的绿色技术进步[J]．经济研究，2014，49(9)：34－47.

② 周心怡，李南，龚锋．新型城镇化、公共服务受益均等与城乡收入差距[J]．经济评论，2021(2)：61－82.

③ Bohringer, Christoph, Loschel, et al. Assessing the Costs of Compliance: The Kyoto Protocol[J]. European Environment: The Journal of European Environmental Policy (Wiley), 2002, 12(1): 1－1.

④ 励利，田荣富，尹玉刚．对外贸易对经济增长的影响研究——基于动态面板数据系统GMM估计[J]．商业经济研究，2020(5)：131－134.

济发展的重要内容，因此，本部分认为产业结构高级化、城市化进程会影响对外开放与绿色经济发展潜力的关系。产业结构高级化（*INUS*）将采用第二、第三产业总产值占 GDP 的比重进行测度。城市化水平（*URB*）采用城镇化率即城镇人口占总人口的比重进行刻画。

（4）控制变量。

为了控制其他因素对绿色发展潜力的影响，本部分借鉴前人的做法选取了社会消费规模（*CONS*）、固定资产投资规模（*FINV*）、人口密度（*POPD*）、通胀水平（*INF*）以及城镇失业率（*UNE*）作为控制变量并将其纳入模型中。社会消费规模为社会消费品零售总额占 GDP 的比重；固定资产投资规模为固定资产投资规模占 GDP 的比重；人口密度为区域人口数量/区域面积；通胀水平采用消费者物价指数进行度量。

10.5.1.2 模型构建

基于上述指标选取，构建如下面板数据模型分析对外贸易与绿色发展之间的关系。

$$GFDP_{it} = \alpha_0 + \beta\sum_{n} Open_{it}^{n} + \alpha_1 CONS_{it} + \alpha_2 FINV_{it} + \alpha_3 POPD_{it} + \alpha_4 INF_{it} + \alpha_5 UNE_{it} + \mu_i + v_t + \varepsilon_{it} \tag{10-14}$$

其中，i 表示地区，t 表示年份。*Open* 为对外开放，本部分分别为出口依存度（*EXR*）和进口依存度（*IMR*），$n=1$，2，用以探索对外贸易与绿色发展潜力的非线性关系。现有研究表明，对外开放与绿色发展潜力可能存在非线性关系，因此本部分拟分别对对外贸易与绿色发展水平的线性和非线性关系进行检验。μ_i 为不随时间变化的难以观测的个体异质性。v_t 为时间效应。ε_{it} 为随机扰动项。

为了进一步检验产业结构高级化与城镇化水平对对外开放与绿色发展水平的非线性调节关系，本部分借鉴卢飞等（2018）的做法①，构建了如下的调节效应模型：

① 卢飞，刘明辉，孙元元．贸易开放、产业地理与绿色发展——集聚与产业异质性视角［J］．经济理论与经济管理，2018，333（9）．

$$GFDP_{it} = \alpha_0 + \beta \sum_n Open_{it}^n + \gamma \sum_n INUS_{it}^n + \theta \sum_n Open_{it}^n \times INUS_{it}^n + \alpha_1 CONS_{it} + \alpha_2 FINV_{it} + \alpha_3 POPD_{it} + \alpha_4 INF_{it} + \alpha_5 UNE_{it} + \mu_i + v_t + \varepsilon_{it} \quad (10-15)$$

$$GFDP_{it} = \alpha_0 + \beta \sum_n Open_{it}^n + \gamma \sum_n URB_{it}^n + \theta \sum_n Open_{it}^n \times URB_{it}^n + \alpha_1 CONS_{it} + \alpha_2 FINV_{it} + \alpha_3 POPD_{it} + \alpha_4 INF_{it} + \alpha_5 UNE_{it} + \mu_i + v_t + \varepsilon_{it} \quad (10-16)$$

其中 n 的取值为 1，2。如二次项变量间的交互项系数显著，则表明存在非线性调节作用。其他变量的含义与基准模型一致。

10.5.1.3　样本选取与数据描述

基于数据的可得性，本章以 2009—2019 年中国 31 个省份的面板数据为研究样本，数据主要来源于《中国统计年鉴》《中国能源年鉴》《中国环境统计年鉴》《中国高技术产业统计年鉴》等，并经过相应的计算和整理得到。为了避免极端值对研究的影响，文中变量均进行了 1% 和 99% 的缩尾处理，后续分析均采用处理后的数据。文中所用数据处理软件为 Stata15.1。

在进行建模之前，首先对文中主要变量的基本特征进行了统计分析，表 10－3 披露了变量的描述性分析结果。从中可以看出，*GFDP* 的均值为－0.003，说明我国绿色发展潜力水平总体较低，最大值与最小值分别为 10.357 和－10.033，说明我国不同区域绿色发展潜力水平呈现较大的差异。*EXR* 的均值为 0.021，*IMR* 的均值为 0.02，说明我国进口贸易和出口贸易规模基本持平。*INUS* 的均值为 0.9，*URB* 的均值为 0.555，且最大值与最小值差异较大，表明我国产业结构高级化、城镇化进程呈现较大的地区差异。控制变量中，*UNE* 的均值为 3.31，最大值和最小值分别为 4.4 和 1.31，说明我国不同区域的城镇失业率水平差异较大。*CONS* 均值为 0.134，最大值和最小值分别为 0.376 和 0.06，说明随着地域的不同，社会消费规模也存在一定的差异。同样，由于地区不同差异较大的还有 *POPD*，最大值为 0.552，最小值为 0.09，表明由于人口规模和地域面积差异，不同地区的人口密度存在较大差异。同理，可以对控制变量的基本特征进行相应的分析。而就固定资产投资规模和通货膨胀水平而言，*FINV* 均值为 10.382，*INF* 均值为 1.024，可见不同地区间存在一定差异，但总体都保持在较高的水平。

表 10－3　描述性分析结果

Variables	Obs	Mean	Std. Dev.	Min	Max	Skew.	Kurt.
GFDP	341	－0.003	0.499	－10.033	10.357	0.495	30.019
EXR	341	0.021	0.023	0.002	0.102	1.904	6.199
IMR	341	0.02	0.03	0.001	0.175	3.037	13.028
INUS	341	0.9	0.051	0.751	0.996	－0.265	3.344
URB	341	0.555	0.136	0.237	0.893	0.576	3.552
UNE	341	3.31	0.652	1.31	4.4	－0.873	3.839
CONS	341	0.134	0.053	0.06	0.376	2.069	9.249
POPD	341	0.28	0.117	0.09	0.552	0.637	2.564
FINV	341	10.382	0.479	9.201	11.245	－0.34	2.338
INF	341	1.024	0.015	0.984	1.059	0.203	4.05

10.5.2　实证结果分析

10.5.2.1　特征事实分析

在进行建模之前，本章先通过散点图对对外开放与绿色发展潜力的线性关系和非线性关系进行观察和分析。图 10－5 的上图为线性拟合曲线，可以发现大部分数据点位于直线的附近，说明出口依存度与绿色发展潜力可能存在线性关系。图 10－5 的下图为二次拟合曲线，不难看出，图 10－5 下图并未呈现完整的倒“U”形曲线，数据点主要分布在左半支。结合图 10－5 上图可知，出口依存度与绿色发展潜力呈现出同向的变动关系，即出口贸易促进了区域的绿色发展潜力。图 10－6 上图为进口依存度与绿色发展潜力的线性拟合图，但是当进口依存度大于 10% 时，数据点并未分布在直线的附近。图 10－6 下图为二次拟合曲线，进口依存度与绿色发展潜力呈现倒“U”形关系，且大部分数据点围绕在曲线的估计值附近，说明倒“U”形曲线相对于线性可以更好地拟合进口依存度与绿色发展潜力的关系。

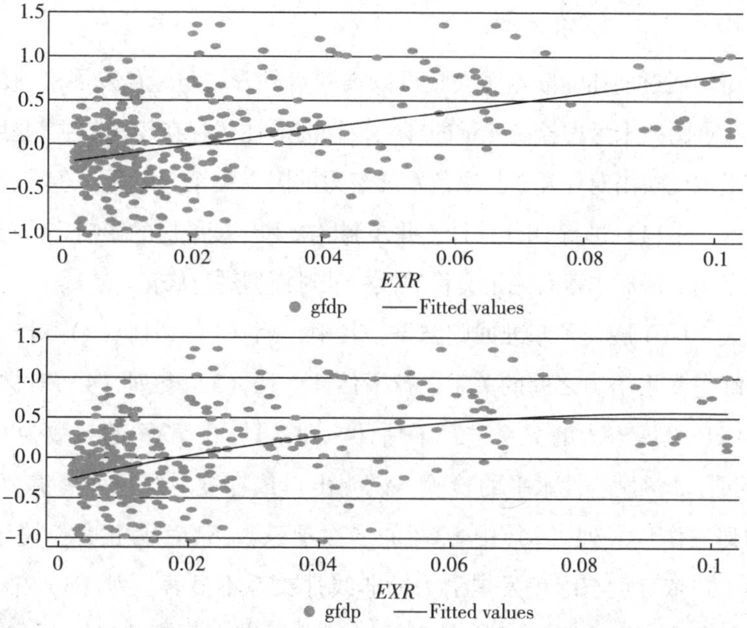

图 10－5　绿色发展潜力与出口依存度的线性和二次项曲线散点图

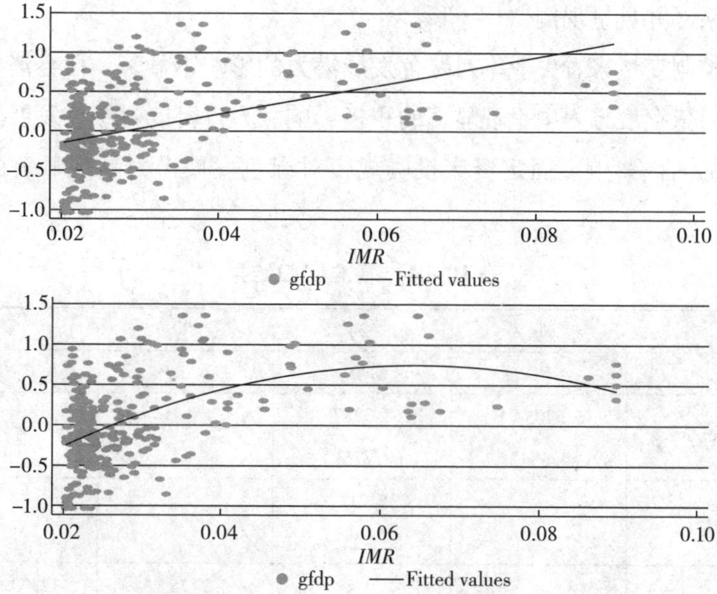

图 10－6　绿色发展潜力与进口依存度的线性和二次项曲线散点图

10.5.2.2 基准回归分析

虽然通过前述的散点图大致可以推断对外开放与绿色发展潜力的关系，但是散点图并未考虑控制变量的影响，且图形往往存在较大的主观性，并不能真正地反映出对外开放与绿色发展潜力的因果关系。因此，还需进一步对模型（10－14）进行OLS估计，并控制区域和年度效应的影响。针对异方差性的影响，最后本章采用聚类稳健性标准对模型进行修正。

表10－4展现了基准回归结果。其中，列（1）和列（2）对出口依存度与绿色发展潜力之间的关系进行了估计。列（3）和列（4）对进口依存度与绿色发展潜力的关系进行了估计。列（1）中*EXR*的系数为6.6705，并通过了1%显著性水平的检验，说明出口依存度对绿色发展潜力呈现显著的促进作用。列（2）中*EXR*的二次项系数EXR^2为正，但是不显著，说明出口依存度与绿色发展潜力的非线性关系不显著。列（3）中*IMR*的系数显著为正，表明进口依存度对绿色发展潜力呈现线性关系。列（4）中IMR^2的系数显著为负，说明进口依存度与绿色发展潜力呈现显著的非线性关系，并且呈现倒“U”形。

从控制变量来看失业率对绿色发展潜力的影响不显著。社会消费规模仅在出口依存度方程中呈现显著的积极影响。人口密度对绿色发展潜力呈现显著的消极影响。固定资产投资规模对绿色发展潜力呈现显著的积极影响。

表10－4 基准回归结果

	(1)	(2)	(3)	(4)
	GFDP	*GFDP*	*GFDP*	*GFDP*
EXR	6.6705*** (4.6842)	3.3287 (0.7761)		
EXR^2		35.2127 (0.8351)		
IMR			4.7175*** (3.3956)	12.3399*** (4.5986)

续表

	(1)	(2)	(3)	(4)
	GFDP	*GFDP*	*GFDP*	*GFDP*
IMR^2				−52.3700 ***
				(−3.6496)
UNE	0.0140	0.0143	0.0452	0.0292
	(0.3759)	(0.3827)	(1.1471)	(0.7163)
CONS	1.7402 ***	1.8068 ***	0.5061	0.7576
	(3.9509)	(3.9296)	(0.7631)	(1.2142)
POPD	−0.4199 **	−0.4205 **	−0.3391 *	−0.4322 **
	(−2.2648)	(−2.2950)	(−1.8773)	(−2.3591)
FINV	0.2268 ***	0.2431 ***	0.2315 ***	0.2394 ***
	(4.0378)	(4.0116)	(3.7176)	(3.9371)
INF	8.9239 **	9.0147 **	6.9722	7.2451
	(2.0249)	(2.0675)	(1.5694)	(1.6417)
_ cons	−11.7944 ***	−12.0297 ***	−9.7599 **	−10.1617 **
	(−2.6513)	(−2.7302)	(−2.1666)	(−2.2746)
Obs.	341	341	341	341
R − squared	0.5254	0.5269	0.4977	0.5133

注：***、**、*分别代表该统计量在1%、5%、10%的置信水平下显著。

虽然列（4）中二次项系数显著，但是并不能说明进口依存度与绿色发展潜力一定存在倒“U”形关系，因此还需要进一步进行极值点分析和倒“U”形关系检验。本章借助 Stata15.1 软件中“utest”命令进行检验（见表 10－5）。通过对列（4）*GFDP* 关于 *IMR* 求偏导可以得到极值点为 0.1178，落在了 95% 的置信区间内。Slope 存在负的边界，并且通过了 5% 显著性水平检验，说明进口依存度与绿色发展潜力存在倒“U”形关系，这一点从倒“U”形存在性检验也可以得到验证，p 值小于 0.05，拒绝了线性或者“U”形的原假设。综合表 10－3 和表 10－4 即可进一步进行拐点分析，结果表明，进口依存度对绿色发展潜力的影响存在拐点（0.1178），当进口依存度小于 0.1178 时，进口依存度对绿色发展潜力呈现显著的促进作用，跨过临界值后，进口依存度对绿色发展潜力呈现显著的消极影响。显然，持续攀升的出口创汇使母国拥有财力开展环境治理、生态保护等，增强居民的“绿色”幸福感。同时，更广泛地参与国际竞争也有助于提高全社会资源利用效率。贸易依存度的提高在一定程度上会促进经济发展、改善国内落后生产状况，但如果到达一定程度，同时未能实现“雁阵转型”，则产品空间优势会进一步固化，不利于实现绿色发展。

表 10-5 倒“U”形存在性检验结果

	Lower bound	Upper bound
Interval	0.0008	0.1745
Slope	12.2548	-5.9375
t-value	4.6017	-1.9932
P>t	0.0000	0.0235
极值点	95%置信区间	
0.1178	[0.0924, 0.1731]	
倒“U”形存在性检验	t 值	1.99
	p 值	0.0235

10.5.2.3 稳健性检验

前面的基准模型验证了出口依存度对绿色发展潜力的促进作用及进口依存度与绿色发展潜力的倒“U”形关系。下面从内生性的视角，通过改变估计方法对模型的稳健性进行检验，若稳健回归的结果与基准模型的结论一致，则说明模型是稳健的。

（1）工具变量法回归。

虽然基准模型控制了区域和年份效应的影响，并且选取了人口密度、固定资产投资规模、社会消费规模等作为控制变量，但是模型仍然可能存在遗漏变量等原因引起的内生性问题，从而导致 OLS 估计存在偏误。考虑内生性的影响，本章借鉴前人的做法，分别以出口依存度的滞后期和进口依存度的滞后期作为工具变量，并采用两步最优广义矩法（GMM2S）进行估计。对外开放水平的滞后期与当期变量存在相关性，同时上一年的对外开放并不会与当年的扰动项相关，满足工具变量的要求。

表 10－6 披露了工具变量法的 GMM2S 估计结果。一阶段 F 统计量均比较大，且不可识别检验拒绝了原假设，说明内生变量和工具变量具有较强的相关性，不存在弱工具变量问题。从估计结果来看，*EXR* 的系数在 1% 显著性水平下为正，*IMR* 的系数显著为正，IMR^2 的系数显著为负，且通过求偏导可得极值点为 0.1129，与基准模型的 0.1178 比较接近，说明考虑内生性影响后，对外开放与绿色发展潜力的关系与基准模型一致，说明模型具有一定的稳健性。

表 10－6　IV－GMM2S 估计结果

	(1)	(2)
	GFDP	*GFDP*
EXR	7.8325 *** (5.3395)	
IMR		16.0748 *** (5.5950)
IMR^2		－71.1893 *** (－4.8086)
UNE	0.0081 (0.2163)	0.0211 (0.5167)
CONS	1.6848 *** (3.7451)	0.5345 (0.8472)
POPD	－0.4495 ** (－2.3264)	－0.4959 ** (－2.5503)
FINV	4.4364 (0.8233)	2.3417 (0.4285)
INF	0.2609 *** (4.6282)	0.2830 *** (4.5405)
_cons	－7.5063 (－1.3608)	－5.5609 (－0.9920)
一阶段 F 值	4328.868	865.594
不可识别检验	63.968 ***	63.232 ***
区域	控制	控制

续表

	(1)	(2)
	GFDP	*GFDP*
年份	控制	控制
Obs.	310	310
R - squared	0.5424	0.5277

注：＊＊＊、＊＊分别代表该统计量在1%、5%的置信水平下显著。

（2）半参数回归结果。

接下来改变基准模型的估计方法，借鉴刘传哲、孙懿（2020）等[①]的做法，采用可以估计动态局部线性面板数据模型的半参数法进行稳健性检验，并将对外开放作为关键解释变量建立半参数模型。表10－7披露了半参数回归结果。

表10－7　半参数回归结果

	(1)	(2)
	出口依存度	进口依存度
UNE	0.0156 (0.4225)	0.0320 (0.8167)
CONS	1.8421*** (4.1993)	0.9490 (1.6118)
POPD	-0.4149** (-2.2817)	-0.4299** (-2.4207)
INF	7.6407*** (2.7917)	7.0356** (2.5562)
FINV	0.2326*** (3.8345)	0.2352*** (3.9472)
G（*Open*）	—	—
Obs.	341	341
区域	控制	控制

① 刘传哲，任懿．对外开放与绿色经济发展的非线性关系研究[J]．工业技术经济，2020，39(4)．

续表

	(1)	(2)
	出口依存度	进口依存度
年份	控制	控制
R - squared	0. 3988	0. 3491

注：＊＊＊、＊＊分别代表该统计量在1%、5%的置信水平下显著。

通过半参数回归进一步可以得到出口依存度和进口依存度与绿色发展潜力直接的核回归曲线。由图 10 - 7 可知，在 5% 的显著性水平下，出口依存度与绿色发展潜力核密度回归呈现线性上升的趋势，验证了出口依存度对绿色发展潜力有正向促进作用。图 10 - 8 为进口依存度与绿色发展潜力的核回归图，在 5% 的显著性水平下进口依存度与绿色发展潜力呈现显著的倒“U”形关系，改变估计方法后，进口依存度与绿色发展潜力的非线性关系依然存在。综合上述分析可知，本章的模型是稳健的。

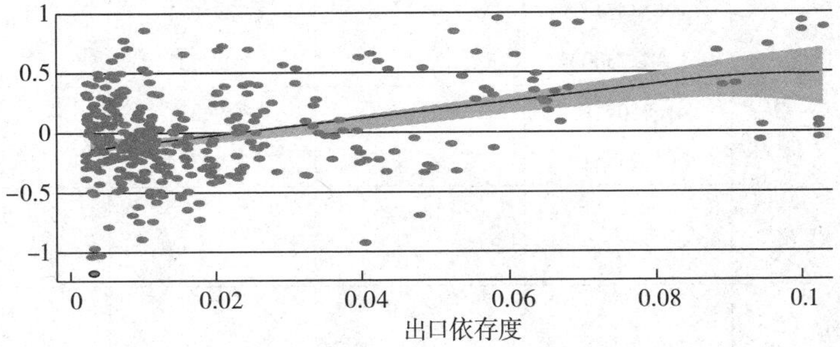

图 10 - 7　出口依存度与绿色发展潜力核回归图

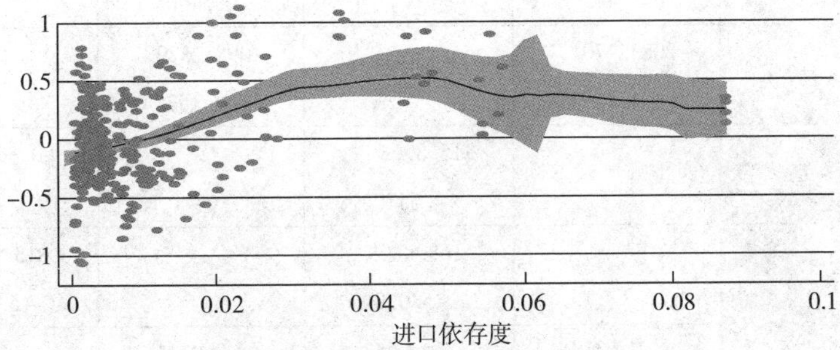

图 10 - 8　进口依存度与绿色发展潜力核回归图

10.5.2.4 调节效应检验

在基准模型的基础上，进一步对模型（10－15）和模型（10－16）进行估计，从而验证产业结构高级化和城镇化水平对对外开放与绿色发展潜力关系的调节效应。

表 10－8 调节效应检验结果

	(1)	(2)	(3)	(4)
	被解释变量：*GFDP*			
	出口依存度		进口依存度	
	产业结构高级化	城镇化	产业结构高级化	城镇化
Open	−1804.4862*** (−4.6193)	−61.2420*** (−3.9253)	−23.0382 (−0.5052)	−61.8338*** (−3.6381)
$Open^2$			970.6891** (2.1163)	559.4452*** (5.2068)
INUS	−70.4451*** (−4.7300)		−3.1871 (−0.2331)	
$INUS^2$	41.8509*** (4.9665)		4.9681 (0.6437)	
URB		−1.1376 (−0.6072)		5.7763*** (3.2697)
URB^2		2.4809 (1.6436)		−3.9880** (−2.1681)
$Open \times INUS$	3882.1329*** (4.7442)		24.8318 (0.5400)	
$Open \times INUS^2$	−2083.1701*** (−4.8597)		−998.2529** (−2.1538)	
$Open \times URB$		215.8963*** (4.6578)		80.5900*** (3.4123)
$Open \times URB^2$		−168.8808*** (−5.0590)		−813.4844*** (−5.3828)
UNE	−0.0058 (−0.1899)	−0.0053 (−0.1625)	−0.0141 (−0.3637)	−0.0314 (−0.8030)

续表

	(1)	(2)	(3)	(4)
	被解释变量：GFDP			
	出口依存度		进口依存度	
	产业结构高级化	城镇化	产业结构高级化	城镇化
CONS	0.9182 * (-0.3743)	-0.1536 (0.7677)	0.3566 (0.0674)	0.0341 (1.8029)
POPD	-0.2726 (-1.6295)	-0.4890 *** (-2.8598)	-0.3369 ** (-2.0155)	-0.3922 ** (-2.4765)
INF	10.3779 *** (2.9678)	10.6030 *** (2.9337)	9.4680 *** (2.6683)	10.3144 *** (2.7403)
FINV	-0.0147 (-0.2565)	0.0447 (0.6156)	-0.0155 (-0.2445)	0.0252 (0.3048)
_ cons	19.0615 ** (2.5114)	-11.4694 *** (-3.0713)	-10.5942 (-1.4422)	-12.5467 *** (-3.2488)
区域	控制	控制	控制	控制
年份	控制	控制	控制	控制
Obs.	341	341	341	341
R - squared	0.6704	0.6295	0.6537	0.6058

注：＊＊＊、＊＊、＊分别代表该统计量在1%、5%、10%的置信水平下显著。

表10-8中，列（1）产业结构与出口依存度的交互项系数显著为正，二次项乘积的系数显著为负，说明产业结构对出口依存度与绿色发展潜力的关系存在显著的倒“U”形调节作用，即当产业结构高级化水平低于某一水平时，产业结构高级化会强化出口依存度对绿色发展潜力的促进作用，当产业结构高级化水平大于临界水平时，产业结构高级化会削弱出口依存度对绿色发展潜力的促进作用。列（2）中城镇化水平与出口依存度的交互项系数显著为正，二次交互项的系数显著为负，说明城镇化进程对出口依存度与绿色发展潜力的关系存在显著的倒“U”形调节作用。当城镇化进程水平较低时，城镇化进程加强了出口依存度对绿色发展潜力的促进作用，城镇化水平过高会不利于出口依存度对绿色发展潜力的积极影响。列（3）中产业结构高级化与进口依存度的交互项虽然为正，但是不

显著，而二次交互项的系数显著为负，说明产业结构高级化对进口依存度与绿色发展潜力的关系存在非线性调节作用，产业结构高级化初期和期末相互弱化，最终减弱了进口依存度对绿色发展潜力的影响程度。列（4）中城镇化水平对进口依存度与绿色发展潜力的关系也存在倒“U”形调节作用，结果表明，城镇化水平过低和过高均不利于进口依存度对绿色发展潜力的促进作用，因此，地方政府在推进城镇化进程中应当循序渐进，城镇化率应维持在一个合理的水平，才能与地方贸易、绿色发展产生共振作用。

10.6 结论与政策建议

本章采用2009—2019年中国31个省级面板数据为样本，实证分析了对外开放与我国绿色发展潜力之间的关系。结果表明，对外贸易与绿色发展潜力总体上呈现倒“U”形的非线性关系。进口依存度对绿色发展潜力的影响存在拐点（0.1178），当进口依存度小于0.1178时，进口依存度对绿色发展潜力呈现显著的促进作用，跨过临界值后，进口依存度对绿色发展潜力呈现显著的消极影响。当考虑调节效应时，产业结构高级化对进口以及出口依存度与绿色发展潜力的关系均存在显著的倒“U”形调节作用，即当产业结构高级化水平低于某一水平时，产业结构高级化会强化进出口依存度对绿色发展潜力的促进作用，当产业结构高级化水平大于临界水平时，产业结构高级化会削弱进出口依存度对绿色发展潜力的促进作用。进出口依存度对绿色发展潜力的影响中也存在城镇化进程的倒“U”形调节作用。当城镇化进程水平较低时，城镇化进程加强了进出口依存度对绿色发展潜力的促进作用，城镇化水平过高会不利于进出口依存度对绿色发展潜力的积极影响。

针对以上结论，本章提出以下政策建议：

政府应发挥主导者作用，把握对外开放与绿色经济发展之间关系的阶段性差异，当二者之间关系步入临界阶段时，应持续调整对外开放政策。对外开放与环境保护是中国的两项基本国策，若协调得当，两者可以相辅相成、互相促进。从战略指导思想的高度来看，经济和贸易的持续高速增长必须是通过依靠资源利用率的提高和资源的合理配置来实现，而不是靠对环境资源的粗放性消耗来维持，应以追求外贸、经济、生态环境与社会效益相统一的可持续发展效益为中心，促使对外开放的各个方面与环境保护相协调；应持续促进进出口可持续发展，包括有效利用外商直接投资、引进先进技术、加大海外投资等方式，依靠技术进步和强化管理，大力控制并努力减少对外开放对生态环境的消极影响，把提高环境质量作为提高出口竞争力的重要举措来抓，树立环境竞争力意识。建立促进可持续发展的对外开放政策法规体系、决策体系和协调管理体系。

坚持可持续发展战略是我国实现经济社会快速发展的重要举措。政府必须从内外两方面推行强有力的措施以实现内外并举推进绿色外贸。首先，对内建立绿色鼓励机制，政府或相关部门可以通过减免企业部分税收，对落实状况较好的企业进行资金方面的补贴，以扶持绿色产业的发展，比如对出口的环保设备和产品实行减免税政策，为绿色化生产程度高的出口企业提供出口信贷，积极为高技术、无污染、环保产品等领域引进外商投资，也要对非环保投资项目的开发进行限制或禁止，等等。其次，对外鼓励外贸企业加强国际合作，提高环保技术水平，加大资金投入，向发达国家学习先进技术，并通过多种方式和途径，积极引进、消化、吸收国外先进技术，全面推进我国绿色外贸的发展，把纯粹追求高贸易额的外贸发展方式转变为注重可持续的贸易质量的提高和贸易绿色化的新时期外贸发展方式。

在政策实施过程中，应当因地制宜，结合本地区的资源禀赋有的放矢。地方政府，尤其是绿色经济发展尚不成熟的非沿海三大经济圈地区的地方政府，应当克服地理位置劣势，以优惠的激励政策和宽松的准入条件吸引外资、外企、外智进入，加大对对外贸易企业的扶持力度，同时正确看待资源环境压力所带来的绿色经济发展停滞甚至倒退现象；沿海三大经济圈地区地方政府应充分发挥模范带头作用，对外来先进技术进行大力推广宣传，以获得最大的技术溢出效应及产出效应。因此，应通过正确决策引领绿色经济发展，政府应该身体力行地利用和发挥我国的社会主义制度优势，多方位商讨和制定适应国情、能持续存在、可操作性强的“绿色经济发展方案”。从另外的方面看，建立一个高标准的系统对绿色经济制度进行量化考核是政府相关部门可以采纳的一个重要提议，如果有对绿色资源的浪费、生态环境的破坏所造成的多方面损失进行准确计量和统计的制度，将有利于政府准确快速地掌握、反馈绿色经济真实的发展状况，为今后绿色经济发展制度建立提供具有说服力的信息支持。

此外，以对外开放促进绿色经济发展，要坚持产业结构高级化不倒退，城镇化水平提升不降低，发挥二者的调节作用，以合理的对外开放度使绿色经济保持最优发展势头。目前，绿色产业在我国仍然缺乏发展活力，可能在一段时间内会继续处于初级阶段。因此，集中力量发展绿色相关产业，确保绿色产品出口提质增量是缩短与其他国家的发展差距的重要举措。创新方面，企业对绿色产品研发技术应当尽可能加大资金投入，同时广纳贤才。绿色产品的质量和数量提升方面，要注意原材料是否符合绿色标准、生产过程和环境是否保证绿色化、产品运输和销售是否满足绿色贸易要求等。

在节约资源、污染防治工作的展开中，企业是重要主体。更重要的是，政府的制度约束、标准倒逼、政策激励，要强化企业主体责任和环保意识。企业在产品生产过程中应该自觉降低能源消耗，控制污染物排放，尽可能使用清洁可再生能源，推行生产方式绿色化，只有选择这样的发展方式，企业才能持续获益。同时，企业只有下功夫于绿色产品生产设计和制造，做文章于节能降耗和污染减排，才能推动整个行业实现绿色转型升级，产业结构才能不断优化，经济质量和外贸质量才能最终得以提升。

清洁生产（Cleaner Podcuiton）是由联合国环境规划署工业与环境规划活动中心于 1989 年首先提出来的。它是指对产品和生产过程持续运用整体预防的环境保护策略，是在末端治理之后污染防治方面的一次理论创新。其实质是在生产过程中将废物减量化、资源化和无害化。据估计，在未来 25 ~ 30 年里，制造商在建设新设施改造现有工厂时，会逐渐完成向清洁生产的过渡。接受了清洁生产技术的企业也将获得数倍于传统产业的效率增长和成本节约。自1992年联合国环境规划署在厦门举办清洁生产培训班，首次将清洁生产理念引入中国以来，清洁生产这一先进理念在中国经历了由小到大、由点及面的发展过程，并取得了显著的社会、环境和经济效益。但由于各种因素的限制和制约，还存在着许多缺陷和不足：一方面是企业实施清洁生产的积极性不高。由于实施清洁生产要求企业投入一定的人力、物力和财力，而最大的受益者却是社会而非企业自身，企业缺乏积极性，一般不主动实施清洁生产。清洁生产的推广应用尽管在局部地区和行业取得了一些成绩，但从整体来看还远远不够。即使在一些发展比较快的行业，如轻纺、制革、印染等，其普及率也还不到10%，而且有的行业也只是部分生产线实现了清洁生产。另一方面是清洁生产具体措施的实施持续性差。在清洁生产措施实施一段时间后，许多企业放弃了继续实施，恢复了过去的管理和操作水平。根据联合国环境规划署工业环境管理网络在中国淮河流域实施的27个纸浆造纸三清洁生产基础上的调查，绝大部分企业在清洁生产审计完成半年或一年后又回到了过去的松散管理状态。随着全球环保市场的扩展，良好的市场环境预示着环保产业将在全球范围内孕育出勃勃生机。我国企业应大力实施清洁生产，建立环保产品出口行业，以期在环保已成为时尚的今天抓住机遇，推动我国绿色贸易蓬勃发展。

11　推动中国绿色发展的政策建议

11.1　推动经济发展方式向绿色发展转变

11.1.1　适应经济发展新常态

进入新时代以来，我国经济发展的内部和外部条件都发生了巨大的变化，这也给我国的经济发展带来诸多的不确定性，随着经济逐步步入新常态，必须要深入研究我国的经济发展条件和必要基础，不断引领经济发展的创新性，提出新的理念和策略，唯有如此，才能实现我国社会主义现代化建设的目标，促进经济社会的长期和稳定发展。

在这一背景下，习近平总书记适时提出了绿色发展理念，该理念不仅遵循了自然规律，同时也遵循了社会和历史发展规律，是当前破解我国的经济困境、实现绿色发展、为经济建设和社会进步营造强大的内聚力的重要指导思想。显然，我国的经济已经步入新常态，要适应这一巨大变化，就必须要进行经济驱动要素的转变和创新，保持经济的健康、稳定发展，在做好传统产业的前提下，不断进行经济增长点的培育和创新工作，通过有效的创新机制，促进经济结构调整，使经济发展能够适应新常态的具体情况。具体来看，一方面，要使我国的国民经济适应新常态，就必须要在生态理念的指引下，不断进行产业的结构转型和升级，实现经济发展由规模数量型向质量效益型转变。另一方面，要进一步重视经济发展的长期性和包容性，将民生放在经济发展的首位，为广大人民群众营造良好的社会环境和生态环境，实现全体人民的共同富裕。

11.1.2 推进经济结构调整

在我国当前的时代背景下，要落实社会主义现代化建设的各项任务和举措，就必须要积极进行发展理念的转变和创新，为建设工作的顺利进行提供必要的基础和内生性动力。

从当前全球情况来看，知识和技术对经济发展的贡献日渐突出，世界各国纷纷加大了在技术领域的创新和竞争力度，这也给我国的经济社会发展带来了一定的挑战，同时也提供了重要的机遇。在全面社会主义现代化的阶段，我们不仅要做好准备应对各种挑战，同时还应该积极抓住各种对我们有利的机遇，不断进行经济和社会发展领域的理念创新，促进经济进步和社会发展。为了确保社会主义现代化的目标，我们将遵循新的发展理念，促进高质量的发展，密切关注发展模式的建立，为社会主义现代化国家的全面发展开一个好头。

牢固树立并且贯彻落实协调发展理念，并以此为基础积极进行各种建设力量的整合，方可保证各种手段和措施的有效落实。绿色发展是永续发展的必要条件和人民对美好生活追求的重要体现。长期以来，粗放式经济发展模式对我国的生态环境产生了比较严重的影响和破坏，也成为制约我国未来可持续发展的重要因素。因此，在社会全面现代化的水平上，必须下定决心治理环境污染，建设生态环境，明确绿色发展理念。

在这一背景下，中国共产党和全国人民必须紧密团结，树立生态经济发展理念，为我国的社会主义现代化建设提供有力的支持。全面社会主义现代化和发展战略是当前经济进步和社会发展的重要战略，是实现中华民族伟大复兴的重要基础和途径。

11.1.3 秉持绿色化发展理念

建设具有中国特色的社会主义，实现人与自然和谐共生的现代化，是当前历史时期的必然选择，是我国实现富国强民、奋发有为的重要理论支持。而要实现上述目标，在建设中国特色社会主义的道路上取得进一步的巨大成就，就必须要进一步发扬习近平总书记的新发展理念，为各项事业的进步提供必要的理论指导。

20 世纪 70 年代末，我国确立了改革开放的重要国策，并坚定不移地执行了 40 多年，通过几代人的艰苦奋斗，克服了一个又一个的困难，在经济建设和社会发展领域取得了举世瞩目的成就，我国人民的生活水平获得了巨大的提高。当前，我国的经济社会建设面临诸多亟待解决的问题，进入了经济建设和未来改革开放的瓶颈期，需要有更为准确的理论进行引领，在这一背景下，习近平总书记及时提出了绿色发展理念，并将其作为未来社会主义建设事业和生态文明建设的重要指导思想，并以此为基础，不断加大顶层设计力度，并取得了巨大的成就，这充分体现了习近平总书记对生态问题和经济发展的战略洞察力，是中国共产党人对中国特色社会主义现代化的深刻理解以及在生态环境保护上的自觉意识。

绿色发展理念是指引社会主义建设事业不断走向胜利、建设美丽中国的重要理论，可以极大地提高全国人民的凝聚力，为我国的未来发展和社会主义现代化建设提供必要的基础。习近平总书记结合我国的具体国情，通过绿色发展理念指明了社会主义现代化和文明发展道路，同时也指明了我国未来经济社会发展的绿色方向，指出了广大共产党人在生态文明建设和推动绿色发展方面的责任和义务，体现了我国进行社会主义现代化建设坚持生态优先、绿色发展。

11.2 推动生产生活方式向绿色转型

能源消耗是影响生态环境的重要因素，要实现绿色生态发展理念，就必须不断降低能源的消耗水平，不断提高能源的利用效率，减少能源消耗对生态环境的污染。这就需要全社会共同努力，积极践行绿色生产生活方式，促进生态文明和乡村振兴。

11.2.1 持续改善人居环境

创建一个健康的社会，需要不断改善人居环境。要继续改善生态环境，全力推进国土垃圾分类和城市环卫模式与农村由“户、村、城”融合，不断提高农村农业和生活面临污染问题的管控工作，加大各种环境污染问题的整治力度，切实保护好水环境，改善全球农村面貌。我们要以实施“三齐两化”工程的积极性，推进农村小河房改造、土地灾害转移安置，切实做好农村安居工程，扶贫搬迁时确保住房困难群众买得起、住得起，彻底消除土坯房，消除无家可归现象。

旅游业近年来取得了长足的进展，已经逐渐成为我国国民经济的重要组成部分和新的经济增长点。要实现旅游业的迅速发展，首先需要构建良好的生态环境，没有良好的生态环境作为支持，旅游业的发展就成为一句空话。特别是对农村地区而言，不断发展农村生态旅游，将农村的良好生态和文化旅游深度融合，方可取得良好的效果。在这方面，必须要加强基层文化遗产保护，努力打造民族旅游资源。人民群众的文化底蕴增强，旅游产品的知名度和影响力也会不断提高。

11.2.2 倡导绿色生产方式

仅仅培养广大公民的生态意识和道德是远远不够的，还必须以相关的意识和道德为指引，实现对公民个人行为的有效约束，从具体实践的维度倡导绿色生活。在具体的实施过程中，应该通过各种方式和途径，充分宣传个人在生态文明建设过程中的作用和价值，不断纠正广大公民的某些狭隘思想。当前，有很多人认为环境保护工作是政府的工作，与自己的日常行为无关。可通过有效的教育宣传，积极改变上述错误认知，使人们认识到自己的行为和生态文明建设工作息息相关，使广大人民群众在追求物质文化生活的同时，积极做好环境保护工作。

从当前的实际情况来看，企业在环境保护领域具有不可忽视的重要作用和地位，而企业生产也是环境影响的重要因素，因此必须要强化企业的教育宣传，使其能够实现生产层面的绿色转型，在保证产品质量和企业利润的情况下，尽量减少对环境的负面影响，实现企业生产和环境保护的和谐发展。从具体的实施维度来看，企业要将绿色发展理念贯穿到生产过程中，积极进行绿色产品的研发和生产工作，不断提高绿色产品的质量和竞争力，营造出生产和消费绿色产品的社会氛围。在这方面，各级政府和相关部门要积极肩负起监督检查的责任，强化对企业生产和销售过程的监管工作，对企业违反各项规定，造成环境影响的要加大打击力度；对于积极进行绿色产品开发，维护良好生态环境的企业，要给予必要的奖励措施，例如在税收方面给予一定的优惠和减免，起到应有的激励作用。

11.2.3 践行低碳生活方式

要实现绿色发展，不仅要改变人们的生产方式，还需要转变高耗能的生活方式，倡导绿色出行和绿色生活，减少人们的日常生活对环境的影响和危害。具体而言，应该从以下几方面入手，积极践行低碳生活方式：

首先，要通过教育和引导，使人们树立绿色消费观念。该观念的基本理念是节约，在满足基本需求的情况下，尽量避免浪费，减少对环境的影响。例如，在日常生活过程中，尽量减少一次性用品的消费，不购买不必要的商品，实现从高消费方式逐步向传统的低碳的低消费方式转变，不断提高人们的环境保护意识和节约意识，维持低碳生活，为友好环境的构建贡献自己的力量。

其次，要通过教育宣传和引导，实现绿色出行。从我国当前的实际情况来看，无论是城市交通拥堵还是空气污染，都与汽车尾气有着密切的关系。针对这一情况，国务院在 2018 年提出了“三年行动计划”赢得“蓝筹股”战争。要实现上述目标，积极倡导绿色出行是十分重要的，这不仅需要政府采取一定的措施予以引导，还需要提高广大社会公众的认知水平，使其积极采取绿色出行的方式，从而减少汽车尾气的排放，共同营造良好的生活环境。

最后，要采取各种措施，积极实现 21 世纪中期的碳中和目标。对我国而言，碳中和并不是一句口号。实现“碳高峰、碳中和”，不仅可以带来良好的经济效益，还可以造福世界，推动生存模式和人类发展模式的转变。

我国是世界上人口最多的国家，日常生产和生活会产生巨量的资源消耗，特别是能源资源消耗，在全国积极倡导绿色生产和生活方式，可以最大限度降低对能源等自然资源的消耗，最终实现碳中和，为环境的改善提供必要的基础。当然，要实现习近平总书记提出的绿色发展理念，并不能仅仅从生产方式入手，还必须要重视生活方式的绿色化转变，只有两者相互结合、双管齐下，才能取得实际的效果，为我们的子孙后代营造良好的生态环境。

11.3　强化绿色发展理念教育

行动的统一必须要有思想层面的统一，只有在正确思想的指引下，才能规范人们的行为，从而通过有效的统一的行动，实现最终的目标。观念决定思路，思路决定出路。因此，要进行新时代绿色发展工作，首先应该做好广大人民群众的思想工作，不断提升全民的绿色发展意识，唯有如此，才能保证各种工作的顺利进行并取得成功。

11.3.1　普及绿色生态知识

公民生态绿色意识的构建和发展，不仅需要教育的引导作用，还需要道德观念的约束和科学理论的引导，从而使广大公民形成良好的环境保护意识，从心态层面去爱护环境、保护环境，共同营造良好的生态环境。从当前的实际情况来看，我国公民虽然比较重视自身生活所处区域的生态环境，但是对生态环境的保护工作，特别是个人在生态环境保护方面的作用认识不足，从而也导致社会整体层面的生态意识不强。在这种情况下，各级政府必须要强化引导，积极进行相关的教育和宣传工作，在教育宣传过程中，不仅要注重思想层面的引领，还必须要重视知识维度的普及，通过提高广大公民绿色生态知识的水平，使公民对生态保护工作重要性有更为深刻的认知，从而积极投身到这项工作中来。在具体的教育宣传过程中，可以根据不同的教育对象灵活采取各种教育方式和途径，如对广大学生特别是大学生，可以充分利用网络媒体；对于老年人，应该更多关注广播和报纸等传统媒体。

在这一层面，国家还应该进一步加大投入力度，不断强化各个维度的教育和培训工作，特别是对在经济建设领域具有重要责任和影响的广大领导干部和政府工作人员的教育培训工作，使他们在制定经济、技术政策时，充分考虑对环境的影响，以实现经济、社会的可持续发展。

11.3.2 树立绿色发展理念

良好的社会风气对经济建设和生态文明建设具有十分重要的意义，各级党委和政府必须要重视对广大人民群众的宣传教育工作。形成良好的生态文明建设氛围，积极开展绿色发展理念的宣传和教育工作，在人们心中树立绿色发展理念。

第一，要通过学校积极进行绿色教育宣传工作。显然，学校是教育的主阵地，而各种思想的形成，也必须从青少年时期抓起。由此可见，要进行绿色教育宣传工作，就不能不重视学校这一教育的主阵地。要在学校通过各种教育方式和途径，不断培养广大学生的环保意识。例如，在基础教育阶段，学校可以从生态教育的目标和要求出发，成立各种兴趣小组，通过学生的亲身体验和社会调查，使他们认识到环境的重要作用和意义。在普通大学和职业教育阶段，应该将环保领域的相关课程列为广大学生的必修课，使他们对环境保护工作的重要性和保护的途径有更为深刻的认知，从而在今后的学习和工作中能够约束自己的行为，积极践行绿色环保理念，营造良好的环境保护社会氛围。

第二，要做好绿色教育宣传工作，必须注重社会层面的工作。在社会层面的教育宣传工作中，政府必须发挥自身的作用和价值，承担起必要的责任。从具体的实施层面来看，可以利用好传统媒体和新媒体等各种宣传教育的途径和平台，向全社会传达绿色生态理念，提高广大人民群众对绿色生态理念内核的认知水平，使人们能够通过绿色生态理念约束自己的行为，共同维护好周围的生态环境。例如，随着网络信息技术的不断发展，网络新媒体已经成为当前社会传递信息的重要方式和途径，同时也是广大人民群众获得信息的主要渠道之一。因此，政府相关部门必须注重新媒体宣传渠道的重要价值和作用，增加在新媒体领域的宣传途径和平台的建设力度，实施有效的绿色发展理念宣传工作，使这一理念能够深入人心，营造良好的社会文化氛围，使公众能够深刻体会到绿色发展理念的基本内核，并将其作为日常行为的重要指导。

总之，只有不断加强教育和宣传力度，才能使绿色发展意识深入人心，使人们能够从具体的要求出发约束自己的行为，从而营造出全社会都重视环境、保护环境、倡导绿色发展的氛围。

11.4 健全绿色发展法制保障

制度约束是行动统一性的重要基础，要在全社会倡导绿色发展理念，仅仅依靠企业和人们的自觉性是不够的，还依赖于法治建设和执法力度。习近平总书记指出："保护生态环境必须依靠制度，依靠法治。"只有不断加大生态保护领域的法治建设和供给力度，为相关管理工作提供必要的法律基础和保障，才能最大限度实现绿色生态理念的指导作用。

11.4.1 构建生态法律制度体系

要在全社会倡导绿色发展理念，做好生态环境的保护工作，首先应该构建起一套科学完整的法律制度体系，通过法律的强制性和规制性，保证各项工作的顺利进行，同时这也是法治化建设的重要目标，以及生态文明高度发展的重要标志，"只有实行最严格的制度、最严密的法治，才能为生态文明建设提供可靠保障"。

要实现上述目标，首先，应该强化相关领域的立法工作，结合我国的实际情况，在生态文明建设领域加大立法力度，形成适合我国当前实际情况的完善的生态环境立法保护机制，为生态环境的保护工作提供必要的法律保障。其次，应该进一步加大现有法律的修订和完善工作。随着社会的不断发展，我国的生态文明建设和环境保护领域面临诸多新的情况和问题，而现有的法律具有诸多的不适应当前发展的情况，同时很多领域的规定和法律条文比较模糊，缺乏具体层面的操作性，因此国家政府和相关部门必须要加大该领域的调研力度，结合我国的实际情况，不断进行相关法律的修订工作，使法律的内容和相关条文与实际情况相吻合，提高法律在环境保护领域的作用。

11.4.2　完善生态保护机制体制

绿色发展和政府环境保护行为的监督措施具有十分重要的意义和价值，只有不断加大相关领域的监督检查力度，加强对侵权行为的监督和处罚，才能完善环境保护和生态恢复的发展机制，促进环境卫生建设的顺利进行。当然，要实现上述目标，还应该强化人员队伍建设工作，构建起一支强有力的生态环保队伍，不断加强对环境破坏行为的查处。具体而言，应该进一步做好以下工作：

首先，要进一步建立和完善生态环境保护领域的监督机制。通过监督机制的建设和完善，明确相关部门的管理责任和权限，坚决避免不作为和乱作为的情况，进一步加大在环境违法领域的查处力度，实现对各种环境违法行为的零容忍，发现一起处理一起，维持环境违法领域的高压态势，在明确监管责任的同时，还应该强化制度体系建设，为监管工作的顺利进行提供必要的制度保障。

其次，环境违法问题往往是一个复杂的社会性问题，其监管工作涉及方方面面和政府的各个部门，因此政府的相关部门必须要强化合作，形成强大的监管合力，通过各个部门的有效配合和协调，加大环境治理监管力度。

最后，要保障上述工作的顺利进行，就必须构建起一支高素质的监管队伍，不断提高其监管能力和业务水平，保障监管工作的顺利进行并取得具体的效果。

11.4.3　加强绿色发展执法工作

法制建设是社会主义政治制度建设的重要内容，同时也是法制化国家建设的时代要求，在生态文明建设领域，也必须要强化法律法规体系的建设工作，不断强化执法部门的执法力度，为绿色生态理念的践行提供必要的法律基础和保障。具体来看，应该主要做好以下工作：

首先，应该构建起独立的生态执法部门，完善相关的制度机制。从目前的实际情况来看，我国在环境执法领域存在比较明显的多头管理现象，这也是生态环境执法工作不尽如人意的重要原因，因此应该积极进行专业化的独立执法部门建设，为执法工作的顺利进行提供有效的组织保障。此外，在环保执法的过程中，应该积极听取全社会的意见，积极采纳各种有益的意见，在相关的环保政策出台的过程中，应该积极进行社会公示，要就公示中出现的各种问题与社会进行良好的沟通，保证广大群众的基本权利，促进政策的顺利出台和有效落实。

其次，要加大对环境执法人员的教育培训力度。任何法律法规的有效实施，都必须要通过相关的执法人员实现，执法人员执法水平的高低，会直接影响到相关法律法规的实施情况和效果。因此，在绿色生态理念的践行过程中，必须强化相关执法人员的教育和培训力度，不断提高他们的业务水平和工作能力，使其能够熟悉相关领域的法律法规和工作流程，对工作中发现的环境违法违规现象加大打击力度，为我国的生态文明建设保驾护航。

11.5　实现科技绿色创新发展

绿色生态理念的落实，不仅需要意识和制度层面的保障，还需要科技的发展为其提供强大的动力支持。在这种情况下，我国必须要促进科技的绿色创新发展，转变以往的发展模式，为绿色发展提供技术支持。

11.5.1　加大绿色科技创新投入

科技的发展离不开投入的支持，因此我国要发展绿色科技，就必须要加大该领域的投入力度，为相关的研发工作提供必要的财力和人力支持，促进研发工作的顺利进行，并取得预期的效果。具体来看，应该做好以下工作：

应该加大绿色科技领域的科研力度。人才的培养和创新是绿色科技发展的重要基础和基本资源，因此必须要强化绿色科技研发领域的人才培养力度，在这方面可以充分引导企业和高校、科研机构的合作，实现理论和实践的有机整合，不断推进绿色科技的研发力度和科研水平。例如，相关企业可以基于自身的设备和场地优势，与高校和科研院所展开深度合作，在企业内部构建起创新实践基地，实现高校的人才和知识优势与企业的技术优势的有机整合，实现在绿色科技领域的研发突破，并通过企业的支持尽快转化为生产能力，促进我国绿色产业的高效、迅速发展。

一方面，要不断加大在绿色科技研发方面的资金投入力度。绿色科技虽然是引领未来产业发展的重要方向，但是绿色科技的研发工作属于高风险投资，因此政府必须要承担起相应的责任，在该领域不断加大投入力度。当然，仅仅依靠政府财政的投入是远远不够的，还必须要充分调动企业和民间资本进入该领域，特别是政府相关部门要出台优惠政策，通过信贷和税收等优惠手段，调动广大企业进行绿色科技创新研发的积极性和主动性，通过有效的激励作用，不断促进绿色科技研发水平的提升。另一方面，为了进一步降低企业在进行绿色科技研发过程中的风险影响，政府相关部门可以结合自身的优势，积极鼓励保险公司进入该领域，为企业的绿色科技研发工作提供有效的保障，对业绩领域的转型和技术吸收风险进行补偿，从而形成全社会积极进行绿色科技研发的良好局面，不断促进我国绿色科技的发展，为绿色生态理念的践行和生态环境的改善提供必要的技术基础。

11.5.2 完善绿色科技创新机制

未来的科技发展，绿色科技是重要的方向，也是维系人类赖以生存的生态环境的重要基础和途径，我国必须要重视绿色科技的发展工作，通过各种有效的政策和措施，构建绿色科技的创新机制。

首先，要构建和完善绿色科技创新机制，就必须要加大该领域的知识产权保护工作，促进技术创新成果的产业化应用。当前的时代是一个知识迅速发展和爆炸的时代，而互联网信息技术的发展，又为知识的流通提供了有效的渠道，如果国家不能加大知识产权的保护工作，企业的自主创新能力和信心必然会受到严重的打击。针对这一情况，各级政府和相关部门必须要加大该领域的机制建设，加大对知识产权侵权行为的打击力度，营造良好有序的市场竞争环境，不断引领企业进行绿色科技的创新工作。此外，相关部门必须加强绿色科技的保护工作，特别是压缩相关专利的审批时间，促进绿色科技的实践应用，以尽早创造出较多的社会价值和经济价值。

其次，国家政府和相关部门必须要构建起相应的产业转入机制。对于广大企业而言，必须要加大绿色科技方面的引领力度；对绿色科技方面实现突破和创新的企业，要给予一定的优惠或扶持措施，促进绿色产业体系的尽早形成和健康发展；对那些打着绿色技术头衔，实则高污染、高能耗的企业，必须要加大打击力度，尽快将其淘汰出局。

11.5.3　推动绿色产业技术创新

从我国当前的实际情况来看，落后的工业产业和产能是造成环境影响和破坏的主要因素，特别是一些技术落后的高耗能、高污染企业，对当地的生态环境造成了严重的影响和破坏。要解决这一问题，就必须进行产业结构调整，通过绿色产业的创新和发展，使其取代传统的高污染、高耗能产业，不断提高自然资源的利用和使用效率，减少产业发展对环境的负面影响。

在产业结构调整的过程中，技术创新的作用和价值不容忽视，只有通过有效的科学技术创新，大力推进产业结构调整，才能促进绿色产业的长期稳定发展并获得强大的市场竞争力。以我国的农业为例，传统的农业生产模式，不仅会消耗大量的自然资源，同时也会形成严重的温室气体排放，从而直接影响生态环境。因此，我国必须要加大农业科技的研究和创新力度，通过持续不断的农业技术创新，加大农业领域的产业结构调整，通过新工艺新装备的使用，改变传统的以化肥农药为主的生产模式，要投入创新的生产方式，大力发展低碳农业，在促进农民增产增收的同时，实现对农业污染的有效控制。

11.6　促进中国绿色产业发展路径优化的产权制度创新

所谓产权制度，是关于产权界定、运营、保护等一系列体制安排和法律规定的总和。如前文所述，绿色产业的发展必须进行制度结构性创新，而产权制度是一切经济制度的基础，不仅给绿色产业的发展带来影响，还对绿色产业其他相关制度安排产生重要影响。在新时代，中国经济站在了新的历史高度，绿色产业成为国富民强的必由之路，而滞后的绿色产权制度成为我国绿色产业发展向前推进的严重障碍，我们必须加以认真思考。结合前文的研究，笔者认为新时代绿色产业产权制度创新应着力从产权界定、绿色技术产权保护以及绿色产权交易等三方面进行突破和实践。

11.6.1 绿色产业产权界定的制度创新

产权说到底就是对某项有形资产或无形资产的所有权、使用权和处置权，产权具有排他性、可分割性和可交易性等特征。围绕产权的有效界定是一系列产权行为的基础，而我国当前绿色产业的产权界定基本是沿用传统的产权界定方法，在实践中往往出现产权不明晰、不准确，权责不匹配等现象，因此，在新时代我们必须转变观念，竭力从以下几方面创新绿色产业的产权界定：

（1）绿色产业产权界定主体的制度创新。产权的界定主体就是谁可以赋予合法合规的权利给相关团体、组织或个人。一般来说，产权的界定主体是政府，政府通过制定相关法律法规等制度，利用颁发牌照、许可证等明确产权的归属者，但是面对绿色产业的特殊性，政府往往对绿色产业的产权界定“力不从心”。笔者认为针对绿色产业我们应该大胆进行制度创新，拓宽主体范围，着力从以下几方面考虑：

第一，完善政府的绿色产权界定职能。现有的制度框架基本把绿色产权与一般产权等而视之，这样就会导致要么绿色产权使用效率低下，要么绿色产权外部性问题突出，人们不用付费也可以享有绿色收益。正如科斯定理所指出的，在无交易成本的状态下，产权安排可以通过谈判使有关各方的资源配置达到最优。因此，政府应该完善以绿色为核心产权界定职能，通过制定绿色产业相关法律规章制度明确绿色产权的范畴，比如以技术标准、服务标准以及产品标准等来规范绿色产权的界定，并通过信息公开接受社会监督，从而降低交易成本。完善绿色产权界定的政府职能不仅可以通过产权界定保护绿色产权的收益，提高使用效率，也可以更好地服务于绿色产业发展。

第二，利用市场机制确定产权归属。政府在规范和界定产权问题上具有天然的制度优势，但是由于政府效率以及信息不对称等问题，在绿色产业产权界定上政府会“捉襟见肘”，纯粹的政府界定往往不能反映绿色产业相关产权资源的价值，因为本身从绿色产业所涉及的资源与环境问题来看，产权很难绝对界定清楚，还要受社会和市场的制约。因此，从当前绿色产业发展水平来看，利用市场机制可以进一步弥补和完善绿色产业的产权界定问题，可以从两方面着手：①构建绿色产权市场。由于绿色产业仍处于产业幼稚期，绿色产权市场不完善甚至缺失，诸如绿色资源（如水、森林、矿产等）、排污权、绿色技术、碳交易等，需要通过构建专门性的绿色产业产权市场，利用市场机制来有效配置绿色产权资源，确定产权归属。②利用市场机制改进政府产权界定弊端。政府虽然可以依法依规界定绿色产权，但在发挥绿色产权的经济效益和社会效益问题上却激励不足，而这正需要发挥市场机制来进行改进和完善。按照科斯观点，政府应少用收费、补贴等手段干预环境与资源问题，应该更多地利用市场机制来影响企业和相关主体决策，发挥市场在界定产权价值、交易和归属上的决定性作用。

（2）绿色产业产权界定客体的制度创新。绿色产业的产权不仅涉及有形资产，更多还涉及无形资产，其界定客体更加复杂而多样化，需要通过制度创新给予准确的认识和界定。笔者认为主要的客体可以归纳为以下几种：

第一，绿色资源。绿色资源是绿色产业发展的基础，没有资源支持，绿色产业就会成为“无本之木”，而从绿色产业发展来看我们需要对绿色资源进行重新界定和规范。从传统资源的角度，狭义上的绿色资源就是指水、矿产、森林、土地等。这些资源主要表现为可以直接利用，也可以用于绿色产业再生产，产权界定相对容易；从产业角度来看，广义的绿色资源还包括与绿色产业发展密切相关的人才、资本、品牌、可再生资源以及制度等。今后我们应该在绿色产业相关规章制度中对绿色资源进行明确界定，也有利于绿色资源市场价值的体现。

第二，绿色环境。在古典和新古典经济中都是假设环境是给定的，也没有把环境纳入要素变量加以考察，因此，在制度经济学中对外部环境也只是作为制度变迁的附属品，将环境视作一种普通公共品，但是随着生态环境破坏的日趋严重，绿色环境已然成为一种稀缺资源，正如习近平总书记指出的“绿水青山就是金山银山”，绿色环境的经济价值将会逐渐提升，而当前我国相关制度对于绿色环境产权的界定是缺乏的，且大都从控制环境污染角度来制定法律法规，因此，今后我们应加大对绿色环境产权界定相关的制度创新，使得保护和改造绿色环境得到相应的产权安排，把绿色环境外部性问题通过制度内在化，挖掘和赋予绿色环境合理的市场价值。

第三，绿色技术。绿色产业发展的核心动力是绿色技术。当前，我国相关制度对绿色技术的产权界定不完善和滞后，导致绿色技术成果交易时滞，使得绿色技术的经济效益和社会效益没有得到充分发挥。未来在绿色技术产权界定方面还应逐步完善。一方面，要建立绿色技术标准动态调整制度。绿色技术是不断发展和提升的，因此对应的绿色技术产权的界定要动态调整，对低端的绿色技术要实行限制交易、限制价格、限制时间等举措，促进绿色技术“优胜劣汰”。另一方面，延伸和扩展绿色技术的制度含义。当前规章制度一般把绿色技术定义为应用和服务于生产的新技术、新材料或者新工艺等，而对于绿色产业来说这是不够的，绿色产业本身就覆盖了传统的一二三产业，因此，今后应该在相关制度中延伸和扩展绿色技术的制度含义，应该说一切有利于节约资源和环境保护的技术或服务都是绿色技术，尤其要把在流通、销售以及售后服务中的技术提升纳入绿色技术产权范畴。

第四，绿色服务。随着生产性服务业在国民经济中的地位和重要性不断提升，绿色服务在未来将成为绿色产业的重要组成部分。因此，绿色服务的产权界定也需要相关制度创新。今后在相关制度中应完善绿色服务的产权制度。一方面，要构建界定绿色服务的标准。绿色服务提供的是无形产品，但是否绿色需要有标准，对符合绿色服务标准的具有独占性的绿色服务，可以予以产权保护。另一方面，完善绿色生产性服务业的产权制度。绿色产业理应追求全产业链的绿色，作为绿色产业发展重要支撑的生产性服务业也应向绿色转型，今后应通过优化产权制度的方式来约束和激励绿色产业的生产性服务。

11.6.2　绿色技术产权保护的制度创新

中国绿色发展的关键因素是绿色技术，但是绿色科技创新过程又充满了风险和不确定性，绿色技术的扩散效应和外部性问题是制约市场主体进行技术研发的主要影响因素。绿色创新效率与知识产权制度密切相关，完善知识产权保护制度才能为企业创造出良好的绿色创新环境。因此，新时代为了科技创新促进绿色产业发展路径的有效推进，必须对绿色技术产权保护制度进行创新。可以从以下三方面推进：

（1）构建和完善绿色技术产权审查制度。新时代绿色产业发展遇到了诸多机遇与挑战，其中突出的问题就是绿色技术知识产权的审查。当前，绿色技术专利审查周期长而且不透明，缺乏“绿色通道”，而有效的产权审查制度是促进绿色技术创新的保障。笔者认为可以从以下两方面完善绿色技术产权审查制度：

第一，完善绿色技术知识产权优先审查制度。很多国家对绿色技术的知识产权审查制度采取了针对性举措，从而促进绿色产业在本国发展。其中如何实现优先和快速审查是制度创新的重点。比如：美国专利商标局2009年推行的绿色专利加速审查项目，让绿色技术专利申请时间可以缩减一年；此外，日本、韩国、澳大利亚、英国等主要发达国家都相继实行了绿色技术知识产权的优先审查制度。然而，在我国关于绿色技术产权快速审查的规范性文件只有国家知识产权局于2017年8月1日施行的《专利优先审查管理办法》，但是这一制度却存在对绿色专利申请的针对性不强、具体绿色技术的适用存在不平等、数量限制降低申请人的期待利益等问题。因此，可以借鉴美、日、韩等国家关于绿色专利优先审查制度的相关规定，优化我国“绿色专利优先审查”的制度，完善《专利优先审查管理办法》和《专利法》等法律法规，开设专门用于绿色专利的审查窗口，缩短绿色专利的审查时间，提升绿色专利审查效率。

第二，构建绿色技术知识产权跟踪审查制度。除了对绿色技术知识产权给予优先审查之外，由于知识产权的审查与授权具有滞后性，而且对于相关绿色技术的真正市场反响和环境改善情况也难以预测和评估，因此，我国亟须构建绿色知识产权的跟踪审查制度。针对环境因素难以标准化，可根据结果导向原则授予或驳回绿色专利申请，即某项专利在转化过程中对环境产生正的外部性，则予以授权，反之，可驳回该专利申请。根本目标就是对具有专利权的绿色技术进行市场化的“优胜劣汰”。一方面，加快绿色技术的专利审查进程；另一方面，建立相关机制跟踪审查，促使绿色技术知识产权申请人诚实申报、持续改进，从而不断提升绿色技术水平。

（2）完善绿色技术产权共有共享制度。产权虽然有利于保护所有者的利益，保障了市场交易顺畅高效，有利于节约交易成本，但是绿色技术知识产权保护却是一把“双刃剑”，一方面保护了绿色技术产权所有者的合法利益，激励研发人员和组织不断进行绿色技术的研发和创新；另一方面也束缚了绿色技术的扩散和使用，不利于提升整体的社会福利。新时代为了提高绿色技术使用效率，改善环境、造福人类，我国应逐步完善绿色技术产权的共有共享制度。笔者认为应着重做好以下两点：

第一，完善绿色技术专利联盟机制。如前文所述，绿色技术研发具有投资高、风险大、系统和复杂的特点，一个企业或组织往往很难独自完成技术研发，往往需要企业间进行分工合作，而绿色技术的知识产权归属问题又往往成为重要障碍。为有效提升绿色技术的研发速度和转换效率，我国应该积极建立绿色技术专利共有共享制度，其中有效途径是完善绿色技术专利联盟机制。专利联盟是一个正式或非正式的联盟组织，其中多个专利持有人可以分享彼此的专利技术或者统一对外进行专利许可。绿色技术专利联盟共享合作的基础在于改善环境和节能减排。因此，政府应该以完善绿色专利联盟机制为抓手，以专利共享为核心，探索建立绿色技术专利共享制度。以自愿为基础，绿色专利联盟中的成员可将其绿色专利捐赠于专利池，成员通过建立协商机制确定专利投放年限、领域以及互相免费使用条件等；对联盟外则通过市场交易形式开放给国内外其他企业、组织或个人使用。比如：我国新能源汽车产业成立了 T10 联盟，通过企业间共同研发关键技术和零部件，共同制定电动车整车和零部件的相关标准，大大提升了我国新能源汽车绿色技术专利的使用效率。

第二，探索绿色技术专利强制许可与当然许可相结合制度。绿色技术知识产权保护不仅要保护产权人的私利，也要考虑绿色技术对生态环境的公共利益，因此，必须把两者结合起来，做到严保护促使用。为了促进我国绿色技术的共享使用，我们必须探索把绿色技术的专利强制许可与当然许可相结合的共享制度创新。绿色专利强制许可，是指国家专利行政机关为了环境保护、维护公共利益，在未经绿色专利权利人同意的情况下，依法授权特定对象使用其绿色专利技术并支付相应费用的制度。应该在《专利法》中把生态环境利益纳入“公共利益”范畴，放宽及细化绿色技术强制许可的适用条件；与此同时，我国也应该探索建立绿色技术专利的当然许可制度，当然许可申请以专利权人自愿为原则，由其以书面形式向专利行政机关提出申请，明确表示公开专利的使用，并由国家知识产权局进行审核，审核通过后予以公告。当然许可制度一般采用普通许可方式，绿色技术产权所有人可以与被许可对象就许可费进行协商，费用标准对所有专利使用人都适用。当然许可制度可以大大提高绿色技术产权的转化率和使用率，对提高绿色技术扩散和促进绿色产业发展、改善生态环境大有裨益。因此，对于绿色技术应积极探索把强制许可与当然许可相结合，一方面促进技术市场自由竞争，不断提升绿色技术水平；另一方面加快绿色技术专利市场化产业化应用。

（3）创新新时代绿色技术产权包容性保护制度。绿色技术具有节约资源、改善生态环境的特点，因此，对于绿色技术的产权保护不能仅仅像一般知识产权保护一样，还要考虑绿色技术的社会化问题，绿色技术产权保护的过程指绿色产品、绿色技术或者绿色工艺进入生产、消费和流通的整个环节，该过程需要社会力量的广泛参与和积极配合。因此，对于绿色技术来说，更应该创新包容性知识产权保护制度。笔者认为可以从以下两方面入手：

第一，摒弃维护私利的攫取性产权制度，促进绿色技术社会化。绿色技术获取知识产权后，专利权人仍然依据其拥有的专利权收取额外专利使用费式转让费。则会使得绿色产权保护变成攫取性的产权保护制度，导致整体社会福利下降。因此，为了促进绿色产业发展必须摒弃攫取性产权制度，促进绿色技术社会化。绿色技术的社会化实现的基础是绿色专利权的社会化，而后者又依赖于公权力的干预，这是在环境保护和绿色创新双重条件下化解专利权内部权利冲突的一种理论探索。因此，在加强绿色技术知识产权保护的同时，也要规范绿色技术产权的市场行为，打击绿色专利权滥用。政府应通过《专利法》等相关法律制度严格规范界定绿色专利权的使用权限、范围等，完善《反垄断法》等相关的法律和相关行政法规等，有效规制绿色技术专利权人权利滥用行为，比如可以制定相关管理规定要求绿色技术专利人必须在规定时间内实施或转让该专利，否则对专利权予以撤销等，促进绿色技术社会化。

第二，创新以生产者责任延伸为代表的包容性制度。如前文所述，绿色技术的知识产权保护根本目标是绿色技术的推广和应用，将技术转化为绿色生产力，服务于人类社会。保障绿色技术创新的制度体系应涉及法律保障制度、政府调控制度、市场制度、评价监督制度、教育制度及国际合作制度。因此，应构建适宜绿色技术产权保护与应用的包容性制度。笔者认为当前需要不断完善生产者责任延伸制度，引导生产者承担从产品设计、生产、流通回收等整个绿色生命周期的生态环境责任。通过生产者责任的延伸，不仅能促进绿色专利的推广使用，也有利于激发企业实施全产业链价值链的“绿色化”，从而带动其他包容性制度的构建与认可。

11.6.3 绿色产业产权交易的制度创新

市场需求是绿色技术创新的主要动力源泉，引导和促进绿色技术产权交易、提高技术成果市场的转换率，是促进绿色产业发展、提高绿色产品需求的必由之路，也是鼓励企业不断进行绿色技术创新的必由之路。因此，新时期需要不断结合绿色技术市场的发展状况，进行有针对性的绿色产业产权交易的制度创新。笔者认为应该从以下两方面着重加强改革创新：

（1）利用大数据建立绿色技术知识产权数据库，规范绿色技术产权交易市场。

随着国家对绿色技术研发投资和补贴的力度加大，市场中的个人、企业或组织都加大了对绿色技术研发的投入，也产生了大量绿色技术成果，但是如何对大量的绿色技术进行规范的管理和推广是政府面临的一道制度难题。笔者认为当前可以从以下两方面着手：

第一，利用大数据建立绿色技术知识产权数据库，并建立信息公开制度。当前，随着大数据技术的日臻成熟，政府应该利用这一技术收集全国的绿色技术建立一个统一的数据库。英国在2010年就推出了“绿色专利数据库”，并取得了良好的效果。我国可以借鉴这一做法，尽快建立绿色技术知识产权数据库，并且完善信息公开制度，力争做到“可公开的全部公开”。这样一方面可以为以企业为主的市场主体提供准确的、既有的绿色技术相关知识产权信息，为进一步绿色技术创新提供有效信息，避免技术资源浪费，也能弥补知识产权审查部门低绿色技术重复授权以及重复审查等制度漏洞；另一方面可以为绿色技术需求者提供权威信息，为供求双方搭建交易平台，有利于节约交易成本，增加绿色技术产权的交易数量和频率。

第二，建立分类管理制度，规范绿色技术产权交易市场。绿色技术知识产权的所有者比较复杂，既有个人，也有企业和组织等，而不同类别的产权人具有不同的技术研发动机，有的职务使然，有的是个人行为，因此，我们亟须从绿色技术研发人源头建立分类管理制度，激发不同类别研发人员的积极性，从而根据不同类别的研发人员的权属关系，规范建立不同的交易市场，有利于提高绿色技术产权交易的效率。2019年，我国发明专利申请量为140.1万件，共授权发明专利45.3万件。其中，国内发明专利授权36.1万件，而这中间职务发明为34.4万件，占95.4%。通过制度创新，合理分配职务发明中利益比例，能有效地激励研发人员，也便于职务专利的应用推广。

（2）构建社会认同为核心的绿色产权交易制度。一般来说，产权交易要么依据市场机制进行交易，要么政府通过“有形之手”进行协调，换句话说，一般的产权交易遵循的是市场或者政府价值认同。但是，由于绿色产业的特殊性，绿色产权交易不管是有形的产权还是无形的知识产权应该追求的是一种社会认同，而这就需要以绿色产权交易制度作为支撑。对此可以从以下两方面着手：

第一，建立绿色产权交易主体社会评价制度。绿色产权交易对于交易双方来说，是权利的交换，而对于社会来说更多的是追求交易带来的社会福利增进，但是倘若买卖双方中任何一方并非为追求社会福利增进，那么这种交易带来的资源重新配置就不是帕累托最优。因此，我们需要逐步推行绿色产权交易主体的社会评价制度，主要是对交易双方的“绿色性”进行评价，发挥公民参与的力量和优势，对交易双方的前期市场行为、当前技术水平以及交易目的等进行社会评价，进而有针对性地选择交易对象，甚至对于社会评价认为交易不利于绿色产权效率提升的交易行为予以阻止或中断。比如：当前需进一步完善“企业环境行为评价体系”，深入推进企业环境行为评价制度，并向社会公开，完善企业的社会信用评价体系，促使企业将环境影响作为一个重要的考量指标，在技术引进、转让、许可过程中更多地选择绿色专利技术，而对不具有绿色技术消化应用能力的企业，则阻止其参与绿色技术交易。在绿色有形资源产权诸如绿色设备、土地、厂房等交易中，重点通过社会评价制度考察交易对象是否具有环境友好性、交易目的是否是发展绿色产业、交易能否提高绿色产权的使用效率，如果社会评价是正面的就积极支持促成交易达成，相反，则应进行绿色产权交易预警，提高交易的附加条款，以防交易对象的机会主义行为。总之，建立绿色产权交易主体的社会评价制度，核心要旨就是防止交易双方利用绿色产权交易攫取非绿色发展收益，而真正通过绿色产权交易服务于提升绿色产业发展水平和提高整体社会福利。

第二，建立绿色产权交易绩效的社会监督制度。前文所述的交易主体的社会评价制度主要还是针对交易事前预防和甄别，但是由于不完全信息和有限理性的约束，事前很难完全有效鉴别交易双方的真正动机和目的，那么事后监督就格外重要，对于绿色产业发展来说，亟须构建绿色产权交易绩效的社会评价制度。从社会监督的制度安排来看，有两点需要着重关注：一是要监督绿色产权的使用情况。通过建立相关法律法规等制度，要求绿色产权交易完成后的一定期限内要定期向社会公开产权使用情况，包括产权使用的方向、绿色化提升情况等，并建立相应的公众监督制度化程序，提高绿色产权使用信息公开化水平，把绿色产权的使用情况纳入征信体系，结合《社会信用体系建设规划纲要（2014—2020）》，建立绿色产权使用诚信档案，利用大数据和人工智能技术构建起全国统一的查询平台，建立绿色产权使用积分制度，向全社会公开，并纳入今后绿色产权交易主体的审核指标之中。二是要监督绿色产权使用的绿色绩效。绿色产权的使用最终要产生一定的经济和社会效果，能否产生社会期待的绿色绩效是需要持续监督的。一方面，对使用中发现的绿色绩效低的绿色产权应该在产权再交易中予以限制，而对绿色绩效高的则应该大力推广；另一方面，建立绿色产权使用举报奖励制度。对一些绿色产权使用偏离绿色方向的或者使用不足的，发挥社会监督的作用，督促绿色产权使用沿着绿色发展的轨迹，不断提升绿色效益。

参考文献

[1]Pearce D, Markandya A, Barbier E B. Blueprint for a green economy [M]. London: Earthscan Publication Limited, 1989.

[2]周宏春,宋智慧,刘云飞,等. 生态文明建设评价指标体系评析、比较与改进[J]. 生态经济,2019(8):213-222.

[3]郑红霞,王毅,黄宝荣. 绿色发展评价指标体系研究综述[J]. 工业技术经济,2013(2):142-152.

[4]中国科学院可持续发展战略研究组. 2006 中国可持续发展战略报告——建设资源节约和环境友好型社会[M]. 北京:科学出版社,2006.

[5]张焕波. 中国省级绿色经济指标体系[J]. 经济研究参考,2013(1):77-80.

[6]向书坚,郑瑞坤. 中国绿色经济发展指数研究[J]. 统计研究,2013(3):72-77.

[7]聂玉立,温湖炜. 中国地级以上城市绿色经济效率实证研究[J]. 中国人口·资源与环境,2015(S1):36-38.

[8]于惊涛,张艳鸽. 中国绿色增长评价指标体系的构建与实证研究[J]. 工业技术经济,2016(3):109-117.

[9]马克思. 1844 年经济学哲学手稿[M]. 北京:人民出版社,2000.

[10]马克思恩格斯选集(第 4 卷)[M]. 北京:人民出版社,1995.

[11]毛泽东选集(第 2 卷)[M]. 北京:人民出版社,1991.

[12]毛泽东文集(第 7 卷)[M]. 北京:人民出版社,1999.

[13]习近平．习近平谈治国理政(第二卷)[M]．北京:外文出版社,2017.

[14]习近平．习近平谈治国理政(第一卷)[M]．北京:外文出版社,2014.

[15]习近平．坚决打好污染防治攻坚战推动生态文明建设迈上新台阶[N]．人民日报,2018－05－20.

[16]许宪春，任雪，常子豪．大数据与绿色发展[J]．中国工业经济，2019（4）：5－22.

[17]吴宣恭．五大发展理念是社会主义基本经济规律内涵的深化拓宽和高度概括[J]．马克思主义研究,2016(8).

[18]周绍东．“五大发展理念”的时代品质和实践要求[J]．经济纵横，2017(3).

[19]易淼,任毅．五大发展理念:中国特色社会主义政治经济学的重要拓展[J]．财经科学,2016(4).

[20]洪银兴．新发展理念与中国特色社会主义政治经济学的新发展[J]．南京政治学院学报,2017(1).

[21]任保平,张蓓．马克思主义政治经济学绿色发展思想的理论基础[J]．学习与探索,2017(12).

[22]杨龙,胡晓珍．基于DEM的中国绿色经济效率地区差异与收敛分析[J]．经济学家,2010(2)：46－54.

[23]石风光.基于绿色增长核算方法的中国省际经济差距来源分析[J].统计与信息论坛,2014(11):23－29.

[24]诸大建.绿色经济新理念及中国开展绿色经济研究的思考[J].中国人口·资源与环境,2012(5):40－47.

[25]彭斯震,孙新章.中国发展绿色经济的主要挑战和战略对策研究[J].中国人口·资源与环境,2014(3):1－4.

[26]周群英,陈光玖.节能减排环境效率的统计测度[J]．统计与决策，2016(3):16－23.

[27]王少剑,高爽,陈静.基于GWR模型的中国城市雾霾污染影响因素的空间异质性研究[J].地理研究,2020(3):178-201.

[28]籍艳丽.能源价格对工业绿色全要素生产率的影响——基于环境规制直接及调节效应的分析[J].统计与管理,2020(10):17-19.

[29]耿甜伟,陈海,张行,史琴琴,刘迪.基于GWR的陕西省生态系统服务价值时空演变特征及影响因素分析[J].自然资源学报,2020(7):176-178.

[30]刘彦文,刘成武,何宗宜,周霞,韩冰华,郝汉舟.基于地理加权回归模型的武汉城市圈生态用地时空演变及影响因素[J].应用生态学报,2020(3):125-127

[31]林桂军."双循环"对我国对外贸易发展的影响与对策[J].国际贸易,2021(4):22-31.

[32]张莞洺,张珊珊.中国对外贸易的影响因素研究[J].数量经济技术经济研究,2020(11):81-98.

[33]吴君民,徐刘阳.新冠全球大流行背景下中国对外贸易的风险与对策探讨[J].理论探讨,2020(5):17-22.

[34]张家瑞,杨海泉,阮青松,刘晶.交通基础设施对国际贸易的影响研究——基于省级面板数据分析[J].经济论坛,2018(4):103-106.

[35]金朝辉,朱孟楠.人民币实际汇率变动对出口贸易的影响[J].国际贸易问题研究,2021(5):143-160.

[36]邓微达,刘爱兰,王智烜.文化差异对中国和日本出口影响的比较研究[J].东南学术,2021(4):168-176.

[37]张大海,祝志川,张玉杰.中美贸易摩擦对我国出口贸易影响的实证[J].统计与决策,2021(14):113-117.

[38]张磊,张曙霄.中国对外贸易地理空间结构发展现状及重构研究[J].求是学刊,2019,46(5):72-80.

[39]王晓兰,丁彦.中国对外贸易区域失衡的现状、原因及对策分析——异质性出口企业的视角[J].价格月刊,2016(10):49-53.

[40]纪惠芬,杨明. 我国体育用品对外贸易发展现状研究[J]. 中国体育科技,2021(6):1-9.

[41]魏培梅. 国际大豆供求背景下中国大豆出口贸易现状及对策[J]. 对外经贸实务,2019(9):45-49.

[42]尹迪,焦博萍. 中国茶叶对外贸易现状及发展策略[J]. 福建茶叶,2016,38(5):41-42.

[43]卞琳琳,刘爱军. 中国蛋品出口现状及发展对策[J]. 世界农业,2016(4):168-172+187.

[44]张少博,田明华,于豪谅,胡明形,王春波,刘祎. 中国木质林产品贸易发展现状与特点分析[J]. 林业经济问题,2017,37(3):63-69+108.

[45]陈颇,刘波,刘志勇,郭振. 中国体育用品全球贸易发展:现状特征与对策建议[J]. 体育学研究,2021,35(2):66-76.

[46]彭波,韩亚品. 新中国对外开放与外贸发展回顾:阶段性与连续性的统一[J]. 济南大学学报,2020(3):91-99+159.

[47]李强. 中国进口贸易政策的演进:特征与启示[J]. 经济体制改革,2020(4):42-49.

[48]胡伟,张玉杰. 中国工业发展的空间格局演变[J]. 经济地理,2015(7):105-112.

[49]郑淑伟."一带一路"背景下中国与阿拉伯国家贸易发展现状与对策[J]. 改革与战略,2017,33(11):195-198.

[50]曾浩,徐雨婷,李亚男."一带一路"背景下中意经贸合作现状、机遇与对策[J]. 对外经贸实务,2019(7):21-24.

[51]潘紫燕,胡德顺,张玉玲. 中国与"一带一路"沿线国家的服务出口贸易效率及潜力测算[J]. 统计与决策,2021(15):92-95.

[52]崔娜,柳春."一带一路"沿线国家制度环境对中国出口效率的影响[J]. 世界经济研究,2017(8):38-50.

[53]李金锴,杨宗辉,韩晨雪,刘合光. 我国对"一带一路"国家的农产品出口研究——基于随机前沿贸易引力模型的实证分析[J]. 中国农业资源

与区划,2020(8):135－144.

[54]齐玮,彭晓亚,熊含瑜. 中国对“一带一路”沿线国家出口贸易成本测算[J]. 统计与决策,2021(10):92－96.

[55]党琳静,赵景峰. 中国对“一带一路”沿线国家农产品出口的贸易效率与潜力预测[J]. 西北农林科技大学,2020(1):128－136.

[56]万红先,冯婷婷. 中国与“一带一路”国家的服务贸易效率及潜力分析——基于时变随机前沿引力模型[J]. 生产力研究,2019(10):1－7.

[57]何敏,张宁宁,黄泽群. 中国与“一带一路”国家农产品贸易竞争性和互补性分析[J]. 农业经济问题,2016(11):51－60.

[58]曹俊文,雷清雅. 新发展理念下我国对外贸易高质量发展评价[J]. 统计与决策,2021(15):100－104.

[59]高运胜,朱佳纯,康雯雯. 高质量视角下我国对外贸易发展的动能塑造与路径选择[J]. 经济学家,2021(6):100－110.

[60]姚枝仲. 贸易强国的测度:理论与方法[J]. 世界经济,2019(10):3－22.

[61] 乔琴,樊杰,孙勇,宋邱惠. “一带一路”沿线省域绿色金融测度及影响因素研究[J]. 工业技术经济,2021,40(7):120－126.

[62]邵学峰,方天舒. 区域绿色金融与产业结构的耦合协调度分析——基于新制度经济学的视角[J]. 工业技术经济,2021,40(1):120－127.

[63]王静. 我国绿色金融发展驱动因素与进展研究[J]. 经济体制改革,2019(5):136－142.

[64]董晓红,富勇. 绿色金融发展及影响因素时空维度分析[J]. 统计与决策,2018,34(20):94－98.

[65] 宁金辉,苑泽明,王晓祺. 绿色信贷政策与企业过度投资[J]. 金融论坛,2021,26(6):7－16.

[66] 王馨,王营. 绿色信贷政策增进绿色创新研究[J]. 管理世界,2021,37(6):173－188＋8.

[67]赵娜. 绿色信贷是否促进了区域绿色技术创新?——基于地区绿

色专利数据[J]. 经济问题,2021(6):33－39.

[68] 曹廷求,张翠燕,杨雪. 绿色信贷政策的绿色效果及影响机制——基于中国上市公司绿色专利数据的证据[J]. 金融论坛,2021,26(5):7－17.

[69] 董晓红,年维. 中国绿色金融发展对区域经济支持水平空间关联研究[J]. 工业技术经济,2020,39(12):62－69.

[70]雷汉云,王旭霞. 环境污染、绿色金融与经济高质量发展[J]. 统计与决策,2020,36(15):18－22.

[71] 吕承超,王媛媛. 金融发展、贸易竞争与技术创新效率[J]. 管理学刊,2019,32(4):21－31.

[72]顾国达,钟晶晶. 贸易开放对金融发展的影响分析[J]. 国际金融研究,2008(9):55－60.

[73] 陈磊. 对外贸易与区域金融发展的动态演化——基于银行业视角的分析[J]. 金融论坛,2011,16(9):45－50.

[74] 李美平,汪浩瀚. 中国对外贸易与金融发展的互动关系特征及实证检验[J]. 财经研究,2011,37(8):73－82.

[75] 梁婧姝,张燕生. 中国区域金融发展的影响因素研究[J]. 宏观经究,2019(7):14－24＋70.

[76] 梁莉. 我国贸易开放度与金融发展关系实证研究[J]. 金融研究,2005(7):143－149.

[77] 李伟平. 经济开放度与金融发展:基于中国数据的实证研究[J]. 当代经济管理,2007(6):87－92.

[78] 潘锡泉. 金融发展与贸易开放关系再评估——基于金砖国家的考察[J]. 世界经济研究,2016(9):60－72＋136.

[79] 庞晓波,赵玉龙. 我国金融发展与经济增长的弱相关性及其启示[J]. 数量经济技术经济研究,2003(9):47－51.

[80] 彭芳梅. 粤港澳大湾区金融禀赋、贸易开放度与经济空间演化及其实证[J]. 统计与决策,2019,35(6):89－123.

[81] 彭欢欢,姚磊. 资本开放、贸易开放与金融发展——基于中国的实

证研究[J]. 现代管理科学,2016(7):36-38.

[82] 冉光和,李敬,熊德平,温涛. 中国金融发展与经济增长关系的区域差异——基于东部和西部面板数据的检验和分析[J]. 中国软科学,2006(2):72-17.

[83] 沈坤荣,李剑. 中国贸易发展与经济增长影响机制的经验研究[J]. 经济研究,2003(5):32-40+56-92.

[84] 石盛林. 经济增长对金融发展的影响机理研究——基于县域数据的实证分析[J]. 财贸研究,2011,22(2):77-82.

[85]粟勤,孟娜娜. 地方政府干预如何影响区域金融包容?——基于省际面板数据的空间计量分析[J]. 国际金融研究,2019(8):14-24.

[86] 孙俊. 金融结构演化与经济增长质量研究[D]. 南京大学,2014.

[87] 孙兆斌. 金融发展与出口商品结构优化[J]. 国际贸易问题,2004(9):64-67.

[88] 陶雄华,谢寿琼. 金融开放、空间溢出与经济增长——基于中国31省份数据的实证研究[J]. 宏观经济研究,2017(5):10-20.

[89] 王蕊. 贸易开放、法治环境与金融发展:69个国家面板数据的PVAR分析[J]. 现代财经(天津财经大学学报),2017,37(2):14-25.

[90]付伟,罗明灿,陈建成. 农业绿色发展演变过程及目标实现路径研究[J]. 生态经济,2021,37(7):97-103.

[91]罗必良. 推进我国农业绿色转型发展的战略选择[J]. 农业经济与管理,2017(6):8-11.

[92]于法稳. 新时代农业绿色发展动因、核心及对策研究[J]. 中国农村经济,2018(5):19-34.

[93]孙炜琳,王瑞波,姜茜,黄圣男. 农业绿色发展的内涵与评价研究[J]. 中国农业资源与区划,2019,40(4):14-21.

[94]尚杰,石锐,张滨. 农业面源污染与农业经济增长关系的演化特征与动态解析[J]. 农村经济,2019(9):132-139.

[95]蒋和平. 改革开放四十年来我国农业农村现代化发展与未来发展

思路[J]. 农业经济问题,2018(8):51 -59.

[96]骆世明. 生态农业确认体系的构建[J]. 农业现代化研究,2020,41(1):1 -6.

[97]何可,李凡略,张俊飚,李学婷. 长江经济带农业绿色发展水平及区域差异分析[J]. 华中农业大学学报,2021,40(3):43 -51.

[98]黄少坚,冯世艳. 农业绿色发展指标设计及水平测度[J]. 生态经济,2021,37(5):125 -131.

[99]刘亦文,欧阳莹,蔡宏宇. 中国农业绿色全要素生产率测度及时空演化特征研究[J]. 数量经济技术经济研究,2021,38(5):39 -56.

[100]王昌海. 论我国经济发达地区农村经济绿色发展转型——以北京地区为例[J]. 技术经济,2021,40(4):87 -93.

[101]肖华堂,薛蕾. 我国农业绿色发展水平与效率耦合协调性研究[J]. 农村经济,2021(3):128 -134.

[102]杜思梦,刘涛. 基于新发展理念的农业高质量发展:内涵、问题及举措[J]. 中国农业科技导报,2021,23(3):18 -24.

[103]许烜,宋微. 乡村振兴视域下农业绿色发展评价研究[J]. 学习与探索,2021(3):130 -136.

[104]孙晓,杨鹏,王虹扬. 农业绿色发展研究文献计量分析[J]. 中国农业资源与区划,2021,42(2):1 -9.

[105]尹昌斌,李福夺,王术,郝艾波. 中国农业绿色发展的概念、内涵与原则[J]. 中国农业资源与区划,2021,42(1):1 -6.

[106]王静. 我国农业绿色发展的路径及对策研究——评《助绿乡村振兴:农业绿色发展理论、政策和评价》[J]. 生态经济,2020,36(11):228 -229.

[107]张军伟,费建翔,徐永辰. 金融支持对绿色农业发展的激励效应[J]. 中南财经政法大学学报,2020(6):91 -98.

[108]金欣鹏,马林,张建杰,马文奇,张福锁. 农业绿色发展系统研究思路与定量方法[J]. 中国生态农业学报(中英文),2020,28(8):1127 -1140.

[109]张建杰,崔石磊,马林,孟凡磊,宋晨阳,李雨濛,马文奇. 中国农

业绿色发展指标体系的构建与例证[J]. 中国生态农业学报(中英文),2020,28(8):1113-1126.

[110]曹前满. 我国绿色农业发展的层次与结构体系的逻辑研究[J]. 当代经济管理,2020,42(9):1-9.

[111]姜昕,周媛子. "一带一路"背景下辽宁省农产品对外贸易发展路径探讨[J]. 农业经济,2021(8):120-121.

[112]于世海,刘冬媛. 贸易开放、技术进步与农业经济增长[J]. 北方园艺,2018(8):186-191.

[113]李莎莎,李先德. 我国与贸易伙伴国农产品贸易竞争力比较分析[J]. 价格月刊,2018(11):55-62.

[114]李祝平,李舒颖,黄再春. 我国农业对外贸易环境效应的实证研究[J]. 江淮论坛,2017(4):25-29.

[115]申秀清. 我国农产品对外贸易发展结构及其战略调整[J]. 改革与战略,2015,31(12):193-196.

[116]尹燕,张宇青,周应恒. 我国对外贸易依存度与农业经济增长——基于面板误差修正模型和面板 VAR 的实证分析[J]. 宏观经济研究,2013(11):75-80.

[117]盖辛,韩睿,郭彩霞,李玫瑰. 山东省农产品进出口与农业经济增长关系的实证研究[J]. 广东农业科学,2013,40(2):205-209.

[118]潘苏,谭砚文. 我国农产品对外贸易与农业经济增长关系的实证研究[J]. 农业经济,2011(2):84-87.

[119]牛宝俊. 经济全球化下的农产品对外贸易政策及其调整[J]. 经济问题,2001(4):38-41.

[120]全良,张敏,赵凤. 中国工业绿色全要素生产率及其影响因素研究——基于全局 SBM 方向性距离函数及 SYS-GMM 模型[J]. 生态经济,2019,35(4):39-46.

[121]陈超凡. 中国工业绿色全要素生产率及其影响因素——基于 ML 生产率指数及动态面板模型的实证研究[J]. 统计研究,2016,33(3):53-62.

[122]李小胜,安庆贤. 环境管制成本与环境全要素生产率研究[J]. 世界经济,2012,35(12):23-40.

[123]沈可挺,龚健健. 环境污染、技术进步与中国高耗能产业——基于环境全要素生产率的实证分析[J]. 中国工业经济,2011(12):25-34.

[124]赵领娣,张磊,李荣杰,杨明晔. 能源禀赋、人力资本与中国绿色经济绩效[J]. 当代经济科学,2013,35(4):74-84+126-127.

[125]彭星,李斌. 贸易开放、FDI与中国工业绿色转型——基于动态面板门限模型的实证研究[J]. 国际贸易问题,2015(1):166-176.

[126]袁宝龙. 制度与技术双"解锁"是否驱动了中国制造业绿色发展?[J]. 中国人口·资源与环境,2018,28(3):117-127.

[127]李琳,王足. 我国区域制造业绿色竞争力评价及动态比较[J]. 经济问题探索,2017(1):64-71+81.

[128]秦业,张群,杜娟."互联网+"时代制造业绿色发展模式与策略研究[J]. 中国工程科学,2015,17(8):70-74.

[129]张峰,宋晓娜. 提高环境规制能促进高端制造业"绿色蜕变"吗——来自绿色全要素生产率的证据解释[J]. 科技进步与对策,2019,36(21):53-61.

[130]张峰,薛惠锋,史志伟. 资源禀赋、环境规制会促进制造业绿色发展吗?[J]. 科学决策,2018(5):60-78.

[131]唐勇军,李鹏. 董事会特征、环境规制与制造业企业绿色发展——基于2012—2016年制造业企业面板数据的实证分析[J]. 经济经纬,2019,36(3):73-80.

[132]王玉玲. 中国制造业发展:成就、困境、趋势和现实选择[J]. 税务与经济,2017(5):10-18.

[133]马涛. 中国对外贸易绿色发展的挑战和应对[J]. 生态经济,2015,31(7):172-174.

[134]肖晓军,杨志强,曾荷. 环境规制视角下贸易出口对中国绿色全要素生产率的影响——基于省际面板数据的非线性实证检验[J]. 软科学,

2020,34(10):18－24.

[135]张梅. 绿色发展:全球态势与中国的出路[J]. 国际问题研究,2013(5):93－102.

[136]许和连,邓玉萍. 外商直接投资与资源环境绩效的实证研究[J]. 数量经济技术经济研究,2014,31(1):3－21＋41.

[137]许和连,亓朋,祝树金. 贸易开放度、人力资本与全要素生产率:基于中国省际面板数据的经验分析[J]. 世界经济,2006(12):3－10＋96.

[138]崔兴华,林明裕. FDI如何影响企业的绿色全要素生产率?——基于Malmquist－Luenberger指数和PSM－DID的实证分析[J]. 经济管理,2019,41(3):38－55.

[139]徐盈之,郭进,王进. 能源消费、贸易开放与经济增长[J]. 财贸经济,2014(12):99－110.

[140]徐盈之,徐康宁,胡永舜. 中国制造业碳排放的驱动因素及脱钩效应[J]. 统计研究,2011,28(7):55－61.

[141]简泽,张涛,伏玉林. 进口自由化、竞争与本土企业的全要素生产率——基于中国加入WTO的一个自然实验[J]. 经济研究,2014,49(8):120－132.

[142] Letchumanan R ,Kodama F . Reconciling the conflict between the "pollution－haven" hypothesis and an emerging trajectory of international technology transfer[J]. Research Policy, 2000, 29(1):59－79.

[143] Frankel J A . The environment and globalization[J]. NBER Working Papers, 2003, 55(2):161－210.

[144] Eskeland G S ,Harrison A E . Moving to greener pastures? Multinationals and the pollution－haven hypothesis[J]. Social Science Electronic Publishing.

[145] Mitra A ,Sharma C , MA Véganzonès－Varoudakis. Trade liberalization, technology transfer, and firms' productive performance: The case of Indian manufacturing[J]. Journal of Asian Economics, 2014(33):1－15.

[146] Baldwin R E ,Robert – Nicoud F . Trade and growth with heterogeneous firms[J]. Journal of International Economics, 2008, 74(1):21 –34.

[147] Hu A G ,Liu Z . Trade liberalization and firm productivity: Evidence from chinese, manufacturing industries[J]. Review of International Economics, 2014, 22(3):488 –512.

[148] Kumar S . Environmentally sensitive productivity growth: A global analysis using Malmquist – Luenberger index[J]. Ecological Economics, 2006, 56(2):280 –293.

[149] Atici C . Carbon emissions, trade liberalization, and the Japan – ASEAN interaction: A group – wise examination[J]. Journal of the Japanese & International Economies, 2012, 26(1):167 –178.

[150]胡鞍钢,周绍杰. 绿色发展:功能界定、机制分析与发展战略[J]. 中国人口·资源与环境,2014,24(1):14 –20.

[151]王玲玲,张艳国. "绿色发展"内涵探微[J]. 社会主义研究,2012(5):143 –146.

[152]冯之浚,周荣. 低碳经济:中国实现绿色发展的根本途径[J]. 中国人口·资源与环境,2010,20(4):1 –7.

[153]诸大建. 绿色经济新理念及中国开展绿色经济研究的思考[J]. 中国人口·资源与环境,2012,22(5):40 –47.

[154]李金昌,史龙梅,徐蔼婷. 高质量发展评价指标体系探讨[J]. 统计研究,2019,36(1):4 –14.

[155]张海龙. 中国新能源发展研究[D]. 吉林大学,2014.

[156]朱俊生. 中国新能源和可再生能源发展状况[J]. 可再生能源,2003(2):3 –8.

[157]邢继俊. 发展低碳经济的公共政策研究[D]. 华中科技大学,2009.

[158]闫金定. 我国生物质能源发展现状与战略思考[J]. 林产化学与工业,2014,34(4):151 –158.

[159]柳光强，杨芷晴，曹普桥．产业发展视角下税收优惠与财政补贴激励效果比较研究——基于信息技术、新能源产业上市公司经营业绩的面板数据分析[J]．财贸经济，2015(8)：38－47.

[160]苏瑾．赢余：低碳经济的成长[J]．世界环境，2007(4)：32－34.

[161]方时姣．绿色经济视野下的低碳经济发展新论[J]．中国人口·资源与环境，2010，20(4)：8－11.

[162]魏政，于冰清．我国光伏产业发展现状与对策探讨[J]．中外能源，2013，18(6)：15－25.

[163]谢治国，胡化凯，张逢．建国以来我国可再生能源政策的发展[J]．中国软科学，2005(9)：50－57.

[164]刘星．能源对中国经济增长制约作用的实证研究[J]．数理统计与管理，2006(4)：443－447.

[165]井志忠．日本新能源产业的发展模式[J]．日本学论坛，2007(1)：74－79.

[166]冼国明，文东伟．FDI、地区专业化与产业集聚[J]．管理世界，2006(12)：18－31.

[167]黄玖立，李坤望．对外贸易、地方保护和中国的产业布局[J]．经济学(季刊)，2006(2)：733－760.

[168]杨汝岱，朱诗娥．中国对外贸易结构与竞争力研究：1978—2006[J]．财贸经济，2008(2)：112－119＋128.

[169]袁欣．中国对外贸易结构与产业结构："镜像"与"原像"的背离[J]．经济学家，2010(6)：67－73.

[170]黄庆波，范厚明．对外贸易、经济增长与产业结构升级——基于中国、印度和亚洲"四小龙"的实证检验[J]．国际贸易问题，2010(2)：38－44.

[171]刘力．对外贸易、收入分配与区域差距——对中国区域经济差距的贸易成因分析[J]．南开经济研究，2005(4)：58－62＋75.

[172]朱承亮，岳宏志，师萍．环境约束下的中国经济增长效率研究[J]．数量经济技术经济研究，2011，28(5)：3－20＋93.

[173]李小胜,宋马林,安庆贤. 中国经济增长对环境污染影响的异质性研究[J]. 南开经济研究,2013(5):96-114.

[174]孔淑红,周甜甜. 我国出口贸易对环境污染的影响及对策[J]. 国际贸易问题,2012(8):108-120.

[175]阚大学,吕连菊. 对外贸易、地区腐败与环境污染——基于省级动态面板数据的实证研究[J]. 世界经济研究,2015(1):120-126+129.

[176]叶继革,余道先. 我国出口贸易与环境污染的实证分析[J]. 国际贸易问题,2007(5):72-77.

[177]迟诚. 我国贸易与环境问题研究[D]. 南开大学,2010.

[178]沈亚芳,应瑞瑶. 对外贸易、环境污染与政策调整[J]. 国际贸易问题,2005(1):59-63.

[179]钟凯扬. 对外贸易、FDI 与环境污染的动态关系——基于 PVAR 模型的研究[J]. 生态经济,2016,32(12):58-64.

[180] World Bank. Inclusive green growth: The pathway to sustainable development[R]. 2010.

[181]GGGI. GGGI informational brochure [R]. 2010.

[182] 侯伟丽. 21 世纪中国绿色发展问题研究[J]. 南都学坛,2004(3):106-110.

[183] 胡鞍钢. 中国:绿色发展与绿色 GDP(1970—2001 年)[J]. 中国科学基金,2005,19(2):28-31.

[184] 杨多贵,高飞鹏."绿色"发展道路的理论解析[J]. 科学管理研究,2006(5):20-23.

[185] 马洪波. 绿色发展的基本内涵及重大意义[J]. 攀登,2011(2):67-70.

[186] 刘小琳,罗秀豪. 广东实施绿色发展战略的对策建议[J]. 科技管理研究,2012(7):37-40.

[187] 郭亚军,董会娟,王杨. 区域发展潜力的评价方法及其应用[J]. 东北大学学报(社会科学版),2002(3):172-174.

［188］孙启宏，韩明霞，乔琦，等．辽河流域重点行业产污强度及节水减排清洁生产潜力［J］．环境科学研究，2010，23（7）：869－876．

［189］吕萍．区域创新视角下地区经济发展潜力开发研究［D］．哈尔滨工业大学，2012．

［190］廖筠，黄灵霞．引入绿色增长潜力的绿色发展指数构建与区域差异研究［J］．南京财经大学学报，2018（2）：25－33．

［191］江秀龙，马德武，蒲灵，等．四川省钢铁行业能耗现状及绿色发展潜力研究［J］．四川冶金，2018，40（2）：15－18．

［192］张海琪，周志明，夏佳佳，等．基于SWOT分析的德清渔业绿色发展战略［J］．浙江农业科学，2018，59（9）：1705－1708．

［193］向俊霖，刘寅，王蕾，等．两种视角下成渝城市群（四川）经济发展潜力评价方法研究［J］．中国农业资源与区划，2018，39（3）：38－47．

［194］陆大道．中国区域发展的理论与实践［M］．北京：科学出版社，2003．

［195］秦静波．晋陕豫黄河金三角区域城市发展潜力评价［D］．山西师范大学，2017．

［196］孙瑾，刘文革，周钰迪．中国对外开放、产业结构与绿色经济增长——基于省际面板数据的实证检验［J］．管理世界（月刊），2014（6）．

［197］卢飞，刘明辉，孙元元．贸易开放、产业地理与绿色发展——集聚与产业异质性视角［J］．经济理论与经济管理，2018，333（9）．

［198］刘传哲，任懿．对外开放与绿色经济发展的非线性关系研究［J］．工业技术经济，2020，39（4）．

［199］Wu S S，Heberling M T．Estimating green net national product for puerto rico：An economic measure of sustainability［J］．Environmental Management，2016，57（4）：822－835．

［200］彭涛，吴文良．绿色 GDP 核算——低碳发展背景下的再研究与再讨论［J］．中国人口·资源与环境，2010，20（12）：81－86．

［201］窦睿音，刘学敏，张昱．基于能值分析的陕西省榆林市绿色 GDP

动态研究[J]. 自然资源学报,2016(6):994-1003.

[202] 王永瑜,郭立平. 绿色 GDP 核算理论与方法研究[J]. 统计研究,2010,27(11):77-84.

[203] Hailu A. Nonparametric productivity analysis with undesirable outputs: Reply [J]. American Journal of Agricultural Economics,2001,85(4):1075-1077.

[204] 钱争鸣,刘晓晨. 中国绿色经济效率的区域差异与影响因素分析[J]. 中国人口·资源与环境,2013(7):104-109.

[205] 李晓西,潘建成. 中国绿色发展指数的编制——《2010 中国绿色发展指数年度报告——省际比较》内容简述[J]. 经济研究参考,2011(2):38-66.

[206] 薛珑. 绿色经济发展测度体系的构建[J]. 统计与决策,2012(18):21-24.

[207] 周杰文,张云,蒋正云. 创新要素集聚对绿色经济效率的影响——基于空间计量模型的实证分析[J]. 生态经济,2018,34(6).

[208] 齐红倩,陈苗. 环境规制对我国绿色经济效率影响的非线性特征[J]. 数量经济研究,2018(9):61-77.

[209]郭庆旺,贾俊雪. 中国全要素生产率的估算:1979—2004[J]. 经济研究,2005(6):51-60.

[210]陈诗一. 中国的绿色工业革命:基于环境全要素生产率视角的解释(1980—2008)[J]. 经济研究,2010,45(11):21-34+58.

[211]李玲,陶锋. 中国制造业最优环境规制强度的选择——基于绿色全要素生产率的视角[J]. 中国工业经济,2012(5):70-82.

[212]李斌,彭星,欧阳铭珂. 环境规制、绿色全要素生产率与中国工业发展方式转变——基于 36 个工业行业数据的实证研究[J]. 中国工业经济,2013(4):56-68.

[213]王兵,吴延瑞,颜鹏飞. 中国区域环境效率与环境全要素生产率增长[J]. 经济研究,2010,45(5):95-109.

[214]杨俊,邵汉华. 环境约束下的中国工业增长状况研究——基于

Malmquist - Luenberger 指数的实证分析[J]. 数量经济技术经济研究,2009,26(9):64 - 78.

[215]杨文举. 基于 DEA 的绿色经济增长核算:以中国地区工业为例[J]. 数量经济技术经济研究,2011,28(1):19 - 34.

[216]杨文举,龙睿赟. 中国地区工业绿色全要素生产率增长——基于方向性距离函数的经验分析[J]. 上海经济研究,2012,24(7):3 - 13 + 21.

[217]盛斌,吕越. 外国直接投资对中国环境的影响——来自工业行业面板数据的实证研究[J]. 中国社会科学,2012(5):54 - 75 + 205 - 206.

[218]李秀香,张婷. 出口增长对我国环境影响的实证分析——以 CO_2 排放量为例[J]. 国际贸易问题,2004(7):9 - 12.

[219]党玉婷,万能. 贸易对环境影响的实证分析——以中国制造业为例[J]. 世界经济研究,2007(4):52 - 57 + 88.

[220]陈继勇,刘威,胡艺. 论中国对外贸易、环境保护与经济的可持续增长[J]. 亚太经济,2005(4):74 - 77.

[221]彭星,李斌. 贸易开放、FDI 与中国工业绿色转型——基于动态面板门限模型的实证研究[J]. 国际贸易问题,2015(1):166 - 176.

[222]李光龙,范贤贤. 贸易开放、外商直接投资与绿色全要素生产率[J]. 南京审计大学学报,2019,16(4):103 - 111.

[223]景维民,张璐. 环境管制、对外开放与中国工业的绿色技术进步[J]. 经济研究,2014,49(9):34 - 47.

[224]蒋满元. 我国对外贸易的区域格局及其波动特征探讨[J]. 国际贸易问题,2008(11):9 - 14 + 42.

[225]康雨. 贸易开放程度对雾霾的影响分析——基于中国省级面板数据的空间计量研究[J]. 经济科学,2016(1):114 - 125.

[226]佟昕,陈凯,李刚. 国际贸易与碳排放的空间维度溢出——基于中国 30 个省域数据的空间计量验证[J]. 经济管理,2014,36(11):14 - 24.

[227]徐建军,汪浩瀚. 我国省域贸易开放的空间相关性及其驱动因素的实证分析[J]. 国际贸易问题,2013(8):107 - 118.

[228]魏浩,王宸. 中国对外贸易空间集聚效应及其影响因素分析[J]. 数量经济技术经济研究,2011,28(11):66-82.

[229]胡鞍钢,郑京海,高宇宁,张宁,许海萍. 考虑环境因素的省级技术效率排名(1999—2005)[J]. 经济学(季刊),2008(3):933-960.

[230] Fare R , Lovell C . Measuring the technical efficiency of production: Reply[J]. Journal of Economic Theory, 2006, 25(3):453-454.

[231] Farrell M J . The measurement of productive efficiency[J]. Journal of the Royal Statistical Society, 1957, 120(3):253-290.

[232]张娟,耿弘,徐功文,陈健. 环境规制对绿色技术创新的影响研究[J]. 中国人口·资源与环境,2019,29(1):168-176.

[233]崔兴华,林明裕. FDI如何影响企业的绿色全要素生产率?——基于Malmquist-Luenberger指数和PSM-DID的实证分析[J]. 经济管理,2019,41(3):38-55.

[234] Alpay E ,Kerkvliet B J . Productivity growth and environmental regulation in mexican and U. S. food manufacturing[J]. American Journal of Agricultural Economics, 2002, 84(4):887-901.

[235] Antweiler W , Copeland B R ,Taylor M S . Is free trade good for the environment? [J]. American Economic Review, 2001, 91(4):877-908.

[236] Cole M A ,Elliott R ,Shanshan W U . Industrial activity and the environment in China: An industry-level analysis[J]. China Economic Review, 2008, 19(3):393-408.

[237] Weber C L ,Peters G P ,Guan D , et al. The contribution of Chinese exports to climate change[J]. Energy Policy, 2008, 36(9):3572-3577.

[238]李玲,陶锋. 污染密集型产业的绿色全要素生产率及影响因素——基于SBM方向性距离函数的实证分析[J]. 经济学家,2011(12):32-39.

[239]Werner Antweiler,Brian R Copeland,M Scott Taylor. Is free trade good for the environment? [J]. American Economic Review,2001,91(4):877-908.

[240]Joseph S Shapiro,Reed Walker. Why is pollution from US manufac-

turing declining? The roles of environmental regulation, productivity, and trade [J]. American Economic Review,2018,108(12):3814 - 3856.

[241] Shunsuke Managi, Akira Hibiki, Tetsuya Tsurumi. Does trade openness improve environmental quality? [J]. Journal of Environmental Economics and Management,2009,58(3):346 - 363.

[242] Weiwei Zhu, Mei Xu, Cheng - Ping Cheng. Dealing with undesirable outputs in DEA: An aggregation method for a common set of weights[J]. Journal of the Operational Research Society,2020,71(4):341 - 342.

[243] Szymczyk Katarzyna, Şahin Dilek, Bağcı Haşim, Kaygın Ceyda Yerdelen. The effect of energy usage, economic growth, and financial development on CO_2 emission management: An analysis of OECD countries with a high environmental performance index[J]. Energies,2021,14(15):4671 - 4671.

[244] Mohammad Alauddin, Clement Tisdell. The "green revolution" and economic development[M]. Palgrave Macmillan, London,1991. 1 - 18.

[245] Adnan Midilli, Ibrahim Dincer, Murat Ay. Green energy strategies for sustainable development[J]. Energy Policy,2005,34(18):11 - 19.

[246] Ozay Mehmet. Employment creation and green development strategy [J]. Ecological Economics,1995,15(1):115 - 119.

[247] Alam, Semenick Da M Semenick, Morrison, Andrew R. Trade reform dynamics and technical efficiency[J]. World Bank Economic Review,2000,14(2):1220 - 1261.

[248] Alwyn Young. Gold into base metals: Productivity growth in the people's republic of china during the reform period[J]. Alwyn Young,2003,111(6):263 - 268.

[249] Chia - Nan Wang, Hector Tibo, Hong Anh Nguyen. Malmquist productivity analysis of top global automobile manufacturers[J]. Mathematics,2020, 8(4):168 - 174.

[250] Malin Song, Shuai Zhu, Jianlin Wang, Jiajia Zhao. Share green

growth: Regional evaluation of green output performance in China[J]. International Journal of Production Economics,2020(219).

[251]彭继增,邓千千,徐丽. OFDI 对绿色经济效率的影响研究:助力抑或阻力? [J]. 金融与经济,2019(4):49-54.

[252]姬宇,王成新,李雅楠,李咪. 改革开放以来中国对外贸易与经济增长关系实证研究[J]. 对外经贸,2017(4):4-7.

[253]陈诗一. 中国各地区低碳经济转型进程评估[J]. 经济研究,2012,47(8):32-44.

[254]魏楚,杜立民,沈满洪. 中国能否实现节能减排目标:基于 DEA 方法的评价与模拟[J]. 世界经济,2010,33(3):141-160.

[255]黄庆波,范厚明. 对外贸易、经济增长与产业结构升级——基于中国、印度和亚洲"四小龙"的实证检验[J]. 国际贸易问题,2010(2):38-44.

[256]林伯强,谭睿鹏. 中国经济集聚与绿色经济效率[J]. 经济研究,2019,54(2):119-132.

[257]龚新蜀,李梦洁,张洪振. OFDI 是否提升了中国的工业绿色创新效率——基于集聚经济效应的实证研究[J]. 国际贸易问题,2017(11):127-137.

[258]林伯强,孙传旺,姚昕. 中国经济变革与能源和环境政策——首届中国能源与环境经济学者论坛综述[J]. 经济研究,2017,52(9):198-203.

[259]刘向丽. 贸易开放、外商直接投资与战略性新兴产业创新能力[J]. 对外经贸,2020(7):22-30.

[260]占华. 贸易开放对中国碳排放影响的门槛效应分析[J]. 世界经济研究,2017(2):38-49+135-136.

[261]景维民,张璐. 环境管制、对外开放与中国工业的绿色技术进步[J]. 经济研究,2014,49(9):34-47.

[262]史艺. 国际贸易对环境污染的影响效应及对策研究[J]. 对外经贸,2018(9):15-16+40.

[263]王班班,齐绍洲. 有偏技术进步、要素替代与中国工业能源强度[J]. 经济研究,2014,49(2):115-127.

[264]李小平,卢现祥. 国际贸易、污染产业转移和中国工业 CO_2 排放[J]. 经济研究,2010,45(1):15 - 26.

[265]傅京燕,周浩. 贸易开放、要素禀赋与环境质量:基于我国省区面板数据的研究[J]. 国际贸易问题,2010(8):84 - 92.

[266]彭水军,张文城,曹毅. 贸易开放的结构效应是否加剧了中国的环境污染——基于地级城市动态面板数据的经验证据[J]. 国际贸易问题,2013(8):119 - 132.

[267]邵军,施震凯,朱俊明. 进口贸易与中国城市的绿色转型发展——基于绿色全要素生产率的研究[J]. 国际贸易问题,2020(12):51 - 64.

[268]黄德春,刘志彪. 环境规制与企业自主创新——基于波特假设的企业竞争优势构建[J]. 中国工业经济,2006(3):100 - 106.

[269] Bernauer T, Encels S, Kavivierer D, et al. Explaining green innovation [R]. Working Paper, Center for Comparative and International Studies, 2006:1 - 16.

[270] 李海萍,向刚,高忠仕,付强. 中国制造业绿色创新的环境效益向企业经济效益转换的制度条件初探[J]. 科研管理,2005(2):46 - 49.

[271] 李婉红, 毕克新,孙冰. 环境规制强度对污染密集行业绿色技术创新的影响研究——基于2003—2010年面板数据的实证检验[J]. 研究与发展管理,2013,25(6):72 - 81.

[272] 张倩. 环境规制对绿色技术创新影响的实证研究——基于政策差异化视角的省级面板数据分析[J]. 工业技术经济,2015,34(7):10 - 18.

[273] 杨东,柴慧敏. 企业绿色技术创新的驱动因素及其绩效影响研究综述[J]. 中国人口·资源与环境,2015,25(S2):132 - 136.

[274] 杨国忠,席雨婷. 企业绿色技术创新活动的融资约束实证研究[J]. 工业技术经济,2019,38(11):70 - 76.

[275] Xie X, Huo J, Zou H. Green process innovation, green product innovation, and corporate financial performance: A content analysis method[J]. Journal of Business Research,2019(101).

[276] 毕克新,杨朝均,黄平. FDI 对我国制造业绿色工艺创新的影响研

究——基于行业面板数据的实证分析[J]. 中国软科学,2011(9):172－180.

[277] 张旭,王宇. 环境规制与研发投入对绿色技术创新的影响效应[J]. 科技进步与对策,2017,34(17):111－119.

[278] 杨朝均,呼若青,杨红娟. 绿色工艺创新模式选择的影响因素研究——基于30个省份工业的实证分析[J]. 生态经济,2018,34(9):50－55.

[279] Jaffe A B, Palmer K. Environmental regulation and innovation: A panel data study [J]. Review of Economics & Statistics, 1997,79(4): 610－619.

[280] Huber J. New technologies and environmental innovation [J]. Journal of Product Innovation,2004, 22(5): 456－457.

[281] Thomas B, Stephanie E, Daniel K, et al. Explaining green innovation: Ten years after porter's win－win proposition: How to study the effects of regulation on corporate environmental innovation? [J]. Politische Vierteljahresschrift,2006,13(2):323－341.

[282] Driessen P H, Hillebrand B, Kok R A W, et al. Green new product development:The pivotal role of product greenness [J]. IEEE Transactions on Engineering Management, 2013,60(2): 315－326.

[283] 宋维佳,杜泓钰. 自主研发、技术溢出与我国绿色技术创新[J]. 财经问题研究,2017(8):98－105.

[284] 沈能,周晶晶. 技术异质性视角下的我国绿色创新效率及关键因素作用机制研究:基于Hybrid DEA和结构化方程模型[J]. 管理工程学报,2018,32(4):46－53.

[285] Charter M, Clark T. Sustainable innovation key conclusions from sustainable innovation conferences 2003－2006 organised by the centre for sustainable design [M]. Ts Manufactures, 2007.

[286] Samir, WK. S. Green supply－chain management: A state－of－the－art literature review [J]. International Journal of Management Reviews, 2007, 9(1): 53－80.

[287] Zarebska J, Michalska M. Ecological innovations as a chance for

sustainable development directions and obstacles in their implementation [J]. Management, 2016, 20(2): 49 -64.

[288] 孙丽文,任相伟,李翼凡. 战略柔性、绿色创新与企业绩效——动态环境规制下的交互和调节效应模型[J]. 科技进步与对策,2019,36(22): 82 -91.

[289] 邹志勇,辛沛祝,晁玉方,朱晓红. 高管绿色认知、企业绿色行为对企业绿色绩效的影响研究——基于山东轻工业企业数据的实证分析[J]. 华东经济管理,2019,33(12):35 -41.

[290] 肖黎明,李洄旭,肖沁霖,张润婕. 中国区域绿色创新与绿色发展的协同及互动——基于耦合协调与 PVAR 模型的检验[J]. 科技管理研究, 2019,39(20):9 -20.

[291] 孙晓婷,高净鹤,范丹. 我国绿色技术创新的区域差异和效率提升分析[J]. 科技促进发展,2018,14(11):1092 -1098.

[292] Grossman G M, Helpman E. Trade, knowledge spillovers, and growth [J]. European Economic Review,1991, 35(3): 517 -526.

[293] Coe D T, Helpman E, Hoffmaister A W. North - south R&D spillovers [J]. Economic Journal,1997, 107(440): 134 -149.

[294] 叶灵莉, 王志江. 进口贸易结构、人力资本与技术进步[J]. 科研管理,2008(6):82 -88.

[295] 叶霖莉,赵林海. 基于技术创新中介效应的进口贸易结构溢出效应的实证分析[J]. 哈尔滨学院学报,2015,36(1):27 -34.

[296] 李兵,岳云嵩,陈婷. 出口与企业自主技术创新:来自企业专利数据的经验研究[J]. 世界经济,2016,39(12):72 -94.

[297] Elena G, Giovanni V. Exploring the complementarity between innovation and export for SME's growth [J]. Journal of International Business Studies, 2011,42(3):362 -380.

[298] Fracosso A, Vittucci Marzetti G. International trade and R&D spillover [J]. Journal of International Economics, 2015,96(1) :138 -149.

后　记

改革开放以来，我国紧抓经济全球化机遇，深度参与国际产业链分工，逐步成为全球货物贸易第一大国。在新发展阶段，面对世界百年未有之大变局，我国对外贸易必须贯彻新发展理念，坚持创新驱动，在更高水平实行更深层次开放，促进经济建设与生态文明协调发展，推动绿色发展。随着“2030 年碳达峰、2060 年碳中和”目标的提出，绿色发展成为高质量发展的重要一环。对外贸易推动中国绿色发展是落实碳达峰碳中和目标的积极作为，也是应对国际“绿色壁垒”的必要依托。对外贸易是国内大循环的重要组成部分，是联结国内国际双循环的重要枢纽，也是建立健全绿色低碳循环发展经济体系的重要支撑。

本书由赵景峰提出写作思路和大纲，经过多次讨论，形成各章节的基本研究内容，之后由西北大学经济管理学院世界经济与贸易系师生进行撰写。本书的具体分工如下：赵景峰，导论；何琨玟，第 1、第 2、第 7、第 10、第 11 章；赵文清，第 3 章；蒋雨桐，第 4 章；寻钰洋，第 5 章；黄钊，第 6 章；娄冉，第 8 章；任玥萱，第 9 章。各章初稿完成后，由赵景峰进行了统稿和加工润色。

本书是在参考国内外已有文献的基础上进行研究的，在此，对于参考文献的作者我们深表谢意。当然，文责自负。虽然我们已经尽了最大的努力，但由于知识水平有限，难免存在不足，敬请同人提出宝贵意见。

作者

2021 年 9 月于长安